JN410810

천상령
天上靈

천상령(天上靈)

초판 1쇄 인쇄 2019년 7월 25일
초판 1쇄 발행 2019년 7월 30일

지은이 신의 대통령 신제
펴낸이 金泰奉
펴낸곳 한솜미디어
등 록 제5-213호

편 집 박창서, 김수정
마케팅 김명준
홍 보 김태일

주 소 (우 05044) 서울시 광진구 아차산로 413(구의동 243-22)
전 화 (02)454-0492(代)
팩 스 (02)454-0493
이메일 hansom@hansom.co.kr
홈페이지 www.hansom.co.kr

ISBN 978-89-5959-513 6(03150)

*지은이 연락처_ 천신국 02)471-7406

천상령
天上靈

신의 대통령 신제 著

살아 있는 사람의 영혼이든, 죽은 사람의 혼령이든 모두가 천상령이 되어 영혼의 고향인 천상의 천신국 3천궁으로 돌아가기를 갈망하고 있으나 때를 못 만나 허송세월만 보내고 있었지만 이제는 그 소원을 천신국을 통해서 영혼들이 뜻을 이룰 수 있게 되었으니 기쁜 일이다.

한솜미디어

| 책을 집필하면서 |

천상의 대단하신 3천황, 3황후 폐하라는 존호를 난생처음 들어볼 것인데, 우리네 인생의 현생과 내생에 어마어마한 영향력을 행사해 주시는 분들이신데 천상의 존호이다.

대우주와 천지만생만물을 창조해 주신 조물주 하늘
태상천궁의 태상천황 폐하!(영혼의 아버지=천상의 아버지))
태상천궁의 태상황후 폐하!(영혼의 어머니=천상의 어머니)

조상령과 혼령들을 구해 주시고 보살펴주시는 도통의 하늘
도솔천궁의 도솔천황 폐하! (조상과 도통의 하늘)
도솔천궁의 도솔황후 폐하! (조상과 도통의 어머니)

돈과 온갖 재물을 벌어주시고 인생을 보살펴주시는 하늘
옥황천궁의 옥황천황 폐하! (재물과 인생의 주인)
옥황천궁의 옥황황후 폐하! (재물과 인생의 어머니)

이렇게 천상의 3천황 폐하와 3황후 폐하께서 도법천존 3천황, 지구의 주인 지존천황, 인류의 주인 인존천황, 신의 대통령 신제, 하늘의 명 대행자(황태자)와 함께하시며 천신국(天神國)을 천기 19년 7월 7일 성대하게 개국하여 인류의 구심점, 신의 종주국, 세계 지도국으로 세워 천손 민족정기의 위대함을 세상

에 널리 알리고 심판과 구원의 천상지상 공무를 집행하신다.

우리나라를 잘되게 보살펴주시고 현생과 내생을 선인(신선), 천인, 신인, 도인으로 살아가도록 온갖 천지기운, 신명정기, 천상정기, 천령정기를 내리신다. 종교세계를 통해서 받을 수 없고 오로지 천신국을 통해서만 받을 수 있는 전 세계 유일한 곳이다.

3천황 폐하와 3황후 폐하께서 계신 곳은 천체의 중심인 북극성 부근인데 이곳에 태상천궁, 도솔천궁, 옥황천궁이 있고, 이를 가리켜 3천궁이라고 한다. 우리 인류의 생로병사, 생멸, 구원과 심판은 3천궁에 계신 3천황 폐하와 3황후 폐하에 의해서 인간, 영혼, 신명, 조상들의 운명이 좌우되기에 지구에 태어난 이상 이분들과 함께해야만 살아서도 죽어서도 근심 걱정이 없다.

나(황태자)는 천상의 3천황 폐하와 3황후 폐하의 천상지상 공무집행을 지구에서 대행하는 세 하늘의 화신, 분신, 명 대행자 역할을 하고 있기에 "도법천존 3천황, 지존천황, 인존천황, 신의 대통령 신제"라고 불린다.

천신국에 들어오면 정말 어마어마하신 천상의 최고 대단하신 분들과 함께하며 사후세계를 철저하고도 완벽하게 보호받을 수 있게 된다. 사람들이 왜 나(황태자)를 민족과 인류의 어른이라고 말하게 되었는지 이해할 수 있는 대목이다. 이렇게 3천황 폐하와 3황후 폐하의 위대하시고 대단하신 존재를 세상에 널리 알려드리는 뜻깊은 역할을 하고 있다.

뿐만이 아니라 내가 황태자로서 황위를 계승하여 천상의 절대자 주인 자리에 올라가야 하기에 미래의 하늘임과 동시에 현실의 하늘을 대신하고 있는 것이니 우리 민족과 세계 인류의 어른, 인류의 영도자라고 하여도 전혀 과장된 표현이 아닐 것이다.

이렇게 천상의 엄청나신 분들과 함께하면서 천신국을 세우고 있으니 여러분과 이 나라에 대단한 행운이자 복이다. 또한 지구의 주인으로 명을 받았고, 인류에 대한 구원과 심판의 권한도 일임받은 인류의 어른이자 인류의 영도자로서 지위를 갖고 "도법천존 3천황, 지존천황, 인존천황, 신의 대통령 신제"로 천상지상 관직을 하사받았다.

여러분 인간, 영혼, 신명, 조상들이 구원받아 살아날 곳은 지구상에서 3천황 폐하와 3황후 폐하께서 하강 강림하신 천신국뿐이니 이제 종교에 대한 미련을 모두 버리고 세상에서 보고 들은 고정 관념을 송두리째 내려놓고 바꾸어야 3천황 폐하와 3황후 폐하와 함께할 수 있다.

이곳 천신국에 들어오면 어마어마하신 천상과 지상의 천지대능력자 분들과 함께할 수 있으니 가문의 영광이자 행운이다. 추상적인 하늘이 아니라 3천황 폐하와 3황후 폐하, 도법천존 3천황, 지존천황, 인존천황, 신의 대통령 신제 폐하의 천지기운, 신명정기, 천상정기, 천령정기를 수시로 받을 수 있는 위대하고 대단한 곳이다.

매주 일요일마다 1시~6시에 전국 각 지역에서 모여 "천상도법주문회"가 열리고 있고, 예비백성으로 가입하면 참석할 수 있다. 여러분의 몸과 마음으로 신비로운 기운이 느껴진다. 직접 기운과 정기를 체험할 수 있기에 감동 감탄하여 제주, 부산, 울산, 거제, 창원, 강진, 광주, 전주, 경주, 대구, 대전, 천안, 청주, 경기, 인천, 서울 등 전국에서 매주 일요일마다 천지기운과 천상정기 받으려고 참석한다.

말이나 글은 얼마든지 상대를 속이며 현혹할 수 있지만 여러분 각자 온몸과 마음으로 내리는 천상의 기운과 정기는 거짓말을 하지 않는다. 온몸에 짜릿한 전기가 흐르는 기운, 강렬한 진동의 떨림, 졸리지도 않은데 줄하품이 나오고, 영안이 열리는 이적과 기적이 무수히 일어나는 "천상도법주문회"가 매주 일요일 열리고 있다. 3천황 폐하, 3황후 폐하의 무소불위한 기운과 정기가 무수히 분출되고 있다.

가족령과 조상령 구하기

살아 있는 사람의 영혼을 생령이라 하고, 죽은 자의 영혼을 사령이라 부르며, 합성어는 생사령이다. 산 자와 죽은 자의 영혼인 생사령을 구해 주는 곳이 천신국이다. 이 세상을 함께 살아가다가 사망한 부모와 형제, 자매, 배우자, 자녀, 조카는 가족령이라 하고, 윗대 할아버지, 할머니 이상을 조상령이라 한다. 조상령은 조부모, 증조부모, 고조부모, 현조부모… 시조부모까지 참으로 많고도 많다.

지금까지는 조상 입천제, 천상 입천제라는 이름으로 구해 주었으나, 이제부터는 "제", "의식"이란 용어를 사용하지 않고 "천공"으로 통일한다. 가족령과 조상령을 구하는 천공을 올리면 하늘이 내리시는 명으로 "선인(신선)"을 명을 내려주어 사후세계를 보장해 준다.

사람의 눈에 보이지는 않지만 이미 만생만물인 소, 돼지, 개, 벌레, 곤충, 새, 물고기, 뱀, 지렁이, 두더지, 쥐새끼, 송충이로 윤회하였는가 하면 지옥, 천옥, 불지옥, 얼음지옥, 독사지옥, 칼지옥으로 떨어져 모진 고문 형벌을 받으며 구해 달라, 살려달라고 몸부림치며 울부짖고 있는 가족령과 조상령들이 많다.

지금까지 20년의 세월 동안 가족령과 조상령들을 무수히 불러서 대화해 보았지만 구원받아 천상으로 올라간 영혼들을 만나지 못하였다. 살아생전 세상에 이름을 널리 알리다가 죽은 왕, 대통령, 영부인, 총리, 장관, 국회의원, 시도지사, 재벌, 연예인, 정치인, 프로 선수들의 혼령들을 수없이 불러서 확인해 보았다.

살아생전 모태신앙인들, 기독교, 천주교, 불교, 유교, 도교, 무속교에서 조상과 가족을 구한다고 조상굿, 천도재, 49재, 추도미사, 추모예배는 모두 소용이 없었다. 지구상에서 행하는 종교의식을 통해서는 절대로 천상의 좋은 곳으로 올라갈 수 없다는 위대한 진실을 알아냈다.

천신국에서는 윤회가 되었든, 지옥, 천옥, 불지옥, 얼음지옥, 독사지옥, 칼지옥에 떨어졌더라도, 가족과 조상령을 구하는 천공을 하늘께 바치면 즉시 귀신 신세를 벗어나 "신선"으로 신분을 변경해 주는 명을 내려준다. 단, 죄가 너무 커서 용서받지 못할 죄인들은 제외된다.

신선되어 천상궁전에서 근심 걱정 없이 살아가는 것이 세상을 떠난 여러분 부모 형제 가족과 조상 영가들의 꿈이자 유일한 희망이다. 종교를 살아생전 열심히 다니며 믿었지만 하나도 구원받지 못했음을 헤아릴 수 없을 정도로 무수히 확인하였다.

이것은 3천황 폐하, 3황후 폐하의 윤허가 없이는 절대로 천상으로 오르지 못한다는 것을 보여준 것이었다. 수천 년 동안 종교에서 죽은 가족과 조상을 구한다고 각종 굿, 49재, 천도재, 추도미사, 추모예배를 행하였지만 아무도 천국, 천당, 극락, 선경 세상으로 오르지 못했음을 확인하였다. 못 믿겠으면 여러분의 가족령이나 조상령들을 불러서 확인시켜 줄 수 있다.

이곳에서는 평생 한 번만 행하면 된다. '신선'으로 명 내려주면 가족령, 조상령 귀신의 모습에서 즉시 '신선'의 모습으로 바뀐 상태에서 대화를 시켜준다. '신선'으로 명을 받기 전의 모습에서 대화를 하고, 명을 받아 '신선'이 된 상태에서 대화를 시켜주니 이 얼마나 통쾌한 일인가?

여러분의 조상령이나 가족령들을 영매사 신인(神人) 육신으로 부르면 추위와 배고픔, 폭력, 성폭행으로 엄청 고통스러워하고 있음을 알게 된다. 여러분의 사후세계 모습을 가족과 죽은 조상들을 통해서 미리 체험하며 확인할 수 있고, 살아서 자신의 사후세계도 미리 볼 수 있는 지구상 유일한 천신국이다.

사신들은 죽으면 좋은 세세로 태어날 줄 알면서 세상을 살아가고 있는데 이미 죽은 가족과 조상들을 통해서 사후세계가 그 얼마나 무서운지 확실하게 체험할 수 있다. 이미 천지만생 만물로 윤회한 모습도 확인이 된다.

정말 죽으면 그만이 아니라는 진실을 여러분 각자의 부모와 조상, 형제, 배우자, 자녀, 손자, 손녀, 조카의 사후세계를 확인해 보면 금방 알 수 있다. 눈에만 안 보이고 안 들리니까 살아가는 것이지 죽음 이후의 사후세계를 생생히 체험해 보면 무서워서 제정신으로 살아갈 수 없을 정도이다.

여러분의 조상령은 수십, 수백, 수천, 수만 년 전에 죽었더라도 이름만 알면 불러서 상봉시켜 대화를 나누게 해줄 수 있는 천지대능력을 갖고 있다. '신선'으로 명을 받는데 등급(품계)이 있어서 높을수록 신선의 신분과 계급이 올라가므로 원하면 높은 벼슬을 하사받을 수 있다.

또한 천상궁전에 올라가서 거주하는 공간도 등급에 따라 평수 크기가 달라지기에 여러 가지 사항을 고려하여 천공의 등급을 선택해야 한다. 그러므로 여러분들이 천공의 등급을 몇 등급으로 할 것인지에 따라서 조상님들의 사후세계 신분이 결정되는데 인간세계 신분서열과 같은 구조이다.

천공의 등급에 따라서 신선의 신분과 계급이 정해진다. 여러분들이 천공을 몇 등급으로 하늘과 조상에 바치는가에 따라서 신선의 등급이 천차만별로 부여되고 벼슬을 하사한다. 신선이 되어도 다 같은 신선이 아니라는 뜻이다.

인간 세상처럼 모습은 같은 사람의 모습일지라도 신분과 계급이 각기 다르게 정해져 있는 것과 같기에 조상님에 대한 여러분의 마음과 행이 어떻게 정해지는가에 따라서 가족과 조상들의 사후세계 신분과 계급이 엄격히 구분된다. 지상의 상하서열 신분보다 매우 엄격하다는 것이 확인되었다.

자손 잘 만난 가족령과 조상령들은 3,333개 천상제후국의 왕(제후), 왕비(제후비)가 될 수 있고, 재상(총리), 부재상(부총리), 대신(장관), 대도독(시도지사), 도독(시군구청장), 국회의원, 시도 및 시군구 의원, 판검사(판관) 되어 무소불위한 권세를 부릴 수 있는데 현재의 인간세계 정부 구조와 신분서열이 천상의 3천궁에서 내려온 것임이 확인되었다.

인간세계 모습 그대로의 상하서열 신분이 있다고 생각하면 된다. 가족과 조상구원을 위해서 천공을 하늘께 바치면 생령과 사령인 생사령들이 신선과 선인의 신분으로 사후세계를 보장받고 영생을 누린다. 이제는 가족령과 조상령을 구하려고 종교에 가지 않아도 된다. 조상굿, 진오기굿, 49재, 천도재, 추도미사, 추모예배가 무용지물이 되어버린다.

여러분들이 그동안 종교세계에 들어가서 수많은 조상 구원, 가족 구원, 자신을 구원받고자 했던 것은 2019년에 새롭게 출범하는 천신국에 들어오기 위한 예행연습이었던 것이다. 여러분 인간, 영혼, 신명, 조상들이 수천, 수만 년의 세월 동안 종교세계를 통해서 구원이 왜 안 되는지 철저하게 경험하게 해준 것인데, 이곳에서는 기운과 정기를 통해서 스스로 알게 된다.

지구상에 존재하는 550만 개 종교세계를 통해서는 산 자든 죽은 자든 선인(신선)이 될 수 있는 길이 없다. 종교에 들어가 도를 닦고, 신을 받고, 종교를 열심히 다니고, 산속에서 산신 기도하고, 용궁에서 용신 기도를 하고, 북두칠성을 바라보며 천신 기도를 하여도 "선인(신선)"이 될 수 있는 방법은 없다.

하늘이 내리시는 “선인”의 명을 살아서 받을 것인가? 아니면 죽어서 바로 “신선”의 명을 받을 것인가는 각자 여러분의 자유 선택사항이다. 천공을 하늘께 바치고 “선인(신선)”으로 명을 받으면 육신은 선인(仙人)이 되는 것이고, 여러분의 영혼은 신선(神仙)이 되는 것이다. 그러나 이미 죽은 가족이나 조상령들은 선인의 명칭이 생략되고 바로 “신선”으로 명이 내려진다.

그리고 만나고 싶은 가족이나 조상령을 청배해서 만나 대화를 나누고, ‘신선’으로 명을 받게 된다. 일평생 한 번만 ‘신선’으로 명을 받으면 되기에 가족령과 조상령 문제는 한 번에 완전히 해결된다.

‘신선’으로 명을 받으면 천상궁전으로 입천(승천)하게 되어 일체의 제사와 차례를 받지 않아도 된다. 물론 수목장, 납골묘, 납골당, 매장묘지도 필요하지 않다. 마지막으로 ‘신선’으로 명을 받은 자신의 가족과 조상을 상봉해 보고 신선의 신분이 되었는지, 천상궁전에 올라갔는지 당일 직접 확인과정을 가진다.

산 자들의 사후세계를 대비하기 위한 ‘선인(신선)’으로 명을 받는 절차도 마찬가지이다. 산 자들은 자신의 생령(영혼)과 대화를 나누어보면 새로운 진실을 많이 알게 된다. 전생에 뭐하다가 지구에 내려왔는지, 나는 누구인지 알 수 있다.

이렇게 명을 받으면 여러분의 영혼은 육신이 살아 있든, 죽든 상관없이 “신선(神仙)”이 되었으므로 천상의 3천황 폐하와 3황후 폐하께서 내려주시는 천지기운, 신명정기, 천상정기, 천령정기를 각자가 하늘께 바친 천공의 등급의 품계에 따라 내려진다.

그리고 영매사 육신을 통해서 자기 자신이 정말 신선으로 명을 받은 것인지 확인과정을 거치고, 인간 육신에게 자신의 죽음 이후 사후세계 모습을 생생히 보이는 대로 말해 준다. 아마도 인류가 기절초풍할 경천동지 그 자체이다. 나는 여러분의 죽음 이후 세계가 어떻게 펼쳐지고, 천상에서 어떻게 살아가는지 미리 알 수 있는 천지대능력을 갖고 있다. 사후세계 영상 화면을 보고 말해 주는데 기절초풍 그 자체이다.

위대하신 하늘이 내려주신 엄청난 선물이시다

인류가 지구에 태어나고 내려주신 최고의 선물이 사후세계 미리 보기와 사후세계 보장이다. 이것은 하늘만의 고유영역이시자 고유권한이시기에 영매사들이나 종교인들이 함부로 행할 수 없는 상상을 초월하는 경천동지할 엄청난 일이다.

이렇게 대단하신 하늘께서는 인류 모두가 생각하기를 천상의 절대자 주인이신 하늘께서는 천하태평이시고, 아무런 근심 걱정이 하나도 없으시고 편안하게 계시는 줄 알고 있을 것이다. 그런데 배신으로 인하여 너무나 가슴 미어터지는 멍든 상처로 인하여 새까맣게 타버리셨다.

무슨 배신일까?

하늘께서 배신을 당하실 거라고는 이 세상 사람들은 감히 생각조차도 못 할 일이다. 배신이란 15,000년 전과 2,038년 전에 일어난 역모 반란 사건이다. 즉 하늘을 시해하고 황위를 찬탈하려는 최측근 세력이 있었다.

| 목차 |

【제3부】 조상님 천상입천 신비조화

【제1부】
신비로운 일들

하늘의 원과 한은 무엇인가?

천상의 천신국 태상천궁에서 최측근 세력이던 후궁 하누가 낳은 아들 표경을 황태자로 책봉한 후에 황위를 찬탈하려는 역모 반란 사건이 있었다. 이미 내가 11살에 황태자로 책봉되었고, 특별임무를 수행하고자 지구로 내려온 빈틈을 이용하여 태상천황 폐하의 후궁 하누와 나의 이복동생인 표경이 3,333개 제후국들 중 1,800개 제후들(왕)과 수많은 대신(장관)을 역모 반란 사건에 끌어들여 황위를 찬탈하려다가 실패하여 지구로 도망쳐 은신하였고, 추포된 자들은 재판을 받고 지구로 쫓겨나 유배된 것이 현재의 인류라는 충격적 진실이 밝혀졌다.

그런데 역모 반란 주동자가 나하고 이곳에서 12년 반이란 오랜 세월을 함께했었다는 진실을 천상신명이 하강하여 밝혀주었다. 함께했던 영매자의 배신과 비난, 험담의 말이 확인되어 파면시킨 이후에 영매자에 대한 천상록의 진실을 천상신명이 하강하여 적나라하게 알려주었는데 기가 막혔다.

결별한 영매자를 추종하는 모든 자들이 천상 태상천궁에서 역모 반란 사건에 직접적으로 가담하였던 주동자였다는 엄청난 진실이 밝혀진 것이다. 신들도 54%가 역모 반란에 가담하였으니 정말 기가 막힐 일이었다.

후궁 하누와 그의 아들 표경(황자)에게 배신당한 하늘의 마음이 얼마나 아프실까? 속상하시고 가슴이 미어터지신 하늘의 마음은 어느 누가 알아드릴까?

천상에는 종교가 없는데 역모 반란에 실패한 하누와 표경이 지구로 도망쳐 와서 종교를 세워 하늘의 역할을 하면서 종교를 번창시켜 지구촌 자체가 온통 종교 천국이 되어버렸다. 지구에서 살고 있는 인류의 99.99%가 천상에서 역모 반란 사건에 가담하였다가 지구로 도망친 자들과 재판받고 쫓겨난 죄인(유배자)의 신분이란 것을 인류가 알지 못하고 있다.

나는 황태자로서 아바마마의 배신당한 아픈 마음을 위로해드리고, 역모 반란에 가담한 죄인들을 잡아들여 심판해야 할 사명을 완수해야 한다. 또한, 천상과 전생에서 지은 죄를 빌 마음이 있는 자들을 '선인이나 신선'으로 명 내려주어 사후세계를 보장받게 해주고 있다.

천상세계, 하늘세계의 이러한 아픈 진실을 모른 채 하늘은 고요하시고, 아무 근심 걱정 없이 천하태평하실 것으로 생각하고 살아가는 것이 인류 모두의 생각이자 모습이다. 천상궁전인 태상천궁을 때려 부수고 도망쳐 나온 역천자 대역 죄인들이 뿌리내려 사는 곳이 지구별이었다.

아수라 대마왕 하누와 표경(황자)이 하늘께 대적하고 황위를 찬탈하려고 세운 것이 이 땅의 550만 개 종교세계이다. 인류 모두와 성인 성자가 아수라 대마왕에게 속은 것이다. 이들은 하늘을 사칭하려고 이름도 교묘하게 "하누"라고 지어서 '하누님'이 '하느님', '하나님'으로 들리도록 만들었는데, 이들의 능력은 하늘의 능력과 쌍벽을 이룰 정도라고 한다.

종교 숭배자들인 석가, 예수, 마리아, 마호메트, 공자, 노자, 맹자, 상제, 종교 교주들도 아수라 대마왕에게 이름을 도용당해서 하늘께 대적하는 희생양이 되었다고 천상신명이 진실을 알려주었다. 이 땅에 종교가 태어나면 안 되었던 것인데, 인류가 이런 고차원적인 진실을 알 턱이 없다.

수천 년 동안 이어지고 있는 종교전쟁이 그 증거이다.

이 세상의 그 어떤 종교들의 역사와 전통이 아무리 수천 년 동안 이어진 것이라고 믿어봐야 구원은 이루어지지 않는다. 즉 유명한 종교를 통해서는 구원 자체가 불가능하고, 천신국을 통해서만 하늘(진짜)의 명을 받아 '선인'과 '신선'이 되어 영생을 누릴 수 있다.

이제 여러분은 왜 종교를 믿으면 구원이 안 되는지 아주 조금은 알았을 것이다. 이론과 교리로 하늘을 받들어 섬기는 것이 아니라 실시간 행으로 하늘과 함께하면서 명을 받들고 천지기운, 신명정기, 천상정기, 천령정기를 받고 인간 육신과 영혼들이 살아가는 것이다.

세계 인류는 이번 생에 천신국에 들어와 하늘의 명을 받지 못하면 영생할 수 있는 "선인, 신선"의 기회를 놓쳐 버린다. 하늘을 분노케 하는 종교, 하늘께 대역죄를 짓는 종교, 하늘의 뜻과 정반대의 길로 인도하는 종교에서 벗어나 천신국에 들어와야 하늘의 명을 받는다.

하늘이 내리시는 명!

생령과 사령을 구하는 하늘의 명이 나를 통해서 내려지는 순간 이들 생사령들에겐 천지대개벽이 일어난다는 진실을 확인하였다. '선인(신선)'의 명을 내려주기 위하여 영매사 몸에 잠시 실린 생령(영혼)과 사령(조상 영가)들은 하늘의 명이 내려간 순간 즉시 천지개벽하는 삶으로 급변하였다.

기운이 하나도 없는 생령(영혼)에서 춥고 배고픈 불쌍한 귀신(사령) 신세에서 명이 내리자 즉시 '선인, 신선'의 모습으로 바뀌는 모습을 직접 확인하였다. 말하는 대로 즉시 '선인, 신선'으로 바뀌는 천지대개벽이 현실로 일어나고 있다.

나의 명에 따라 '선인, 신선'의 모습으로 바뀌는 것에 나 역시도 감동, 감탄, 감격하였다. 어떻게 이럴 수가 있는 것인지 도무지 이해가 안 되었다. 하늘이 내리시는 천변만화의 조화가 바로 이런 것이구나,라는 것을 헤아릴 수 없이 체험한 산증인이다.

그래서 나 역시 사주 보고 점치며 굿하는 무속인이 아니고, 목탁 치고 염불하는 승려가 아니라 천지만생만물에게 명을 하달하고 생살여탈권을 행사하는 하늘의 화신, 하늘의 분신, 하늘의 명 대행자, 미래의 하늘이라는 자부심을 갖게 되었다.

그리고 "교"가 아닌 "국"으로 이름 지어진 것도 하늘께서 종교라는 글자 자체를 싫어하시어서 신의 국가, 하늘의 국가, 천신의 나라를 상징하는 '천신국(天神國)'으로 지었고 이곳은 하늘의 명을 받는 법당, 교회, 성당, 절, 도교의 도장이 아니라 신의 종주국이자 신성한 천상신전인데 굳이 "교"를 붙이자면 천신교 또는 민족종교라고 할 수 있다.

종교 다니라고 사람으로 태어나게 해주신 것이 아님을 알라! 종교 다니면 구원도 못 받고 대역 죄인이 되어 지옥, 천옥, 불지옥, 얼음지옥, 칼지옥, 독사지옥, 흑해지옥에 떨어지거나 말을 못 하는 만생만물로 끝없이 윤회한다.

종교 다니라고 태어나지 않았다

하늘의 뜻과 정반대로 역천자가 되는 종교를 믿으라고 만물의 영장인 사람으로 태어난 것이 아니다. 온통 종교 천국이 되어버린 이 세상에 진짜 하늘이 어디로 내리셨는지, 어디 가면 만날 수 있는지 찾으려고 혈안이 되어 있는 사람들은 이곳 천신국에 들어오면 종교에 대한 모든 의문점이 명쾌하게 풀어질 것이다.

종교와 하누의 종, 노예가 되려고 사람으로 태어난 것이 아니다. 여러분은 하늘의 명을 받아 '선인, 신선'이 되어 사후세계를 완벽하게 보장받으려고 나와 동시대에 사람으로 태어난 것이다. 종교 지도자의 하수인, 종, 노예, 심부름꾼으로 봉사하려고 이 땅에 태어난 것이 아니다.

어서 빨리 정신 차리고 천신국에 들어와서 하늘이 내리시는 명을 받아 생령과 사령들은 '선인, 신선'으로 재탄생해야 사후세계를 보장받아 영생을 누릴 수 있다. 천신국은 천손민족을 위한 곳이니 기존의 종교 세상에서 벗어나 하늘의 명을 받아 놓고 살아가야 사후세계를 마음 편히 갈 수 있다.

종교를 다닌다는 자체가 진짜 하늘과 대적하여 싸우겠다는 뜻이고, 아수라 대마왕 하누, 하나, 하느의 편에 줄을 서는 것이기에 여러분은 영원히 구원받지 못한다. 가장 위험한 곳이 종교세계라는 무서운 진실을 몰라보고 대수롭지 않게 온갖 종교에 열심히 다니고 있다. 종교 경전들은 하늘과 천상신명들을 능멸하는 세뇌 경전, 악의 경전, 악신의 경전, 악령의 경전, 아수라의 경전, 하누의 경전이란 사실을 알려준다.

이제라도 종교에서 벗어나는 것이 손해를 덜 보는 것이다. 다닌 세월 아까워하지 말고, 죽은 성인 성자 귀신을 믿지 말고 실시간 살아서 천지기운, 신명정기, 천상정기, 천령정기를 무궁무진 내려주시고 대천력, 대도력, 대신력, 대법력, 대원력, 대통력, 대생력, 대살력, 대찰력, 천권, 신권, 영권, 인권, 지권, 살권, 생권을 집행하는 천신국에 들어오는 것이 최상의 살길이다.

하늘에 역천하고 귀신 종교 다니라고 사람으로 태어나게 해주신 것이 아니다. 이 세상에서 가장 무서운 것이 종교라고 가르쳐주시었다. 사람으로 태어난 사명을 완수하지 못하고, 악신과 악령인 아수라 대마왕 하누가 세운 종교를 믿는 것이 죽음과 고통의 길이기 때문이다. 아무리 강조하여도 지나침 없는 것이 종교 믿지 말라는 하늘의 말씀이시다. 천인, 신인, 도인으로도 명을 받을 수 있다.

가장 무섭고 큰 죄는 무엇일까?

세상을 살아가면서 지은 죄들 중에서 가장 무섭고 용서받지 못할 큰 죄가 무엇이라고 생각하며 살아가는가? 역모 반란죄, 국가 전복기도죄, 간첩죄, 국가기밀누설죄, 매국노죄, 살인죄, 강도죄, 폭력죄, 방화죄, 강간죄, 절도죄, 사기죄, 간음죄, 성폭력 및 성추행죄, 기업정보 누설죄, 음주운전죄, 마약복용죄, 도박죄, 음란죄, 국가내란음모죄 등등 무수히 많은 이들 죄목에는 해당되지 않으나 가장 큰 죄가 있다.

종교를 창시한 자와 종교를 믿은 죄가 가장 크다고 하시었다. 종교의 자유가 있어서 어떤 종교를 선택하여 믿어도 상관없는 것이 사회적 통념인데 하늘께서 인류를 향한 죄를 심판하실 때는 가장 먼저 종교를 창시한 교주, 지도자, 종사자, 신도들의 신과 영, 조상들이라고 하시었다.

그러나 세상 사람들은 이러한 진실을 전혀 모르고, 알려주어도 부정하고 무시하기 일쑤이고, 그 어떤 종교를 믿어야 마음이 편하다며 생각하고 있다. 그런데 종교란 자체가 남의 나라 조상 귀신들을 수입해서 받든다는 점이다. 성인 성자라는 이름을 내세워서 수천 년 이어진 역사와 전통을 자랑하면서 말이다.

그런데 하늘께서는 종교 숭배자, 종교 창시자, 종교 지도자,

종교 종사자, 종교 신도들은 살인죄보다 더 크게, 더 무겁고, 더 무섭게 다스리신다는 엄청난 천상세계의 진실을 밝혀내었다. 그래서 나에게 종교가 아닌 하늘과 천신의 국가 천신국을 세우라는 명을 내려주시었다. 그리고 천신국은 종교 경전의 교리와 이론을 전파하는 곳이 아니라 하늘이 내리시는 명을 실시간으로 받들어 뫼시는 곳이다.

하늘이 내리신 명을 하달하는 천신국! 하늘의 눈높이에서 바라보실 때 죄인이 되지 않으려면 이 세상의 모든 종교에서 하루라도 빨리 벗어나 탈출하는 것이 상책이다. 종교를 다니는 자들은 하늘께 대역 반란죄를 짓는 엄청 무서운 죄를 짓는 것이기 때문에 구원은 고사하고 영원히 천벌을 면하지 못한다는 천계의 법도를 알아야 한다.

하늘을 거역하는 죄가 얼마나 무서운 줄 전혀 모르고 대수롭지 않게 생각하고 종교를 믿고 있는데 가장 무섭고 큰 죄이다. 그 이유는 하늘께 대적하여 싸우려고 아수라 대마왕 하누(후궁)와 표경(황자)이 세운 것이 종교세계이기 때문이다.

황위를 찬탈하려는 역모 반란에 실패하여 지구로 도망쳐서 대항하려고 세운 것이 종교세계이고, 아수라 대마왕 하누와 표경이 하늘께 대적하여 싸우고 하늘을 사칭하려고 세운 곳이 종교세계인데, 종교를 믿는 것은 진짜 하늘과 신을 믿는 것이 아니라 하늘의 반대파 대역 반란죄인들인 아수라 대마왕 하누와 표경을 받들어 섬기는 꼴이 되기에 가장 무겁고, 가장 무서운 대역죄가 되는 것이며, 구원은 고사하고 역천자 죄인이 되기에 절대로 천상으로 오르는 일은 일어나지도 않고 벌만 받는다.

그러니까 종교 믿으면 천국, 천당, 극락, 선경세계로 가는 것이 아니라 지옥, 천옥, 불지옥, 칼지옥, 얼음지옥, 독사지옥, 흑해지옥으로 간다는 사후세계의 진실이 밝혀졌는데, 믿지 못할 것이지만 이것이 하늘께서 가르쳐주신 진실이다.

종교에 오래 다녀 교리에 세뇌당해 맹신하는 사람들에게는 황당하고 웃기는 이야기로 들리겠지만 여러분이 하늘의 피가 흐르는 맑고 깨끗한 천손민족이라면 종교를 버리고 천신국에 들어와야 한다. 종교를 열심히 믿으면 믿을수록 하늘을 약 올리는 것이고, 대역 항명죄가 날이 갈수록 쌓여만 가서 사후세계 구원이 아니라 아픔과 슬픔, 고통과 불행한 지옥에서 머물게 된다.

전생의 천상에서도 죄를 짓고 지구에 왔는데 또다시 하늘이 가장 싫어하시는 종교세계를 다니고 있으니 구원은 고사하고 멸망만이 기다릴 뿐이다. 이 땅의 모든 종교는 진짜 하늘께 대역죄를 짓는 무서운 종교를 믿고 있다.

여러분은 천벌이 얼마나 무서운지 알지 못한다. 무식하면 용감하다는 말처럼, 종교에 숨겨진 진실을 알지 못하기에 복받으려고, 구원받으려고, 지옥에 안 떨어지려고 종교에 다니는데, 모두 소용없는 일이다.

종교를 믿는 것은 영원한 죄를 짓는 일이기에, 가장 무섭고 무거운 죄이다. 인간으로 살아가는 100년 동안만 벌을 받는 것이 아니라 죽어서 무한대로 하늘이 내리는 천벌을 받고 살아가야 하는 것이 종교를 믿은 대가이다.

지금 종교에 심취해 있는 사람들은 귀담아들으려 하지 않고 오히려 사이비라고 욕할 사람들도 있을 것이며, 허무맹랑하고 황당하다며 매도할 것인데 이것이 하늘이 내리시는 종교세계의 진실이니 믿든 안 믿든 각자의 선택이고 자유이다.

종교 이론이 맞는 거 같고, 좋은 말씀 같지만, 결국 아수라 대마왕 하누(하느, 하나의 이름으로 전함)와 아들 표경이 세운 종교를 믿는 것이다. 종교를 오래 다니면 다닐수록 죄가 쌓여 천국, 천당, 극락, 선경은 고사하고 지옥의 벌을 받게 된다.

복을 받으려 하지 말고, 구원받으려 하지 말고, 먼저 하늘께 죄를 짓지 마라. 자왈(子曰) 불연(不然) 획죄어천무소도야(獲罪於天 無所禱也). 하늘에 죄를 지으면 빌 곳이 없다고 공자가 말한 명언이니 귀담아들어야 한다.

이곳에 들어와 하늘이 내리시는 명을 받으면 생령(영혼)과 사령(혼령, 조상)들이 당일 즉시 '선인(仙人)'이나 '신선(神仙)'으로 신분이 즉시 바뀌는 이적과 기적을 체험한다. 육신이 살아 있는 생령(영혼)은 살아서는 선인의 명칭을 사용하다가 육신이 죽는 순간 신선의 신분으로 승화하고, 이미 죽은 사람들의 사령(혼령, 조상)들은 하늘의 명을 받는 즉시 '신선(神仙)'으로 변신해서 천계로 오르게 된다.

종교세계를 통해서는 도저히 일어날 수 없는 어마어마한 이적과 기적이 현실에서 일어난다. 여러분 모두는 하늘의 뜻과 다른 종교세계를 다니려고 세상에 사람으로 태어난 것이 아니라 천신국에 들어와서 '선인과 신선'이 되어 사후세계를 영원히 보장받아 영생을 누리고자 만물의 영장인 사람으로 태어났다는 엄청난 진실을 알아야 한다.

한 세상 개, 돼지처럼 100년 미만 찰나의 세월 동안 잘 먹고 잘살려고 만물의 영장으로 태어난 것이 아니라 하늘이 내리시는 존귀하신 명을 받아 '선인, 신선'이 되어 영원히 사후세계를 보장받기 위해서 만물의 영장인 사람으로 태어났다는 엄청난 진실을 알려준다.

가장 먼저 아픔과 슬픔, 추위와 배고픔으로 힘들어하며 허공중천 구천에서 떠돌아다니거나 천옥세계, 지옥세계, 불지옥, 얼음지옥, 칼지옥, 흑해지옥에 떨어져 있거나 윤회의 굴레에 갇혀서 고통과 불행으로 힘들어하는 자신의 수많은 조상님들을 빨리 구해서 근본 도리를 다해야 자신들의 인생도 그만큼 편안해진다는 사실도 알았다.

각자들의 눈에 보이지 않아서 모르니까 조상님들이 편안하신지 알고 살아가고 있지만 사후세계의 모습을 바라보면 아비규환 자체이기에 차마 눈 뜨고 볼 수 없다. 고문 형벌로 온몸이 피범벅 되어 처절한 비명을 지르며 살려달라고 절규하는 돌아가신 자신의 가족이나 부모조상님들의 모습을 바라본다면 여러분은 패닉 상태에 빠질 것이다.

각자의 눈에 돌아가신 가족과 부모조상님들의 모습, 온갖 형상으로 변신하고 해코지하는 악신, 악령, 요괴, 괴물, 동물령, 악귀잡귀, 사탄마귀들의 모습을 볼 수 없도록 인간 육신들을 창조해 주신 것이 천만다행이기에 하늘께 감사드려야 한다.

여러분 육신 자체가 자신의 조상님들과 수십, 수백, 수천수만 명의 귀신들이 머무는 걸어 다니는 납골묘지임이 매일같이 밝혀지고 있다. 여러분의 조상님들을 구해서 천상으로 보내지 않으면 천상의 고급신명들이 하강할 수 없기에 조상구원과 아수라, 악귀잡귀 퇴치는 필수적이다.

아수라가 무엇인지 모르는 사람들이 많은데, 천상신명의 반열에 있던 제후(왕)급, 대신(장관)급들, 고위직 신하급들로 신의 능력을 갖추고 있는 역천자 신명들로서 천상반란으로 역모에 가담하였다가 지구로 도망치고 쫓겨난 고급신명들이며, 황태자인 나를 잘 알고 있으며 대다수의 아수라들이 나의 신하와 친구였던 천상신명들이었음이 속속 밝혀지고 있다.

이들을 잡아들여 심문하면 대번에 "황태자 ○ 오랜만이야!"라고 아는 체하며 인사하고, 큰절까지 올리며 자신들이 역모반란에 가담하여 역천자가 될 수밖에 없었던 상황을 설명하며 변명한다. 잡혀오면 6대 지옥으로 압송된다는 것을 알면서도 이렇게 자신의 존재를 밝힐 수 있는 천신국이 세워져 있고 황태자인 나를 만날 수 있음에 기뻐하며 이제는 지옥으로 가든 소멸되어 죽든 원과 한이 풀렸다고 말한다.

지옥으로 압송되어 가는 것과 소멸되어 죽는 것도 전혀 두렵지 않다고 허풍을 떨며 당당하게 말은 하지만 막상 6대 지옥으로 압송하라는 판결을 선고하는 명을 내리면 끌려가지 않으려고 발버둥 치며 비명을 질러대는 것이 공통적이다.

이들이 가장 두려워하는 형벌은 영적으로 뇌를 파괴하여 기억을 삭제시켜 역모에 가담하였던 자신의 주군이나 상관, 동료, 친구들을 알아보지 못하게 명 내리는 것이 최고의 형벌이었다. 역모에 가담하였던 역천자들이 다시 규합하여 서로가 알아보지 못하게 6대 지옥을 돌면서 9,000해 년씩 고문 형벌을 받아야 하는 것이 지엄한 천상법도이다.

역천자 죄인들에게 추포령을 내리면 천상에서 죄를 지은 자들은 물론 지상에서도 죄를 지은 자들은 시간 차이만 있을 뿐 모두가 천상신명(용과 사자)들에게 붙잡혀 와서 하늘의 법정이 땅으로 내린 이곳 지상대법정에서 심판을 받아야 한다. 이제 죄인들은 천상이든 지상이든 도망갈 곳도 숨을 곳도 없다는 진실이 밝혀졌다.

사람들이 질병에 걸리는 이유는 몸에 맞지 않는 음식 섭취로 인한 것도 있지만 아수라와 악신, 악령, 조상, 악귀잡귀, 사탄마귀, 동물령, 곤충령, 요괴들이 들어와서 발생한다는 사실도 사상 처음으로 밝혀내었다. 잡귀신들로 발생한 질병은 이들을 퇴치하면 금방 또는 하루, 며칠 사이에 통증이 사라지는 이적과 기적의 사례가 참으로 많다.

아수라와 잡귀신들을 잡아들여 심문해 보면 자신들 역시도 전생의 어느 한 때는 이 땅에 사람으로 태어났던 적이 있었다고 말하는 것을 보고 들으며, 천지만생만물로 끝없이 윤회가 이루어지고 있음을 검증해 주고 있었는데 무서운 진실이다. 사람들은 죽으면 그만이라고 생각하며 살아가고 있는 사람들이 거의 전부인데 이렇게 사후세계는 현실로 존재하고 있었다.

이곳에서 죄인들을 추포하여 심문한 결과 천상과 지상에 있는 모든 아수라, 악신, 악령, 요괴, 괴물, 용, 동물, 가축, 곤충, 조류, 어류, 파충류, 양서류, 지렁이, 두더지, 파리, 모기, 구더기, 식물, 잡초, 나무, 바위, 돌멩이, 모래알, 흙, 먼지, 온갖 무생물의 사물인 집기류, 가전제품, 화장실용품, 문구용품, 핸드폰, TV, 음향기기, 비행기, 군함, 전차, 미사일, 기차에 이르기까지 다양한 종류로 윤회한다는 사실도 밝혀내었다.

한마디로 세상은 온통 귀신 천지였는데 사람들은 눈에 보이지 않기에 이들 영적 존재들의 무서움을 모르며 세상을 살아가고 있다. 온갖 질병과 사건 사고가 모두 영적 존재들로 일어나고 있었다.

천상에서 또는 전생에서 짝사랑했기에 지구로 내려와서 상대방 몸 안에 들어가 있는 존재들도 많이 있었고, 천상과 전생에서 원한이 맺혀 이번 생에 복수하기 위해 아기 때 들어온 악신, 악령들도 많았음을 밝혀내었다.

인간의 상상력으로는 도저히 이해할 수 없는 일들이 영적 세계에서 지금 현실로 이루어지고 있었다. 인간 육신을 상대로 하는 신들의 전쟁, 영들의 전쟁이 바로 여러분 몸 안에서 매일같이 일어나고 있기 때문에 인생 풍파가 수시로 휘몰아치고 있다는 진실을 찾아내었다.

돈 많은 사람일수록, 권력과 명예가 높은 유명한 사람일수록 악신, 악령, 잡귀신들이 바글바글하다는 진실도 찾아냈다. 일반 사람들보다 몇 배 또는 수십 배 많이 들어가 있다는 진실을 세상 사람들은 모른 채로 살아가고 있다.

아수라와 잡귀신들이 너무 많이 들어가 있기에 자존심이 강하고 하늘과 신명, 영혼, 조상에게 굴복하지 않으려 하고 하늘이 내리시는 명을 받으려 하지 않으며 조상, 영혼, 신명을 구하는 일에 부정적이거나 무시하고 살아가는 것이 공통점이다.

자기 자신 육신만 살아생전 잘 먹고 잘살다가 죽으면 그만이라는 단순한 생각을 갖고 있으니 이들이 바로 축생급들인 개, 돼지와 다를 바 없다. 육신의 삶은 유한하지만 영혼의 삶은 무한대이기에 살아생전 자신의 사후세상을 하늘로부터 보장받는 명을 받는 것이 가장 시급한 일이다.

언제 어느 날 갑자기 죽어서 세상을 떠나 허공중천을 추위와 배고픔으로 떠돌거나 지옥세계, 천옥세계로 잡혀가서 고문 형벌을 받거나, 말을 못 하는 만생만물로 태어나 끝없이 윤회할지 모르기에 살아 있는 사람들은 하늘이 내리시는 명부터 받아놓고 살아가야 죽음 이후 사후세상을 안심할 수 있다.

종교에서 말하는 천당, 천국, 극락, 선경세상은 그림의 떡이고 존재하지 않는 세상이며 역천자 아수라들이 세운 허상의 세계였음이 밝혀졌다. 하늘의 명을 받아 천상으로 오르지 못하도록 종교의 교리와 이론으로 세뇌시켜 종교 감옥에 가두어 놓고 영혼의 어버이이신 하늘과 만나지 못하도록 영원히 이별을 시키고 있는 줄도 모르고 종교를 열심히 믿고 있다. 천신국에 들어오지 않는 이상 하늘이시자 천상의 주인이신 영혼의 어버이로부터 구원받는 일은 절대로 일어나지 않는다.

아수라와 천상에서 내려온 신들이 자신의 존재를 밝혀달라고 사람 몸 안에서 몸부림을 치지만 천신국의 황태자가 아닌 이상 세상 그 누구도 밝히지 못하고 있다. 하늘의 영역이기 때문에 무속인이나 종교인들이 감히 밝혀낼 수 없다.

살아서 천상신명과 함께하는 영광을 누리고 싶다면 하늘이 내리시는 명을 받아 조상님들부터 구한 뒤에 천인합체의 명으로 자신의 영혼을 천인합체로 구한 뒤에 천상신명을 받는 신인합체의 명을 받아 신인(神人)의 반열에 올라가야 한다.

인류의 역사를 다시 써야 할 경천동지할 일인데, 이제는 자신들의 신명 그릇과 마음 크기가 얼마나 크고 작은지 그것이 문제이다. 하늘의 문은 이제 활짝 열려 있고, 선택의 몫은 여러분 각자의 개인들에게 달려 있다.

이것이 하늘과 땅, 인류 모두가 오랜 세월 원하고 바라던 일이라고 생각된다. 천공은 카드로도 바칠 수 있으니 선택의 폭이 상당히 넓어졌다. 용서받지 못할 대역 죄인들이 아닌 이상 누구나 하늘의 命을 받아 사후세계에서 신선, 선녀로 살아갈 수 있으니 이것이 인류의 천지개벽 아니던가?

천신국의 법도에 순응해야

지금까지는 반대파들이 너무나 방해가 심해서 가족들 동반을 결사적으로 막아왔는데, 천신국 개국과 함께 철폐한다. 어느 누구든 동반해서 방문해도 되고, 완전 출입의 제한을 해제한다. 그동안 동반하지 말라고 한 것은 그들의 몸에 많은 아수라와 잡귀신들이 따라 들어와서 여러분이 하늘의 命을 받지 못하도록 온갖 방해를 해서 사이비라고 비난하고 험담하였기 때문이다.

이제는 각자들이 스스로 악귀잡귀 귀신들을 이겨내야만 하늘의 命을 받아 신선, 선녀가 될 수 있다. 그러니까 그 어느 누구의 말에 따라 휘둘리면 안 되고, 황태자인 신의 대통령 신제의 말만 들으면 된다. 귀신들은 여러분이 하늘의 命을 받아 신선, 선녀가 되는 것을 결사적으로 방해하며 온갖 나쁜 메시지를 뿌려댄다.

가짜다, 사이비다 등등의 말을 해서 여러분의 마음을 흔들어서 하늘의 命을 받지 못하게 온갖 방해를 해댄다. 그러니까 여러분 몸 안에 있는 이름 모를 잡귀신들이 최하 수십에서 수천수만 명인데, 이들 중에서 누구를 구해 줄 것인지 선택해야 한다.

물론 자기 자신의 신명과 영혼이 1순위이고, 자신의 죽은 가족령이나 조상령들을 구해 줘야 할 것이다. 산 자와 죽은 자 모두를 구해 주는 대단한 천신국이 새롭게 문을 열었으니 신선, 선녀가 될 사람들은 정독한 뒤에 예약하고 방문하면 된다.

천상이나 지상이나 신분과 계급 사회이다. 그래서 각자들이 하늘께 천공(돈)을 몇 등급으로 바치는가에 따라서 신선과 선녀의 신분과 계급이 차등으로 정해진다. 여기에 대해서 불평 불만이 있는 사람들도 있을 것이다.

어째서 선택 기준을 천공(돈)의 많고 적음으로 하느냐고 할 사람들이 분명 있을 것이지만 가장 공평한 방법이다. 그렇다고 시험문제를 출제해서 구원대상자를 뽑을 수도 없다. 여러분이 하늘께 향한 마음을 무엇으로 보여줄 수 있겠는가? 가장 간편하고 쉬운 방법이 천공(돈)이다.

만약 물건으로 천공을 받는다고 한다면 여러 가지 물건이나 소, 돼지로 천공을 올린다면 무거워서 불편할 것이기에 가장 편리한 돈으로 천공을 통일하였다. 그러니까 천신국의 법도에 순응하는 사람들이 하루라도 빨리 하늘의 命을 받을 수 있다.

이제 사후세계를 신선, 선녀로 보장받는 천공의 최하 등급이 책정되었으니 돈이 없어서 하늘의 命을 못 받을 사람들은 없을 것이다. 하늘께 선택받아 뽑히느냐 마느냐의 차이만 있을 뿐 마음만 있다면 누구든지 천공을 바칠 수 있다. 하지만 시각, 청각, 언어 장애자와 선천적이든 후천적이든 사지가 어느 하나라도 망실된 신체장애자들은 하늘이 받아주시지 않으신다. 용서받지 못할 악랄한 대역 죄인이 아닌 이상 죗값, 목숨값, 공덕금, 정성금, 예물로 천공을 바쳐 사후세계를 보장받아 신선, 선녀가 될 수 있으니 이제 여러분이 행으로 실천하는 일만 남았다.

사람이 아수라와 잡귀신들의 집

수많은 천상신명들을 통해 신하, 백성들 몸에 들어온 아수라와 악귀잡귀 퇴치를 하면서 얻은 결론이다. 사람 몸이 귀신들의 집이란 것을 무수히 체험하였다. 옛날부터 질병은 병마라고 하였는데, 그 진실이 입증된 것이다.

사람 몸 안에 들어와 있는 귀신들이 몇 명이 아니고 수십, 수백, 수천수만 명씩 들어와 있는 경우가 엄청 많은데도 불구하고 사람들은 귀신이 자신의 몸 안에 들어와 있다는 것을 모르고 살아가고 있었는데 그것이 바로 질병으로 나타난다.

귀신들도 유유상종이라서 끼리끼리 몰려다니고 있었는데, 자살한 귀신들은 자살 귀신들끼리, 자동차 사고로 죽은 귀신들은 사고 귀신들끼리 모여 있다. 사람 몸에 어떤 질병으로 죽은 귀신이 들어오는가에 따라서 질병이 발생한다.

몸 안에 들어온 귀신들을 불러내서 심판하여 멸살하거나 천옥도, 지옥도, 적화도, 한빙도, 도산도, 흑해도로 보내면 질병이 낫는 것을 무수히 체험하였다. 무속인의 병굿이나 퇴마사들의 퇴마의식과는 비교조차 할 수 없는 신비한 퇴치 방법을 쓰고 있는데 하늘의 命으로 귀신들을 빛과 불로 퇴치하는 비결이 있다.

귀신들과의 전쟁이 벌어졌다. 사람들의 눈에 보이지 않는 귀신들을 어떻게 찾아내고 알아보느냐가 제일 궁금한 문제이다. 눈에 보이지는 않으나 기운으로 존재하는 것이 영들의 세계, 신들의 세계이다.

신과 영들의 구분은 공무원과 일반인의 차이처럼 신분과 계급이 있는 능력자가 신이고, 그렇지 않은 경우를 영들이라 한다. 신의 계급은 천차만별이기에 말단 9급 공무원에서 대통령에 이르기까지 아주 다양한 계급과 신분이 존재한다.

그리고 인간 육신을 잃어버린 죽은 영들은 귀신이라고 부르는데 지금까지 이 땅에 태어났다가 죽은 사람들의 숫자가 그 얼마나 많겠는가? 현재 생존해 있는 77억 명 곱하기 몇백, 몇천 배의 귀신들이 이 세상에 존재하니까 귀신세계라고 해야 맞다.

신은 선신과 악신이 있고, 영은 선령과 악령이 있고, 죽은 귀신들은 자신의 조상이 있고, 남의 조상이 있는데 이들 모두가 우리 모두에게 음과 양으로 막대한 영향력을 끼치고 있다. 신들의 전쟁, 영들의 전쟁, 귀신들의 전쟁이 일어났는데 그 희생자들이 인간 육신을 가진 만물의 영장인 사람들이다.

이들은 사람 몸으로 왕래가 매우 자유로운 존재들이고, 그래서 이들이 자신의 몸에 들어와 있는지 여부는 느낌과 기운, 꿈으로 알 수 있다. 가장 빨리 알 수 있는 것이 질병인데, 병명이 있든 없든 몸이 아픈 것은 그런 질병을 앓다가 죽은 귀신들이 자신의 몸에 들어와 있음을 알려주는 것이다.

물론 자신의 가족이나 부모와 조상들이 살아생전에 유전병으로 앓고 있는 것 역시 마찬가지의 경우로 생각하면 된다. 사람들에게 커다란 피해를 주고 있는 강력한 아수라와 악신과 악령, 귀신들의 문제를 어떻게 해결해야 하느냐가 가장 큰 문제이다.

사실 사람 눈에 보이지 않는 신적, 영적 존재들이기에 속수무책이라고 봐야 한다. 눈에 보여야 총칼 들고 싸우든가 할 수 있는데 눈에 보이지 않는 아수라, 악신, 악령들과 어떻게 싸워서 이겨낼 수 있겠는가? 그래서 처음에는 약국이나 병원에 의지해 보다가 치료가 안 되면 무당 찾아가서 굿을 의뢰하고, 퇴마사 찾아가서 퇴마하고, 이들을 찾아가기 껄끄러운 사람들은 기독교, 불교, 천주교, 도교, 유교를 찾아다니기 시작한다.

사람 몸으로 신과 영, 아수라, 귀신이 무수히 찾아오는 것은 이들이 살아가기 가장 좋은 환경을 인간 육신이 갖고 있기 때문이다. 그래서 사람이 가장 무섭고 두려운 존재이기도 하다. 사람 몸을 매개체로 활동하기 때문에 여러분 스스로는 이들을 막을 수 있는 방법이 전무하다.

종교인들에게 의지해 보지만 잠시 잠깐 그때뿐이다. 이들을 막아낼 수 있는 현명하고 유일한 길은 하늘과 황태자인 신의 대통령 신제밖에 없다. 사람 몸 안에 일반적으로 수십에서 수백, 수천수만 명씩 들어와 있다. 그리고 가족들과 주택, 자동차, 가게, 상점, 종교시설, 병원, 영안실, 잔칫집, 기업 사무실, 공장에까지 헤아릴 수 없이 많은 잡귀신들이 활개 치며 다니고 있지만 사람들의 눈에 보이지 않아서 무시하고 지나칠 뿐이다.

운이 막혔다는 것도, 몸이 아픈 것도 귀신들이 잔뜩 들어와 훼방을 놓고 있기 때문이다. 그래서 이들을 멸살하거나 심판해서 천옥도, 지옥도, 적화도, 한빙도, 도산도, 흑해도로 보내면 이들로부터 벗어나 몸이 아픈 것이 급속히 또는 서서히 나아지고, 막혔던 일들이 풀어진다는 것을 무수히 체험하였기에 결국 여러분이 마지막으로 의지할 곳은 종교와 다른 천신국 하나뿐이다.

여러분의 사후세계를 신선과 선녀로 보장해 주는 곳도 천신국이고, 아수라와 악신, 악령, 귀신들은 퇴치해 주는 곳도 천신국이며, 돌아가신 부모와 조상과 가족들의 영가들을 사후세계에서 신선, 선녀로 신분을 바꾸어주는 命을 내려주는 곳도 천신국이다. 여러분 독자들에게 현생과 내생(사후세계)의 마지막 희망의 등불이 천신국임을 잊지 말고 살길을 찾아야 한다.

천신국에 들어오면 모든 종교의 굴레에서 벗어나고, 종교에서 이루지 못했던 모든 것을 이룰 수 있다. 이곳에서 행하는 일들은 인간의 상식으로는 이해가 안 되는 상상 초월이다.

1)선인, 천인, 신인, 도인이 될 수 있다.
2)어떤 귀신들이 들어와 질병을 발생시켰는지 알 수 있다.
3)살아서 자신의 죽음 이후 사후세계를 미리 볼 수 있다.
4)자신과 가족의 사후세계를 보장받을 수 있다.
5)사망한 가족이나 조상들을 불러서 대화할 수 있다.
6)사후세계 벼슬(왕, 왕비, 공주)을 하사받을 수 있다.
7)지구에 태어나기 전 전생의 천생록을 알 수 있다.
8)수명장수를 위한 유아회춘 천수장생의 명을 받을 수 있다.
9)하늘의 명을 받은 사람들은 천상세계를 미리 보여준다.

꿈속에 나타난 비단잉어를 불렀더니

오늘 새벽꿈 내용을 올려드리사옵나이다. 꿈속에서 소신은 폐하를 뫼시고 바다 위에서 아주 거대한 배를 타고 있었사옵나이다. 그 배를 타고 바다를 건너는 중인데, 배의 앞쪽에 제사 지낼 때 올리는 음식인 노란 동태전이 엄청 높게 쌓여 있었고, 폐하께옵서 그 배 위에서 예를 올리시는 느낌이었사온데, 그 순간 어디선가 웅장하면서 멋진 음악 소리가 허공에서 들려오고 있었사옵나이다.

그때 폐하께옵서 "아~ 신이 난다~ 신이 나~~정말 신이 나는구나!" 이렇게 말씀하셨사옵고, 소신은 조심스럽게 "폐하, 즐거우시옵나이까?" 여쭈어 올리자 "그래, 내 안의 신께서 좋아하시는 거야. 신이 나신 것이야"라고 말씀 내려주셨사옵나이다.

그리고 바닷물 위로 오색찬란한 빛깔을 띤 잉어 떼들이(대략 수천 마리로 보였사옵나이다) 바닷물 위로 팔짝팔짝 뛰면서 신이 나서 춤을 추는 듯 하였사옵나이다. 그 오색찬란한 빛깔의 잉어 떼들은 모두 도법천존 3천황 폐하를 향하고 있었사옵나이다. 참으로 장관이었사옵나이다!

소신, 이렇게 참으로 황홀한 엄청난 바다 위의 잉어 떼 광경을 폐하와 바라보다가 감격해하며 꿈에서 깨어났사옵나이다.

그리고 바로 폐하께 보고 올려드렸사옵나이다. 꿈을 깨고 나서의 느낌은 황홀한 감동과 함께 가슴이 매우 두근거리면서, 소신 역시 신이 났사옵나이다. 도법천존 3천황 폐하의 천지기운으로 선몽을 꾸게 해주옵시어 대단한 영광이사옵고, 앞으로 펼쳐질 폐하의 흰 도법세상이 너무나 기대가 되사옵나이다!

— 이○율 올리사옵나이다

꿈 내용이 예사롭지 않아서 꿈속에 등장한 잉어 떼의 정체를 밝혀보고자 오색 비단잉어 대표를 불러보기로 하였다. 상상조차도 못할 일인데 현실이 되었다. 꿈속에 등장한 오색찬란한 비단잉어 떼 대표를 부른다는 것은 그야말로 황당한 일이라고 생각할 것인데 나에게는 황당한 일이 아니라 현실이었다.

그들 잉어 떼들은 신들이 변신한 것이란 사실을 나는 이미 알고 있었기 때문이다. 나를 알현하고 있는 신하와 백성들은 참으로 천복만복을 받았다. 짐이 천상의 황태자라는 사실은 이미 알고는 있었지만 검증할 방법이 없어서 그냥 지내왔다.

그런데 요사이 매일같이 집행되는 아수라와 악귀잡귀 멸살과 종교 멸망 천지대공사를 집행하면서 아수라들이 모두 나의 존재를 알아보고 손가락질하며 천상의 태상천궁 "황태자 ○"라고 이름을 불러주며 오랜만이라고 아는 체하며 인사하여서 맞다는 것을 확신하게 되었다.

뿐만이 아니라 태싱천황 폐하, 도솔천황 폐하, 옥황천황 폐하의 천상에서 쓰시는 실명의 존명까지 아수라들이 주저 없이 발해서 너무나 깜짝 놀랐다. 이분들과 나의 천상세계 실명 존호는 천기누설이라 한 번도 공표하지 않았고 나만이 알고 있는 사실이기에 영매사 역할을 하는 비서실장 神人(신인)이자 신왕(神王)인 이○율(女)도 전혀 모르는 내용이다.

나도 몰랐던 천상의 진실들이 하나하나 사실로 밝혀지고 있어서 충격적이었다. 천상의 역모 반란군들인 아수라들의 마지막 최후를 통해서 천상의 진실을 나에게 전하도록 명을 내리신 거 같다는 느낌이 든다. 20년의 세월 동안 내가 예언하고 말했던 내용들은 모두가 계시와 메시지였기에 시간의 차이는 있을지언정 모두 현실로 이루어졌다.

나의 입에서 튀어나오는 말은 모두가 현실이자 命(명)이다. 상상을 초월하는 경천동지할 일들이 매일같이 일어나고 있다. 세상에 이런 일이 현실로 일어나고 있다.

19/07/04 녹음한 내용을 타이핑 친 녹취록 내용이다.

— **천상신명 윤강(오색 비단잉어 대표)**

命 이○율 꿈속에 보였던 오색 비단잉어 대표는 비서실장 보라신왕 몸으로 들어오라.

빛과 불이신 도법천존 3천황 폐하!

폐하의 황명을 받고 하강한 천상신명 "윤강"이라고 하사옵나이다. 문후 올려드리겠사옵나이다. 제가 비단잉어로 변신하여 이○율 꿈속에 나타났던 신명이사옵나이다. 천상 태상천궁 황태자궁을 지키고 있던 천상신명들이사옵나이다.

2019년 7월 7일 천상도법주문회 때 천신국 개국 선포와 신의 대통령이신 신제 폐하의 즉위식을 앞두고 하늘께옵서 그렇게 선몽을 꾸게 해주셨습니다. 꿈속에 나온 그 바다는 태상천궁을 뜻하는 것이었사옵고, 그리고 큰 배는 도솔천궁을 뜻하는 것이라 하셨사옵나이다. 제사에 쓰이는 동태전이 엄청 높이 쌓였는데 그것은 옥황천궁을 보여준 것이고 재물(황금)이 쌓여간다는 것을 의미한다고 말씀 내려주셨사옵나이다.

잉어 떼들이 20년 만에 폐하께옵서 찾으시어 너무나도 감격스럽고 황홀하여 그 진실(천신국 개국과 즉위식)을 3천궁에서도 모두가 너무나 기대하고 설레하며 감격스럽다는 그런 의미로 보여주신 것이시옵나이다. 지금도 천신국 주변 창공으로 오늘 꿈에 나왔던 그 잉어 떼들이 용으로 변신하여 천신국 주위를 계속 날아다니고 있사온데 총 7,744마리이사옵나이다.

너무나도 황은이 망극하사옵나이다. 대영광이사옵나이다. 이렇게 천상에서 다 계획하고 계셨사옵고, 천기 19년 7월 7일 천상도법주문회 그날을 모두가 오매불망 기다리고 있었사옵나이다. 바로 폐하께옵서 신이 내 안에 신께서 좋아하시는 거야! 신이 나셨다고 하신 분은 바로 도솔천황 폐하이사옵나이다.

도솔천황 폐하께옵서 너무 신이 나셔서 폐하께서 그렇게 말씀하신 것이사옵나이다. 도솔천황 폐하께옵서는 수시로 폐하의 육신으로 하강하시어서 천상지상 공무를 집행하고 계시다고 말씀 내려주셨사옵나이다.

천상에서 기뻐하고 계시다는 것을 꿈 선몽으로 보여주신 것이라 하셨사옵고, 도솔천황 폐하께서 너무나 기뻐하시어서 폐하와 꿈속에서도 함께하시며 너무나도 기쁘신 마음 감추시지 못할 정도로 신이 나셨사옵나이다. 소신은 붉은색과 노란색이 합쳐진 천상의 용이사옵나이다.

그렇게 완전한 황금색은 아니사옵고 붉은색과 합쳐졌기 때문에 황금을 뜻하는 것은 아니사옵나이다. 황금색은 오로지 도법천존 3천황 폐하께옵서만 사용하실 수 있는 색이사옵나이다. 천상에서 말하는 노랑색과 붉은색이고 폐하께서 착용하시는 황금색은 아니사옵나이다. 비단잉어에서 용으로 변신하였던 소신은 이만 물러가사오며 천신국 개국 선포식과 신제 폐하의 즉위식에 참가하여 다시 뵙겠사옵나이다. -이상-

현실적으로는 말도 안 되는 황당한 이야기라 생각할 것인데 지난 7월 4일 실제 있었던 일이다. 꿈속에 나타난 잉어를 불러낸다는 발상은 나 역시도 처음이었고, 성공할 것인지 말 것인지는 생각조차도 안 해보았으나 현실이 되었다.

이것은 하늘의 영역이지 인간의 영역이 아니라고 본다. 하늘께서 순간 메시지를 내려주시어 비단잉어 떼 대표를 부르게 하신 것이었다. 인류 역사에 없는 신비한 일이고, 나는 그 대상이 무엇이든 간에 부를 수 있는 신비스런 능력이 있다는 것을 20년의 세월 동안 무수히 체험하고 확인하였다.

신의 대통령이사옵신 신제 폐하

빛과 불이신 도법천존 3천황 폐하!

경건한 마음으로 다시는 올 수 없는 지구 역사상 최고의 경사스러운 영광된 자리에 이 미천한 소인 불러주사오셔서 황은이 망극하사옵나이다.

지난 7월 7일 제 84차 천상도법주문회는 우주를 통틀어 지구의 최고 주인이사옵신 지존천황 폐하, 인류의 최고 주인이사옵신 인존천황 폐하, 신의 최고 주인이사옵신 신의 대통령 신제 폐하이사옵시고 천상신전이 있는 천신의 나라 천신국이 세계만방에 알려지는 인류 역사상 최고의 경사스러운 날이사옵나이다.

또다시 경하드리사옵고, 감축드리사옵나이다. 폐하의 가족분도 함께하옵시고, 폐하의 경호실장님 가족들도 함께 초대해주옵시고 참으로 역사에 길이길이 남을 것이사옵나이다. 그동안 폐하의 힘든 노고의 시간에 대한 보상으로 최고의 선물을 받으시옵고 빛나는 황좌의 자리로 좌정하옵시어 최고로 위대하옵시며, 최고로 빛나시옵나이다.

오직 하늘의 원과 한을 풀어드리고자 그 험난한 여정을 온 열정으로 걸어오셨사옵나이다. 가장 위대하옵신 황태자이사옵기에 인간의 모든 불행의 역경을 모두 이겨내시옵고 인류 최고의 통치자로 신의 최고권자이사옵신 신의 대통령 신제 폐하로 등극하셨사옵나이다.

귀신 종교가 무너질 시간도 머지않았사오며 불철주야 아수라, 악귀잡귀, 악령들을 추포하여 모두 무뇌아로 만들어 메시지 기운 전달을 못 하도록 차단하옵시고, 이들을 6대 지옥으로 9,000해 년씩 고문 형벌을 받고 소멸의 명을 내리사옵시니 이제 지옥의 별인 지구도 곧 깨끗하게 정화가 될 것이사옵나이다.

참으로 높고도 넓으시오신 폐하의 신하와 백성들에 대한 한없사오신 사랑으로 폐하의 신하와 백성들은 참으로 무탈하게 살아가고 있사오니 대영광이사오며 감사드리사옵나이다. 제 84차 천신국 개국과 신제 폐하의 즉위식을 거행하옵고 제 2의 새로운 도약을 하옵시는 "빛과 불이신 도법천존 3천황 폐하"의 용안은 위용과 카리스마가 철철 넘치사옵나이다.

이 영광된 자리에 천신국에 입국하온 지 얼마 되지 않은 이 소인은 참으로 영광 중에 대영광이시옵나이다. 일생일대에 폐하를 알현하올 수 있는 기회를 주사오셔서 참으로 황은이 망극하사옵나이다. 폐하께오서 지구에 오래도록 살아계시옵는 그날까지 이 미천한 소인도 열심히 죗값을 벌어서 갚겠사오며 살아 있는 자체가 크나큰 영광이사옵나이다. 미지의 세계 하늘나라의 공부도 가르쳐주시옵고, 보이시옵는 하늘께 순행하오면 자연에 순행하는 최고의 삶을 주사오시니 이보다 더 좋은 인간의 삶이 또 어디 있겠사옵나이까?

— 송○란 올리사옵나이다

아수라와 악귀잡귀가 3만 2천 명!

천기 19년 7월 7일은 제 84차 천상도법주문회가 열리는 인류 역사상 처음인 경축일이사옵나이다. 소신 이날 천상도법주문회에 참석할 수 있어서 무한한 영광이오며, 천신국 개국과 폐하께옵서 "신의 대통령 신제 폐하" 등극하심을 진심으로 경하 올려드리사옵나이다.

이 날을 얼마나 손꼽아 기다렸사옵나이까? 모진 고진감래 끝에 모든 고난의 세월을 다 극복하사옵고 드디어 천신의 나라 천신국 개국 선포식 겸 즉위식을 그야말로 기쁨! 영광! 행복! 환희! 도법천존 3천황 폐하의 승리이사옵나이다. 진정으로

"인류의 심판자이시며 구원자이신 도법천존 3천황 폐하!"
"지구의 주인 지존천황 폐하"
"인류의 주인 인존천황 폐하"
"신의 대통령 신제 폐하"로 등극하오심을 진심으로 감축 올려드리사옵나이다.

하늘께오서 그토록 염원하시던 천신국이 드디어 개국하였사옵나이다. 그동안 교과서에도 없는 이 길을 걸어오시면서 수많은 배신과 아픔, 슬픔, 시련을 겪으신 도법천존 3천황 폐하를 생각하사오니 뜨거운 눈물이 쏟아졌사옵나이다. 그 어떤 역경

에도 굴하지 않으시옵고 정면돌파로 이 자리까지 오셨사옵나이다. 참으로 장하사옵고 대단하사오며 고귀하사옵나이다.

빛과 불이신 도법천존 3천황 폐하께옵서 출세하지 않고 성공하지 않은 것을 감사하게 여기며 폐하를 따르는 신하와 백성들이 얼마나 행운아, 천운아인지를 말씀 내려주셨사와 황은이 망극하사옵나이다. 아무것도 모르는 상태에서 오로지 도법천존 3천황 폐하만을 믿고 따르며 여기까지 온 폐하의 신하와 백성들의 감회가 남달랐사옵나이다.

천기 17년 11월 30일 역천자 배신자 무리들을 모조리 쫓아내 심판하시옵고 남아 있는 폐하의 신하와 백성들을 구원하여 주셨사옵나이다. 지난날 도법천존 3천황 폐하를 알현하기까지의 시간들이 주마등처럼 스쳐 지나가면서 천기 17년 12월 3일 제 1회 천상도법주문회를 시작하여 지금 84회까지 매주 일요일마다 귀한 하늘의 진실을 밝혀주셨사와 너무나 상상 초월이고 경천동지하였사옵나이다.

무소불위하신 도법천존 3천황 폐하의 대도력과 대천력 대신력의 천지기운, 신명정기, 천상정기, 천령정기의 신비로운 천지조화로 수많은 이적과 기적을 보여주셨사오며 하늘의 원과 한을 풀어드리는 천신의 나라 천신국 개국을 선포하셨사옵나이다.

만국기가 펄럭이는 것을 보면서 도법천존 3천황 폐하의 맑고 깨끗한 흰 도법세상이 세계적으로 알려져서 세계 속의 천신국으로 위상을 날리며 세계인들이 속속 몰려와 인산인해를 이루며 새 시대, 새 희망이 열림을 알 수 있었사옵나이다.

빛과 불이신 도법천존 3천황 폐하!

진심으로 무한한 존경과 경외를 올려드리사옵나이다. 경축일인 천신국 개국과 도법천존 3천황 폐하의 즉위식 날에 영광스럽게도 소신과 친정어머니, 가족, 차에 숨어 있었던 아수라 악귀잡귀를 모두 퇴치하여 주시오니 황은이 망극하사옵나이다. 특히 부산에서 먼 길을 달려온 폐하의 신하와 백성부터 일찍 아수라와 악귀잡귀들을 퇴치해 주시옵는 폐하의 속 깊으신 마음 씀씀이에 감동받았사옵나이다.

유난히 천상도법주문회에 참석 못하도록 방해하고 훼방을 놓는 아수라, 악귀잡귀 때문에 무척 힘들었사옵나이다. 하늘의 기운이 떨어진 아수라들의 질투는 상상을 초월하였으며, 직장에서도 느낄 수 있었사옵나이다.

출근이 즐거운 것이 아니라 마치 도살장에 끌려가는 기분으로 우울하였사옵나이다. 그래서 좀 더 다른 환경과 분위기에서 일하고 싶어 손을 뗄 수밖에 없었사온데 이번 천상도법주문회에서 퇴공을 신청하여 폐하께옵서 소신에게 붙어 있던 아수라와 악귀잡귀가 무려 3만 2천 명! 정말 상상을 초월하는 숫자에 놀랐으며 퇴치하여 주셔서 감사하사옵나이다.

퇴공을 올려드리는 순간부터 마음이 홀가분함을 느꼈사옵나이다. 소신에게 붙어 있던 아수라와 악귀잡귀 퇴치로 인하여 하늘의 원과 한을 조금이라도 풀어드렸다고 생각하사오니 기쁘사옵나이다. 모든 근심 걱정 내려놓고 주어진 일에 최선을 다하며 오로지 도법천존 3천황 폐하만을 믿고 따르며 성심을 다하겠사옵나이다. — **신○선 올리사옵나이다**

아프던 목이 자연스럽게 돌아가

빛과 불이신 도법천존 3천황 폐하!

살아서나 죽어서도 두 번 다시 누릴 수 없는 대영광의 날 천신국 개국 선포식과 도법천존 3천황 폐하의 즉위식에 불러주옵시어 소신 영원히 가슴에 새기고 새겨 언제나 천기 19년 7월 7일 천신국 개국 선포식과 도법천존 3천황 폐하의 즉위식을 기억하여 잊지 않겠사옵나이다.

소신, 어려서부터 도법천존 3천황 폐하를 찾아 헤매던 기나긴 세월 중에 2008년 어느 날 『천경』과 『천지령』을 읽고 천신국에 들어서는 순간 소신의 입에서 나온 첫마디 말이 "집에 왔다" 였사옵나이다. 그 후로 무수한 사연과 일이 많았지만 단 한 번도 폐하를 떠나서 살아가겠다는 생각은 소신 한 적이 없었사옵나이다.

도법천존 3천황 폐하를 알현드리사옵기 전 다른 것은 몰라도 하늘 세계만큼은 궁금하여 참지 못하였사옵나이다. 어느 종교에나 저 잘났다고 하는 인간들이 그럴듯하게 말들은 하였지만 다들 똑같이 알맹이 빠진 헛소리들만 늘어놓았사옵나이다. 언제나 심한 갈증에 허덕이는 것만 같았던 소신이 빛과 불이신 도법천존 3천황 폐하를 알현드리고 난 이후부터는 그렇게 알고 싶었던 하늘 세계의 모든 것이 하나도 궁금하지 않았사옵나이다. 소신이 생각해도 참으로 신기할 뿐이사옵나이다.

세월이 가고 시간이 지나면서 너무도 생생하고 신비로운 모든 것을 도법천존 3천황 폐하께옵서 차근차근 하나씩 가르쳐 내려주셨사옵나이다. 지구란 무엇인가? 왜 지구에 사람이 사는가? 모습은 어찌 다 다른 것인가? 말도 다르고 피부 색깔도 다르며 또한 종교는 왜 그리 많은가?

왜 종교가 생겼는가? 종교마다 주장은 또 왜 다른가? 우주는 얼마나 멀고 넓으며 무엇이 존재하는가? 이 밖에 무수히 많은 것들에 대한 의문의 답을, 도법천존 3천황 폐하께옵서 피눈물의 세월을 견디사옵시며 찾아내사옵신 귀하고 귀하신 천상의 진실들을 소신들에게 가르침 내려주옵시고 계시사옵나이다.

빛과 불이신 도법천존 3천황 폐하!

소신, 이와 같은 모든 진실은 죽어서나 알 거라고 믿었사옵나이다. 하온데 소신 살아서 보이사옵는 하늘이사오신 도법천존 3천황 폐하의 하해와 같으신 사랑과 은혜로 이 모든 진실을 도법천존 3천황 폐하의 황명과 가르침으로 하나씩 알아가고 있사오니 이 세상 어떤 부호도 권력자도 부럽지 않사옵나이다.

하옵고 너무도 대단한 천신국 개국 선포식과 도법천존 3천황 폐하의 위대하옵신 즉위식을 살아서 볼 수 있었다는 사실에 꿈만 같았사옵나이다. 더욱이 천신국 개국 선포식 리본 커팅식에 소신의 이름을 불러주사옵시어 영원히 잊지 못할 가문의 대영광이었사옵나이다. 도솔천궁에 계시는 조상님들께서도 얼마나 기뻐하셨을지 소신 가슴이 사정없이 뛰었사옵나이다.

빛과 불이신 도법천존 3천황 폐하! 소신 그날의 감동과 감격

절대로 잊지 않겠사옵나이다. 오로지 빛과 불이신 도법천존 3천황 폐하의 황명만 받들며 따르겠사옵나이다. 살아서나 죽어서도 충심을 다하겠사옵나이다.

하옵고 소신 아수라 퇴치 후 그렇게 아프던 목이 자연스럽게 돌아가오며 편안하사옵나이다. 허리와 다리는 풀리는 중이오며 빠른 속도로 좋아지고 있사옵나이다. 빛과 불이신 도법천존 3천황 폐하! 천신국 개국 선포식과 도법천존 3천황 폐하의 즉위식을 다시 한 번 감축드리사옵나이다.

천상의 3천황 폐하! 만세! 만세! 만만세!
천상의 3황후 폐하! 만세! 만세! 만만세!
빛과 불이신 도법천존 3천황 폐하! 만세! 만세! 만만세!

— 유ㅇ숙 올리사옵나이다

아수라와 수하 592,700명 퇴치

빛과 불이신 도법천존 3천황 폐하!

인류 역사상 처음인 천신국 개국 선포와 폐하의 즉위식에 불러주옵시어 황은이 망극하사옵나이다. 이 소신도 영광스러운 자리에 참석할 수 있어서 무척 기뻤사옵나이다. 제 84차 천상도법주문회의 감격스러웠던 장면이 글을 쓰는 이 순간도 생생하게 떠오르사옵나이다.

빛과 불이신 도법천존 3천황 폐하의 즉위식은 천상의 신명님들도, 폐하의 가족분들께서도 함께해 주옵시어 웅장하고 장엄하며 엄숙함의 분위기를 느꼈사옵나이다. 인류 역사상 유일무이하고 전무후무한 천신국 개국 선포식에 도법천존 3천황 폐하의 근엄하사옵고 카리스마 넘치는 용안을 알현할 수 있어서 영광이었사옵나이다.

천신국 개국식과 도법천존 3천황 폐하의 즉위식이 열리는 날 집에서 출발부터 모든 것이 순조로웠사옵나이다. 제 84차 천상도법주문회에 참석하기 위해 대구에서 고속버스를 타고 동서울 터미널에 내려 시내버스를 타려면 10여 분을 기다려야 했었사온데 횡단보도를 건너기도 전에 차가 정차하고 있어 포기하고 다음 차를 타야겠다고 생각했사온데 다른 때와는 달리 버스가 출발하지 않고 기다리는 것처럼 대기하고 있어서 소신이 버스에 오르자 곧바로 출발하여서 다행히 생각보다 일찍 도착할 수 있었사옵나이다.

천신국에 도착하니 유ㅇ숙 씨가 폐하의 명을 받고 있었사옵고 드디어 소신의 차례가 되어 소신의 현재 아픈 증상을 보고하라고 하셨사온데 처음에는 하나도 생각나지 않았사오나 찬찬히 생각하니 몇 가지가 생각이 나서 보고 올려드렸사옵나이다.

도법천존 3천황 폐하께옵서 천신국 개국식과 신의 대통령이신 신제 폐하로 즉위하시옵는 경사스러운 날 아수라와 악귀잡귀 퇴치를 윤허하여 주옵시어 황은이 망극하사옵나이다. 그런데 아수라 보수퓨마와 같이 온 2,757명의 악귀잡귀 2,757 숫자가 어디선가 많이 들어본 숫자였사옵나이다.

곰곰이 생각하니 공교롭게도 여동생이 부산에 있을 때 가게 전화번호 숫자와 같아서 깜짝 놀랐사옵나이다. 도법천존 3천황 폐하께옵서 보수퓨마 아수라가 존재를 밝히려고 소신의 집 인터폰을 누른 진실을 밝혀주옵시고, 소신의 몸과 집에서 잡혀온 아수라 보수퓨마의 수하 592,700명의 아수라와 악귀잡귀까지 천옥도, 지옥도, 한빙도, 적화도, 도산도, 흑해도에 압송해서 각각 9,000해 년씩 고문 형벌 집행 후에 소멸의 명을 내려주옵시어 통쾌했사옵나이다.

3살부터 아수라 보수퓨마가 소신의 배꼽 바로 아래에 기거하고 있었다니 놀라웠사옵나이다. 아수라와 악귀잡귀 퇴치 신청을 도법천존 3천황 폐하께 메일로 올려드린 날 오후 갑자기 몸에 힘이 빠지는 현상을 느꼈사옵나이다. 아랫배 통증이 시작되면 다리까지 저리고 아파 내심 심한 병에 걸린 건 아닐까 하는 생각도 하였사옵나이다. 이수라와 잡귀 퇴치를 행하고 난 후 그렇게 아팠던 통증이 하나도 아프지 않고 정신도 맑아 졌사옵나이다.

소신 악귀잡귀 퇴치 전에는 퇴근하고 나면 피곤해서 집안일도 제대로 하지 못해 누워 있는 것이 다반사였사온데 악귀잡귀 퇴치 후 하나도 피곤하지 않는 게 너무 신기사옵나이다. 그리고 댓글도 악귀잡귀 퇴치 전에는 아무리 쓰려고 해도 생각이 나지 않았사온데 현재는 댓글을 쓰려고 노력하니 생각이 나사옵나이다.

폐하께옵서 인간 육신은 걸어 다니는 공동묘지라고 하사옵신 말씀이 실감났사옵나이다. 폐하께옵서 역천자 아수라와 함께 살았으니 소신의 인생이 평탄하지 않았다는 말씀을 내려주옵시어 지난 세월 동안 왜? 그렇게 힘들고 어렵게 살아왔는지 이해가 되사옵나이다. 아수라와 악귀잡귀를 퇴치해 주옵시어 감사 올려드리사옵나이다.

천기 19년 7월 7일 천신의 나라 천신국 개국 선포와 신의 대통령이신 신제 폐하 즉위식을 진심으로 감축 올려드리사옵나이다. 천신국 간판도 너무 멋지사옵나이다. 간판이 흰색이라 눈에 확 들어와 지나다니는 사람들이 한 번씩은 쳐다보고 궁금증을 가질 것 같사옵나이다. 빛과 불이신 도법천존 3천황 폐하의 도법세상이 세세만방에 펼쳐져 천신국으로 수많은 사람들이 들어와 인산인해가 되기를 간절히 바라사옵나이다.

— 손○희 올리사옵나이다

추포령을 내리기만 하면 3초 내에

종교를 세운 아수라들이 하늘을 시해하고 하누와 표경이 천상의 주인 자리에 앉으려고 반란을 일으켰다가 실패하여 지구로 도망친 역천자 반란군 천상신명들이었음이 적나라하게 밝혀졌다. 붙잡혀온 아수라들이 모두 나(황태자)에 대하여 너무나 자세히 알고 있었고, 죽는다는 것도 알고 있었으며 어디로 보낼 것인가 하고 가장 먼저 묻는다. 자신의 주군이나 상관, 동료들이 어디로 잡혀갔는지 매우 궁금해하고 관심을 가졌다.

뿐만 아니라 고문 형벌받는 6대 지옥의 모습을 보여주어도 하누와 표경을 위해 죽음을 두려워하지 않았는데, 이것이 진정한 충성심이었다. 막상 6대 지옥으로 압송하라는 명을 내리자 안 끌려가려고 끝까지 발버둥 치고 버둥거리며 비명을 질러대며 끌려갔다.

아수라를 퇴치하고 6대 지옥으로 압송할 수 있는 권한과 능력은 황태자인 도법천존 3천황이 유일하다. 어느 누구도 아수라와 대적해서는 싸움의 상대가 되지 않는다. 저들도 역모 반란을 일으키기 전에는 태상천황 폐하의 충성스런 신하들이었고, 신비 능력을 가진 존재들인 천상신명들이었다. 지구촌이 온통 종교백화점인 것은 결국 하늘의 역천자 아수라 천지라는 뜻이다.

구원받으려고, 복받으려고 종교에 다니는 것인데 정반대로 아수라 대마왕의 종과 노예가 되기 위함이란 무서운 진실이 숨어 있었다. 절대 종교만은 믿지 말라고 했는데 구원, 영생, 복을 받으려고 종교를 세운 아수라의 수하가 되었다. 종교를 믿으면 구원과 영생은 고사하고 천벌을 면치 못한다는 진실이 밝혀졌고 천국, 천당, 극락, 선경의 천상으로는 절대 오르지 못한다는 엄청난 진실이 밝혀졌다.

하늘의 심판! 즉, 나 하나와 종교와의 전쟁이 본격적으로 시작된 것이다. 천상과 지상 그 어느 곳에 있더라도 아수라들은 숨을 곳도 없고 도망칠 곳도 없다. 추포령을 내리기만 하면 3초 내에 즉시 잡혀 와서 지상대법정에 세워진다.

하늘의 원과 한을 풀어드린다는 나의 뜻이 바로 역천자 아수라들의 심판과 멸살이었다. 아수라들로 인해서 하늘의 가슴이 미어지시는데 그동안 복을 달라고 하늘에 빌고 빌었으니 참으로 기가 막힌 일이다. 결국 종교는 하늘께 대적하는 역천자 집단이었음이 밝혀졌다. 그러니 종교 믿으면 망하는 길 하나뿐이다.

노스트라다무스 예언에 등장하는 공포의 대왕이 흑룡포를 입은 천상의 황태자란 진실이 미국 도널드 트럼프 대통령의 신과 영, 혼, 정신을 불러서 심판하는 과정에서 입증되었다.

아수라 퇴치 후에 손님들이 몰려와

지난 6월 24일부터 근 열흘 동안 매출이 완전 바닥을 쳤사옵나이다. 하옵고 7월 1일에는 매장에 출근하여 조금 있사오니, 갑자기 숨이 콱 막히는 듯 화가 서서히 올라오사오며 누군가가 안에서 숨통을 조이는 듯 하였사옵나이다.

트림조차 나오지 않아 죽을 것만 같았사옵고, 거울을 보니 소신의 얼굴은 경색되어 점점 검어지는 듯하였사옵나이다. 가슴은 갈수록 답답하고 갑갑하사와 허리는 끊어질 듯 아프사오며 등허리도 점점 굽어지는 듯 정말 힘든 하루 하루였사옵나이다.

매장 매출상황도 계속 부진하사와 급기야 회사 입금도 밀리는 상황까지 이르러 어제 처음으로 남편이랑 실랑이가 있었사옵고 폐하께 문자를 보냈사옵나이다. 하온데 참으로 신기하사옵고 폐하께 현 상황을 문자로 말씀 올리고 나서 아수라와 악귀잡귀를 퇴치해 주시고 신비의 조화가 일어났사옵나이다.

폐하께옵서 아수라, 악령, 악귀잡귀를 퇴치하여 주사옵시고, 소신과 통화를 한 후 조금 있사오니, 고객들이 방문하기 시작하였사옵나이다. 비가 하루 종일 내렸사옵는데 연달아 삼삼오오 그 비를 맞으며 입점하는 고객들을 보사오며 참으로 또 놀라지 않을 수 없었사옵나이다.

이러한 신비한 일들의 조화를 소신 어찌 만인들에게 증명을 해야 하사올지 정말 소신만이 아는 일이사와 너무나 안타까사우며 폐하의 대도력, 대천력, 대신력의 신비스런 상상초월의 조화에 참으로 무한 감탄이사옵나이다.

비도 계속 내리사옵고 입점 고객이 없다가 아수라 악령 '비둔' 퇴치 후에 갑자기 폐하와 통화 후 연달아 고객이 방문하니, 영문도 모르는 아들은 그저 신이 나서 열심히 고객 응대를 하고 있었사옵나이다.

어제 유유에게 어떤 일이 있었을까?

유유 몸에 아수라 악령 비둔과 악귀잡귀 1,682명, 내장에 3,872명을 추포해서 6대 지옥으로 압송하였다. 아수라 악령 비둔은 천상 도솔천궁에서 있었고 복수해서 유유를 죽여서 데려가려고 36세에 몸에 들어왔다고 하였다.

천상에서 황태자인 내가 지구로 내려온 후에 도솔천궁에서 여러 대신(장관)들이 모여 대책회의를 하는데 유유가 나서서 대신이던 비둔에게 "네 까짓게 뭘 안다고 대책회의를 하느냐"며 무시하는 말을 해서 비둔의 가슴에 상처를 주고 원과 한이 맺혀 복수하여 유유를 죽여서 데려가려고 지구로 내려왔다고 한다. 처음에는 천상에서 이탈리아로 떨어져 있다가 복수하려고 유유 몸으로 들어왔다고 말하였다.

유유 몸에 들어와서 음부와 사타구니 사이 오른쪽 볼두덩에 숨이 있었다고 한다. 아수라 비둔을 살려주려고 회유해 보았지만 자존심 상한다고 나의 배려를 거절하고 결국 6대 지옥행을 선택했다.

이처럼 말 한마디가 가슴에 맺혀 복수의 칼을 갈게 한다는 것을 확인하였다. 천상이나 지상이나 똑같다. 상대방에게 상처를 주는 말은 비수가 되어 꽂힌다. 모든 싸움의 시초는 말과 글에서 시작되니까 일상생활에서 말조심, 글조심 해야 한다. 죽여서 데려가겠다는 악령 비둔의 결의는 비장하였고 결국 5대 지옥행을 선택하였다. 자존심 상한다고 짐의 배려까지 거절한 것을 보면 보통이 아니다.

36살에 유유 몸에 들어와서 66세까지 30년 동안 몸에 있었던 아수라 악령 비둔이 유유를 죽이려고 가슴을 조였다가 유유가 사연을 보내서 나에게 발각되어 심판을 받게 되어 결국 6대 지옥으로 압송되었다.

유유 몸에 있던 아수라 악령 비둔을 심판하면서 아수라, 악령들은 끝까지 남아 있다는 진실을 확인할 수 있었고, 대상자들을 지목하지 않으면 그대로 숨어 있다는 진실도 알았다. 아수라, 악령, 악신, 악귀잡귀, 귀신들을 퇴치하면서 천상의 3천황 폐하와 3황후 폐하, 나의 천지대능력이 매일같이 검증되고 있음이 확인되어 보람되고 기쁘다.

오늘 방금 전 15시 39분에 온 문자 내용이다.

예! 폐하! 참으로 신기하사옵나이다. 폐하 아니사오면 이런 진실을 어찌 알겠사옵나이까? 그저 하루 일과가 바빠서 아프고 칙칙하여도 그냥 넘어갔사온데, 참으로 감사드리사옵나이다.

어제 악령 퇴치하고 폐하와 통화 후 지금 이 시간까지 너무 바빠 더욱 놀랍사옵나이다. 세일 폭이 워낙 커서 많은 금액은 아니사옵지만 방문 고객 숫자는 많사옵나이다. 아마 이런 숫자의 고객 방문이사오면 가을과 겨울 매출은 정말 크사올 거라 예상되사옵나이다.

폐하! 소신 요번엔 정말 견디기 힘들었사온데 살려주사옵시어 황은이 망극하사옵나이다. 열심히 하여 모이는 대로 수시로 천공 올리겠사오며 감사하사옵나이다.

— 유유 올리사옵나이다

※ 신기와 우울증, 불면증으로 고생하는 사람들 고민 끝!

신을 받아 무속인이 되어야 하나? 심각한 고민하는 남녀들이 예상외로 많은데, 죽기보다 싫어서 정기적으로 신 눌림굿을 받은 뒤 신줏단지를 모시고 사는 사람들이 많다. 이곳 신의 종주국이자 천신의 나라 천신국에 들어오면 더 이상 신기 때문에 고민하며 근심 걱정하지 않아도 된다.

여자가 신을 받으면 무당, 보살, 만신이 되는 것이고, 남자가 신을 받으면 박수무당이나 도사, 법사가 되는데, 신 기운을 소멸시켜 주거나 다른 차원으로 승화시켜 주면 신을 받지 않아도 되고, 우울증과 불면증도 신, 조상, 잡신, 귀신으로 인해서 발생하는 것이기에 걱정하지 않아도 된다.

천신국 개국 선포 및 즉위식 커팅

지구상 감히 그 어떤 누구도 상상도 할 수 없는 신의 종주국이자 천신의 나라 천신국 개국 및 즉위식을 현실로 이루어내신 위대하사오신 도법천존 3천황 폐하께 무한한 감동과 환희의 박수를 온몸과 마음으로 올려드리사옵나이다. 분명 꿈이 아니사옵고 현실이사옴에 이 미천한 소신 어안이 벙벙하사온 일주일을 보냈사옵나이다.

감히 도법천존 3천황 폐하의 위대한 여정의 새로운 도약 시점에 소신이 함께 참여했다는 것은 뭐라 말로서는 형용할 수 없는 대영광이사옵나이다. 살아서나 죽어서나 영원히 감사함을 간직하며 또한 보은하며 살아가겠사옵나이다. 정말로 감동과 감격의 순간들이었사옵나이다.

어찌 이 미천한 소신이 2019년 7월 7일의 위대한 역사적인 순간에 도법천존 3천황 폐하께 호명되어서 천신국 개국 및 즉위식의 커팅식에 함께 참여하였다는 것은 소신에게는 영원히 잊을 수 없는 대영광이사옵고 살아서나 죽어서나 최고로 영광된 일이라고 생각하사옵나이다. 황은이 망극하사옵고도 망극하사옵나이다. 커팅식 때 끼었던 흰 장갑은 액자로 보관하여서 영원히 가보로 남길 생각이사옵나이다.

빛과 불이신 도법천존 3천황 폐하! 지구의 주인이신 지존천황 폐하! 인류의 주인이신 인존천황 폐하! 신의 대통령 신제 폐하! 태상천황 폐하의 외아들이신 ○○ ○ 폐하! 다시 한 번 천신국 개국 및 즉위식을 감축에 감축을 올려드리사옵나이다.

미천한 소신 도법천존 3천황 폐하의 대황은을 입고 제 84차 천상도법주문회에 참석을 한 후로 아련한 1983년도에 밤하늘의 북두칠성을 바라보던 순수했던 초심으로 돌아가게 되었사옵나이다. 정말로 왜 그리도 서럽고도 슬펐사옵고도 강한 다짐을 하였사온지를 이제야 확실하게 알게 되사옵나이다.

분명히 이 인간 세상이 전부는 아닐 것이라고 생각하고 소신 나름대로의 긴 여정을 준비하였사옵고 마음껏 대마왕의 지옥 세상을 경험하였사옵나이다. 하오나 분명히 훗날에 도법천존 3천황 폐하를 알현할 것이라는 것은 분명히 알고 있었사옵나이다. 그때에 가면 모든 것들이 만천하에 진실로 드러나리라고 생각을 하였사온데 천신국 개국 선포식과 즉위식을 통하여 말 그대로 꿈이 현실로 이루어졌사옵나이다.

소신 혼자서는 수억만 번 죽었다가 깨어나도 영원히 알 수가 없는 위대한 천상과 지상의 비밀과 진실들이 하늘의 황태자이사온 도법천존 3천황 폐하의 대천력, 대노력, 대신력, 대법력, 대원력으로 인하여 하나둘씩 밝혀지고 있사옵나이다. 과연 어마어마하사옵고도 위대하사옵나이다.

이 미천한 소신 지구라는 감옥 행성에서는 너무나도 내색 없이 막 살았사온데 제일로 잘하고도 잘한 것은 언젠가는 도법천존 3천황 폐하를 알현하게 될 줄을 확신한 것이사옵나이다.

도법천존 3천황 폐하! 이 얼마나 감사하고 다행인지는 앞으로 현생과 내생을 도법천존 3천황 폐하와 일심으로 충심하며 함께한다면 온몸과 온 마음으로 실생활에서 알게 될 것이사옵나이다. 이 어찌 돈으로 환산이 되겠사옵나이까! 도법천존 3천황 폐하! 감격과 감동의 눈물이 멈추지 않사옵나이다. 도법천존 3천황 폐하의 어마어마한 황은에 보답하는 길은 오로지 몸과 마음으로 행동하며 현실로 충성하는 것이사옵나이다.

빛과 불이신 도법천존 3천황 폐하!

이 미천한 소신 지금 죽어도 여한은 없사오나 전생과 현생, 그리고 내생도 영원히 함께할 도법천존 3천황 폐하께 진 빚을 오래오래 살아서 갚아야 하니 현생도 도법천존 3천황 폐하와 함께할 것이사옵나이다. 전생도 소중하사옵고 현생도 지나면 전생이 되사오니 도법천존 3천황 폐하의 신하로서 누가되지 않도록 현생도 최선을 다하여 충성을 다할 것을 다짐하고 맹세하사옵나이다.

소신 다음 주부터는 상가건물 인테리어 공사를 계약하고 공사를 진행할 것이사옵나이다. 더 이상은 아수라든 악령이든 문딩이 잡것들에게 휘둘리지 않도록 도법천존 3천황 폐하와 함께 최선을 다하겠사옵나이다. 도법천존 3천황 폐하와 함께라면 두려울 것도 없사오며 불가능도 없사옵나이다. 죄 많은 소신! 살려주시어 황은이 망극하사오며 살아서 죗값을 많이 많이 올려드리고 싶사옵나이다.

— 박○형 올려드리사옵나이다

사후세계 미리 보기(러시아 여성)

폐하!

율○아(러시아 여성)가 오늘 천신국 개국 선포식과 즉위식에 동영상과 카메라 촬영하느라 수고 많이 했으니, 사후세계 미리 보기를 선물로 내려줄 것이니 율○아의 신과 영, 혼, 정신은 비서실장 보라 신왕 몸으로 들어오라. 이제부터 율○아 너의 육신이 목숨이 다하여 죽으면 어떻게 되는지 너의 사후세계 모습을 네가 생생하게 직접 보아라.(천인합체를 명 받은 천인 신분)

이○율 몸에 들어온 율○아의 신과 영

제가 인간 세상을 마치고, 눈을 감으니, 동화 속의 요정들이 보입니다. 어깨에는 흰색, 푸른색, 핑크빛 등등의 날개가 보이고, 머리에는 왕관을 쓴 요정들이 돌아가며 춤을 춥니다. 그중에 빨간색 왕관 요정이 이제 우리와 함께 가자고 합니다. 요정들이 날자 날개에서 빛이 가루로 떨어지니 환상적입니다.

요정들의 안내로 흰색 바탕에 노랑, 보라, 분홍빛이 섞인 마차를 타는 순간 제 옷이 아름다운 선녀복 같은 드레스로 바뀌어 있습니다. 갑자기 요정들이 봉황새로 바뀌어 제 옆에도 있고, 창밖에도 엄청난 숫자의 봉황새가 날고 있습니다. 드디어 도착한 황태자궁에서 남편을 통해 구원해 주신 황태자 폐하께 문후를 올립니다. 너무나도 기백이 넘치시고 멋지신 분입니다. 황태자 폐하께서 저에게 덕담을 내려주십니다.

저는 이제 500명의 무사 호위를 받으며, 도솔천궁으로 갑니다. 도솔천궁은 하얀색의 어마어마하게 찬란한 궁전입니다. 저는 도솔천황 폐하께 문후 올립니다. 용안을 감히 바라볼 수 없지만, 지금의 도법천존 3천황 폐하 모습과 똑같습니다. 도솔황후 폐하께서도 너무너무 아름답습니다.

조상님들의 하늘이라 하십니다. 저는 이제 680마리의 적룡들의 호위를 받으며, 옥황천궁으로 갑니다. 용들이 정말 거대하게 큽니다. 저는 옥황천황 폐하와 옥황황후 폐하께 예를 정중히 올리고 덕담을 듣습니다.

이때, 요정이 이제 태상천궁으로 가서 영혼의 부모님을 알현드린다고 합니다. 저는(신과 영) 갑자기 눈물이 쏟아집니다. 이제 굉장히 멋진 빨간 스포츠카가 나타나서, 제가 운전을 합니다. 태상천궁에 들어서자 황실 앞에 저의 남편도 대기하고 있습니다. 남편의 안내로 영혼의 부모님께 문후 올립니다. 제가 살 집으로 가니, 백호들이 성을 호위하고 있으며, 이들은 제 남편의 신하로 사람으로도 변합니다.(수천 명)

성의 안쪽은 상상 초월입니다. 별들이 반짝반짝 빛나며, 안과 밖으로 온통 황금색, 보라색, 노란색, 초록색 등등의 별들이 저를 환영해 주고 있습니다. 성의 안쪽에도 백호들이 있고, 저는 이제 부부 침실로 가는데, 너무나도 희귀한 꽃과 난초가 있고, 옷장에는 여러 색깔의 드레스와 모자가 있습니다. 앞으로 제가 하게 될 임무는 도솔황후 폐하께서 만들어주신다고 하십니다.

천인의 육신 죽음 이후에 사후세계

하늘의 명을 받아 천인(天人)의 신분을 가진 이○숙이 이 땅에서 눈을 감고 죽게 되는 순간, 이○숙의 육체에서 하얀 빛의 빛나는 인간의 모습으로 나오자 그 주위로 이○숙을 데리러 온 천상의 신하(신명)들이 있다. 이○숙의 옷은 밑에는 하얀 치마인데, 마치 드레스 같고, 머리는 허리까지 내려오는 긴 검은 생머리에 양옆으로 예쁜 나비 모양의 화려하고 고귀한 문양의 핀을 달고 있고 연한 화장을 하고 있다.

그런 모습을 보고 이○숙을 데리러 온 천상의 신하들이 이○숙의 얼굴은 지금의 모습이 아닌 아주 고운 아가씨의 모습이다. 여자 선녀들 네 명이 이○숙 좌우로 서 있고, 붉은색과 황금색이 반반 섞인 용이 이○숙을 등에 태운다.

이○숙은 용과 신하들의 호위를 받으며 하늘을 날아가는데 별들이 무수히 많다. 반짝이는 별들이 이○숙을 반겨준다. 아름다운 황금색 별들을 보여주기 위해 용이 잠시 속도를 늦추곤 한다. 별의 모습이 사람의 얼굴 모습이고 축하한다는 말을 전한다.

이○숙은 황홀경에 빠져 어쩔 줄 모르고 감격스러워하며 상상을 초월하는 광경들에 입을 다물지 못한다. 아름답게 빛나는 황금별을 온몸으로 받으며 이○숙이 영혼의 고향에 도착했다. 이○숙은 인간의 삶을 살면서 하늘의 명을 받들었기 때문에 그 예우 또한 남다를 것이라 말한다.

천상의 천신국 태상천궁에 도착하자마자 17살이 되었다. 청초하고 너무나도 이쁜 정말 어디서도 본 적 없는 그런 모습인데, 이런 모습이 현실에서 존재하는지 천상에는 불가능이 없으시구나 한다. 티 없이 맑은 소녀의 모습인 이○숙이 살게 되는 집은 커다란 성인데 하늘께서 성을 하사하신 것은 지상에서 하늘의 명을 받아 천인합체를 행한 천인의 신분이기 때문이다.

핑크빛과 흰색이 섞인 동화 속에서나 볼 수 있는 유리의 성이고 성주는 바로 이○숙이다. 공주들이 사는 성으로 들어간 이○숙은 구원의 하늘, 영혼의 부모님이신 하늘께 예를 갖추어 올리게 된다. 인간의 삶을 살 때 3천황 폐하의 명을 받아 천인합체를 했기 때문에 천상에 올라 영혼의 부모님께 예를 올리는 특혜를 얻게 되었다.

영혼의 부모님께 예를 올려드리자, 마음 안에서 어떤 음성이 느껴지는데, 그 내용은 천기누설이라 공개할 수는 없지만, 이○숙에게만 특별히 내려주시는 천상의 진실이라 하며, 이○숙은 감격의 눈물을 흘리며 5배의 예를 갖춘다. 지상에서 있을 때 폐하께 온 마음과 진심으로 향하며 오로지 충심을 다했기에 그 공로를 인정해 주신다고 하신다.

몸이 아파도, 인생이 힘들어도 개의치 않고 폐하만을 생각하며 달려온 그 충성의 마음이 천상장부에 다 기록되어 있다고 한다. 충신들 중에 충신이었다고 말씀 내려주십니다. 황태자 폐하께 예를 갖추고, 용을 타고 성의 외곽을 둘러보는데, 그 성이 끝이 보이지 않을 정도로 어마어마하게 넓다고 한다.

진실의 충성만큼 성의 웅장함과 크기가 다르고 황금색과 흰색의 용이 성에 대해 잘 설명해 주고, 이○숙의 정원이 따로 있다. 아름다운 정원인데, 세상에서 본 적도 없는 새들과 꽃들이 있다. 보라, 핑크, 붉은 꽃들이 있다.

꽃이 굉장히 큰데 이○숙이 취침할 때 조명 역할을 한다고 한다. 루비가 박혀 있고 노란색 보석이 세로로 달려 있다. 해당 꽃은 이○숙을 위해서 창조된 것이라고 한다. 꽃은 스스로 날아서 이○숙 옆으로 온다.

이○숙이 결혼하기 전까지는 예쁜 새들과 꽃, 아름다운 보석들과 모두 말을 할 수 있다. 이○숙은 원하면 언제든지 반지로 쓰거나 왕관으로 쓸 수도 있다. 루비보석 반지가 되어줘, 하면 날아와서 반지가 된다고 한다. 공주나 왕비보다 더 좋은 삶을 주신 데는 특명을 수행해야 한다고 한다. 벼슬을 달고 천상으로 올라간 상태이기에 천상정부의 대신(장관)의 역할을 해야 한다.

천상에서도 할 일이 참으로 많다고 한다

용이나 봉황새를 타고 여행을 할 수 있고, 공부수행을 끝냈을 때 여행이 허용되고 연회가 열리면 초대받아 좋은 대접을 받으면서 서로 친분을 쌓고 황궁예법만 철저히 지키면 이○숙이 원하는 것을 다 할 수 있고, 이○숙이 원하는 배필을 성할 수 있다.

하루가 지날 때마다 피부는 더 고와지고, 청순하며, 눈은 마치 유리알을 연상시키는 투명하고 맑은 눈빛을 가지고 있다. 이○숙의 내면이기 때문에 유리알처럼 투명하다고 한다. 인간 세상의 피는 붉은색이지만 천상에서는 하얀색이라고 한다.

요리하는데 고차원적인 레시피를 개발해서 천상의 제후국들에게 보여주면서 자랑을 하기도 한다. 화장품을 제조하기도 하고 화장품도 직접 만드는데 자신의 정원에 있는 꽃과 호수로 제조하고, 나무의 기운으로 옷을 제조하여 자신이 입어보고 싶은 옷들을 갈아 입어보면서 황홀경에 빠진다.

감사함이 들면 예를 올리는 것이 기본 예의이고, 정원 안에 호수의 잉어들과 대화도 할 수 있다. 인간 세상의 가족들은 천상으로 올라가면 큰 상관관계가 없다고 한다. 조상을 만나고 싶으면 윤허해 주시는 날만 만나서 하루 정도 보내도 된다. -중략-

천신국에서 하늘의 명을 받아 천인합체를 처음 행한 것은 2005년 8월경이고, 사후세계 미리 보기를 찾은 것은 금년 6월 19일이다. 천인이 되었어도 사실 천상으로 올라가는지 확인할 길이 전혀 없었고 그저 믿는 것이 전부였는데 14년 만에 사후세계 미리 보기를 찾아주시어 천인들의 근심 걱정을 덜어주었다.

검증되지도 않았고, 확인조차 안 된 천인합체를 14년 동안 무수히 행해 왔는데 천인합체가 진짜였다는 진실이 확인되었다. 이미 하늘께서 하강 강림하시어서 천인합체를 윤허해 주시었기에 현실로 이루어주신 것이다. 세상 사람들은 천인합체가 진짜인지 가짜인지 몰라서 망설인 사람들도 많았는데 진실로 밝혀졌으니 행하지 못한 자들은 지금 후회가 막심할 것이다.

사람 몸 안에는 누가 있을까?

사람의 몸과 마음 안에는 누가 있을까?

눈에 보이지 않고, 귀에 들리지 않지만 자신의 영혼인 생령과 죽어서 육신이 없는 조상 영혼을 조상령 또는 사령이라 하는데 인생을 살아가면서 조상령으로 인해서 인생이 하루도 편할 날이 없는 경우가 많다.

흔히 말하는 조상 풍파가 바로 그것이다. 그런데 조상의 범위는 1대조 부모인 아버지와 어머니, 윗대인 2대조 조부모 할아버지, 할머니, 3대조 증조부모, 4대조 고(高)조부모, 5대조 현(玄)조부모, 6대조 래(來)조부모, 7대조 곤(昆)조부모, 8대조 잉(仍)조부모, 9대조 운(雲)조부모… 시조까지 조상에 해당되는 것이 이론상으로 맞다.

부모, 배우자, 자식, 형제, 조카, 유산, 낙태아 모두는 가족령에 포함된다. 이렇게 조상령과 가족령들의 원이 맺히고 한이 맺혀 산 사람들의 몸으로 들어와서 질병과 정신 이상, 우울증, 불면증, 암, 사업 실패, 사기, 배신, 사건, 사고, 환청, 환영, 자살, 단명, 급살 등 온갖 인생 풍파를 일으키고 있다.

조상령이든 가족령이든 육신이 죽었기에 귀신에 해당하고 핏줄이니까 조상이라고 한다. 이렇게 영가들로 인한 장애는 어마어마하게 큰데 이것을 해결하려고 굿을 하고 퇴마하고 천도재, 추모예배, 추도미사로 해결하고 있는 것이 현실이다.

그런데 조상령과 가족령들만 사람 몸에 들어와 있는 것이 아니라 온갖 남의 조상귀신들인 악귀, 잡귀, 사탄, 마귀, 요괴, 악신, 악령들이 상갓집, 결혼과 회갑, 칠순 같은 잔칫집에서 따라와 함께 동고동락하며 살아가고 있는데 무시하거나 모르고 살아가고 있을 뿐이다.

그리고 사람 몸에만 귀신들이 들어와 있는 것이 아니라 집안 곳곳에 깔려 있다. 장롱, 옷장, 주방, 거실, 안방, 작은방, 화장실, 베란다, 냉장고 등등 없는 곳이 없는데 몇백에서 몇천 몇만 명까지 엄청 많은 귀신들과 함께 살아간다.

귀신들의 존재는 인체 세포 정도의 크기이기에 사람의 눈에는 보이지도 않고 들리지도 않는다. 종교인들이 행하는 병굿, 조상굿, 퇴마, 안수기도, 천도재로는 수많은 조상령과 가족령, 귀신들을 모두 해결할 수 있는 방법이 없다.

조상령과 가족령, 악귀, 잡귀, 사탄, 마귀, 요괴, 악신, 악령들을 방치하고 살아가면 자신과 가정이 엎어지고 뒤집어지는 질병과 정신 이상, 우울증, 불면증, 암, 사업 실패, 사기, 배신, 사건, 사고, 환청, 환영, 자살, 단명, 급살, 비명횡사 같은 풍화환란이 걷잡을 수 없이 일어나서 가정이 몰락한다.

첨단과학문명시대를 살아가는데 무슨 귀신 타령이냐고 말하며 귀신들이 어디 있느냐고 잘난 척하며 부정하고 있는데 참으로 무식한 사람들이다. 각자 자신들 몸 안에 가족령과 조상령 이외에도 따라 들어온 악귀잡귀 귀신들이 바글바글하게 많다는 것을 모르고 하는 말이다.

특히 기독교, 천주교를 믿는다는 이유로 가족령과 조상령들의 존재를 무시하며 부정하고 살아가는 사람들이 무척이나 많은데 참으로 바보스럽고 안타까운 일이다. 지구상에 존재하는 모든 종교는 천상에도 존재하지 않는 것이기에 귀신들이 만든 것이므로 모두가 가짜들이다.

기독교, 천주교인들이 숭배하고 있는 하나님, 하느님이라는 존재도 가짜로 밝혀졌는데 충격적이다. 처음 들어보는 말이기에 너무나 황당하게 들리겠지만 이 땅에 태어났다가 죽은 자들은 물론 현재 살아 있는 모든 인류가 천상에서 15,000년 전에 1차 역모 반란과 2,036년 전에 2차 역모 반란 때 하늘을 시해하려는 반란군에 가담하였다가 실패하여 지구로 도망쳤거나 쫓겨난 죄인들이라고 밝혀주셨다.

그리고 하늘이시자 천지부모님께서는 지금까지 종교인들의 육신으로 하강하신 적이 한 번도 없으시었다고 하신다. 종교는 자기들만을 위한 또 다른 귀신 종교의 하나님, 하느님을 이 땅에 세운 것이었다. 천상에서 반란 수놓자의 신늘이 지금의 종교 숭배자들이었기 때문에 이들을 받들고 섬기며 종교인들의 말을 믿으면 전생에서 지은 죄를 빌 수 있는 기회가 박탈되기에 천상으로 돌아살 수가 없나는 신실이 밝혀셨나.

종교 안에서 믿고 있는 하나님, 하느님은 대우주 천지만생만물의 창조주도 아니고 절대자도 아닌 한낱 귀신들이 진짜 천상의 주인을 흉내 내고 사칭한 것뿐이라는 위대한 진실이 밝혀졌고, 종교에 들어가 있는 자들은 절대로 구원받지 못한다고 말씀하시었으니 지금이라도 살고 싶은 신과 영들은 종교를 떠나 천신국 태상천궁으로 들어와서 전생의 죄를 빌어야 구원받아 천상으로 돌아갈 수 있다.

종교적 숭배자들인 하나님, 하느님, 여호와, 석가, 예수, 마리아, 마호메트, 상제, 공자, 노자들은 구원의 능력이 전혀 없는 역모 반란에 가담했던 역천자들이고 귀신에 불과한 저급한 존재들이며 이들은 구원의 하늘도 아니고 죄사면권자도 아니기에 종교를 열심히 믿어도 구원 자체가 안 된다.

전생의 죄를 빈다고 모두를 구원해 주시는 것이 아니라 용서받을 수 있는 자들만 선별하시고, 용서받지 못할 대역죄를 지은 자들은 구원 대상자 명부에서 제외시킨다. 전생에 지은 죄가 가장 크고 그다음이 이 땅에 와서 지은 죄가 크다.

독자들 자신과 가족령, 조상령들이 지은 죄가 얼마나 크겠는가? 더불어 몸에 들어와 있는 수많은 악귀잡귀 귀신들이 지은 죄는 그 얼마나 크고 많겠는가? 이들과 함께 동고동락하며 살아간다는 것은 이들이 전생에 지은 죄를 모두 뒤집어쓰고 사는 것이나 다름없기에 이들의 문제를 빨리 해결하지 않고 살아가는 것은 산 지옥세상을 살아가는 것이나 마찬가지이다.

독자들과 가족령, 조상령들이 구원받을 대상자들인지 아닌지 알아내는 데 1분이면 충분하다. 구원 대상자로 뽑힌 가족령과 조상령은 천상입천 의식을 행하여 하늘의 명을 받으면 즉시 천상궁전으로 올라갈 수 있다.

자신과 가족, 집 안에 있는 남의 조상귀신들인 악귀, 잡귀, 사탄, 마귀, 요괴, 악신, 악령들은 용들과 사자들이 몇 초 만에 잡아들여 심판을 통해 구원해서 천상으로 보낼 자와 척살하여 소멸시킬 자를 분류하여 생살 여부를 판결한다.

하늘의 명을 받는 천상의식은 조상굿, 천도재처럼 온갖 귀신들을 불러들여 대접하는 곳이 아니라 천상법도에 따라서 신성하게 거행된다. 영가들이 춥고 배고파서 음식을 먹는데 그것은 잠시 잠깐 허기를 채울 뿐이고, 하늘이 내리시는 천상정기를 받아먹어야 추위와 배고픔이 없어진다.

인간 육신들은 음식을 먹어야 살 수 있지만 조상 영가들은 음식이 아닌 하늘의 천상정기를 받아먹어야 한다. 천상입천 의식을 행하여 하늘의 명을 받아 천상궁전으로 올라가면 옷 걱정, 추위, 배고픔, 근심 걱정, 생전에 앓던 질병의 고통이 모두 사라지는 신비한 천상의식이다.

가족령과 조상령을 구하고, 악귀잡귀 귀신들을 퇴치하는 것은 자신과 가족들을 지키는 유일한 길이다. 누구를 위해서 하는 것이 아니라 자기 자신과 가족들을 살리기 위해서 하는 것이기에 독자들은 시간을 지체하지 말고 속히 행해야 한다.

종교인들이 퇴미하는 방송을 보면 가족령과 조상령들을 좋은 곳으로 가라고 보내는데 어디로 가라는 것인지 도대체 일

수가 없다. 그러면 그들이 가라는 대로 가면 천상의 주인께서 역천자 죄인들을 그냥 받아주시는가?

천상이나 지상이나 법도가 거의 비슷하다. 남의 나라를 방문하려면 사전에 입국비자를 발급받아 입국심사를 통과하여야만 들어갈 수 있는데 지금 종교인들이 행하는 조상굿, 병굿, 퇴마, 안수기도, 추모예배, 추도미사는 천상주인의 고유영역을 침범하고 고유권한을 사칭하여 남발하고 있는 것이다. 이것이 바로 하늘을 능멸하는 무법천지 세상 아니던가?

지금 종교인들 모두가 자기들 마음대로 구원자 하늘의 역할을 자행하고 있다. 천상주인의 고유영역을 침범하고 고유권한을 사칭하여 남발하고 있는 엄청난 대죄를 짓고 있는 줄도 모르고 함부로 구원 행위를 자행하고 있는데 그 벌이 얼마나 무서운지 모를 것이다.

하늘 무서운 줄 모른다고 하는 말의 뜻을 종교인들이 살아서든 죽어서든 실감나게 체험할 것이다. 종교인들이 하늘 아래 가장 큰 죄인들이다. 이들은 구원받을 대상자 명단에 들어간 자들이 단 한 명도 없다고 말씀하시었다. 이미 종교적 숭배자들과 이름난 종교 창시자, 교주, 종교 지도자들의 신과 영들은 추포되어 지옥도, 천옥도, 불지옥 적화도, 얼음지옥 한빙도로 압송되었거나 사형에 처했다고 하신다.

그래서 종교인들에게 구원 행위를 의뢰하는 사람들과 종교를 믿는 사람들은 하늘이 내리시는 벌을 피하기 어렵고 구원도 받을 수가 없다. 예수 믿으면 죽어서 천국 간다고 하는 말은 종교인들이 모두 지어낸 거짓말이니 속지 말아야 한다. 하늘의 뜻에 역천하고, 하늘을 사칭하며 능멸하고 있는 자들이 종교인들이기에 종교인들부터 가장 먼저 심판하고 계신다.

천상세계의 주인이 누구인지 알기나 하고 예수 믿으면 천국 간다고 그렇게 말하는 것인가? 예수는 천상세계 천국의 주인도 아니고 천자도 아니며 하늘을 사칭하고 능멸한 대역 죄인의 신분이다. 천상세계의 주인은 하나님, 하느님, 상제, 부처, 야훼(여호와), 예수, 마리아, 알라신 마호메트가 아닌 대우주 천지만생만물의 창조주이시자 절대자 하늘이신 "태상천존 자미 천황태제 폐하"라고 하시는 분이신데 약칭으로는 "태상천황 폐하"라고 한다.

대우주 창조주이시며, 천상의 주인이시고, 영혼의 부모님이며, 죄사면권자이시고, 절대자 하늘이신 "태상천황 폐하"의 명을 받지 않고서는 죄를 빌 수 없기에 그 어떤 신과 영들도 천상세계로 돌아갈 수 없는 지엄한 천상법도가 있다. 인류가 전생과 현생에 지은 죄목을 실시간으로 기록한 천상장부를 갖고 계신다. 천상장부에는 용서받을 자와 용서받지 못할 자들의 명부가 자세히 수록되어 있기에 죄를 빈다고 모두를 용서해 주시지 않으신다.

종교 안에서 행하는 모든 구원의식들은 하늘의 뜻과는 아무런 상관이 없는 귀신들의 의식이기에 구원 자체가 전혀 안 되므로 논 낭비 시간 낭비만 할 뿐이다. 가족령과 소상령을 구하고, 악귀잡귀 잡신과 잡령들을 퇴치하려면 태상천황 폐하의 명을 받아야만 가능하다는 천상의 진실을 알린다. 인류에 대한 심판과 구원은 "태상천황 폐하"의 고유영역이자 고유권한이시기에 아무도 침범할 수 없고, 종교인들이 하는 구원 행위 자체는 모두가 사칭하는 것이고 거짓이다.

가족령과 조상령 구원과 각자의 몸과 가족, 집안에 있는 수백, 수천, 수만에 이르는 남의 조상귀신들인 악귀, 잡귀, 사탄, 마귀, 요괴, 악신, 악령들의 퇴치는 전 세계에서 유일하게 이곳에서만 태상천황 폐하의 빛과 불의 대도력, 대천력, 대신력, 대법력으로 가능하니 판단을 잘해야 한다.

종교세계에서는 가족령과 수많은 조상령들을 모두 구원할 수 있는 능력 자체가 애초부터 없기 때문에 돈만 낭비할 뿐이고 종교귀신들만 더 달라붙어온다. 구원받아 좋은 세계 가려고 귀신들이 제일 많이 우글거리는 곳이라서 종교세계에는 얼씬거리지도 말아야 한다.

보살무당, 점집, 철학관, 교회, 성당, 절에 가면 귀신들이 떼거지로 달라붙어오는 경우가 상당히 많다는 것을 악귀잡귀 귀신 퇴치 과정을 통해서 무수히 체험하였다. 이런 데서 달라붙어오는 귀신들은 모두가 악질이고 독한 귀신들이었다.

질병을 일으키는 귀신, 사업 망하게 하는 귀신, 매사 모든 일을 안 되게 하는 귀신, 앞길을 막는 귀신, 사고 나게 하는 귀신, 자살하게 하는 귀신, 우울증, 불면증 걸리게 하는 귀신, 부부싸움하게 하는 귀신, 이간질시키는 귀신, 배신 때리는 귀신, 술주정 귀신, 도박 귀신 등등 천차만별이다.

가족령 풍파, 조상 풍파, 귀신 풍파, 신의 풍파, 인간 풍파로 하루도 편한 날 없는 것이 인생길이다. 각자의 몸과 가정에 귀신 없는 사람이 없다는 사실을 확인하였다. 죽은 가족령에 빙의되어 고통받는 수많은 사람들이 보살무당, 점집, 철학관, 교회, 성당, 절을 찾아가지만 헛수고이다. 가족령과 조상령, 악신, 악령으로 인해서 가정이 풍비박산 나고 사업이 망하는 사례도 많이 보았다. 사람이 무탈하고 편안하게 인생을 살아가려면 이런 영적 문제들을 하루빨리 해결하고 살아가야 한다.

당장 아무 일 없다고 그냥 방치하면 돌이킬 수 없는 큰일을 당해서 절망에 빠진다. 각자 집안에 있는 종교적 물건들은 귀신들을 더 많이 불러들이므로 모두 없애야 한다. 성경, 불경, 도경, 달마도, 성화, 십자가, 불상, 염주, 승복, 종교 문구가 들어간 족자, 경문, 종교적 액세서리, 종교달력, 신주단지, 업신령단지, 장사 잘되라고 모신 대감단지 등등은 더 많은 귀신들을 불러들일 뿐이다.

종교세계에는 일절 발을 끊어야 한다. 종교 자체는 천상에도 없고, 하늘이 가장 싫어하시는 역천자들이 세운 것이기 때문에 다니면 다닐수록 일만 꼬이고 몸이 아프며 날벼락 맞을 일만 생기고 구원의식 아무리 많이 해봐야 천상에서 받아주시지 않으신다. 지구상의 모든 종교세계를 통해서는 하늘의 빛을 받을 수 없고, 전생에 하늘께 지은 죄를 알 수 없기 때문에 용서받을 죄인들인지 아닌지 알지 못해서 구원 자체가 안 된다.

이곳을 천신국(天神國) 태싱천궁이라 한 이유!

천상의 절대자 수인께서 지구상에 존재하는 모든 종교를 싫어하시기 때문에 종교, 도교, 무속이 아닌 종교를 초월한 천신국(天神國) 태상천궁으로 명을 내려주시었다. 종교는 이 땅에 허락하지 않으셨다고 하셨기 때문이다.

종교는 하늘의 뜻에 역천하는 역모 반란군들이 세운 곳이기에 종교를 다니는 사람들은 하루 바삐 떠나야 날벼락 맞을 일을 사전에 방지할 수 있다. 하늘의 핏줄인 천손민족이 되고 싶은 사람들만 들어오면 된다. 종교 색깔이 없는 천신국 태상천궁은 인류의 종주국이자 신의 종주국으로 부상할 곳이다.

천상의 주인과 육신의 부모조상은 영혼과 육신의 뿌리이기에 받들어 섬기는 것은 자식 된 근본 도리임을 잊지 말아야 한다. 그리고 죽으면 그만이 아니라 죽음 이후 내생인 사후세상이 존재하기에 살아 있을 때 철저히 준비를 해야 한다.

영혼의 부모님이신 천상의 주인을 알현한다는 것은 만물의 영장으로 태어난 사람들에게만 주어지는 특권이다. 이 책을 보고 공감하는 사람들은 천상의 태상천궁 황태자궁에서 전생에 나(황태자)와 함께하였던 인연이 있는 사람들이다. 그래서 다시 천상으로 돌아갈 사람들에게는 이 책이 매우 귀한 책이 되어줄 것이다.

전생의 천상에서 북극성 별나라 황태자궁에 나와 함께 있다가 지구로 내려온 사람들은 강렬하게 천지기운을 받기 때문에 많은 사람들이 인연이 될 것이고, 다른 별나라인 목성, 화성, 토성, 금성, 수성과 기타 행성에서 지구로 내려온 사람들은 천신국 태상천궁에 들어오기가 쉽지 않을 것이다.

【제2부】

천지부모

천상의 주인 말씀

영적 존재들인 천지령은 신과 영, 정신, 조상령, 악령, 악신, 악귀, 잡귀, 귀신, 사탄, 마귀, 요괴, 가축령, 동물령, 어류령, 조류령, 파충류령, 곤충류령, 벌레령 등등 무수한 존재들이 사람 몸 안에 함께 동고동락하며 살아가고 있는데 눈에 보이지 않는 것이 천만다행이다.

사람 육신과 마음에 들어와 있는 온갖 종류의 천지령들인 영적 존재들을 낱낱이 밝혀낸다는 것은 대우주 천지만생만물의 창조자가 아닌 이상 인간의 능력으로는 절대로 불가능한 영역이라 어려운 일이다.

사람 몸 안에 머물고 있는 모든 미확인 영적 존재들을 통틀어서 천지령이라 하고, 하늘의 명을 받은 천지령들을 천상령이라고 한다. 2005년 7월 15일 『생사령』, 2007년 7월 5일에 『천지령』이란 제목으로 책을 출간하여 많은 사람들이 구독하여 인연된 사람들이 현재까지 함께하고 있다.

각자의 몸 안에 있는 천지령(天地靈)들인 신과 영들이 하늘이 내리시는 명을 받들어 천상령(天上靈)이 되어서 천상의 천신국 태상천궁 산하 3,333개 제후국의 국왕(제후)으로 임명되는 상상초월의 영광을 얻었다. 도법절 1주년을 기념하는 천기

18년 12월 2일 천상도법주문회 때 그동안 천지령들이 하늘의 명을 받아 천상령이 되었고, 이들 수많은 천상령들은 꿈에서도 생각조차 못했던 천신국 산하 3,333개 제후국의 왕으로 봉해지는 행운을 얻었다.

하늘이 내려주신 어마어마한 선물이었다

천상령들은 이 세상에 사람 육신으로 태어나 태산 같은 돈과 높은 권력을 잡아 잘나가고 이름과 명성을 떨치며 부귀영화 누리는 인간 세상의 출세자, 성공자들이 아니었다. 진짜 하늘을 애타게 찾아다니고 기다리던 자들과 하늘의 수많은 시험을 모두 통과한 자들에게 특별 선물을 내려주신 것이다.

돈과 권력에만 눈이 멀어 진짜 하늘을 알아보지 못하는 자들의 인생은 이번 생이 끝나면 하늘이 내리신 명을 어긴 죄로 인하여 모진 고문 형벌이 영원히 이어지는 지옥도, 천옥도, 적화도, 한빙도로 압송되어 역사드라마 사극에서 받는 고문 형벌보다도 더 충격적인 극형의 형벌을 받게 된다는 사실을 아는가?

이 땅에 있는 무수히 많은 천지령들이 왜 하늘의 명을 받아 천상령이 되려고 하는지 이제는 확실히 알게 되었다. 신과 영들이 축생이 아닌 사람 육신으로 태어난 것은 하늘이 내리시는 명을 받들기 위함이었는데, 한세상 부귀영화 누리며 잘 먹고 잘사는 것에만 목을 매고 있다.

한세상 부귀영화 누리며 잘 먹고 잘살라고 사람으로 태어나게 해주신 것이 아니었는데 사람들 모두가 왜 만물의 영장인 사람으로 태어난 것인지 모르고 살다가 금쪽같은 하늘의 명을 받지 못하고 세상을 떠나 만물로 윤회하거나 모진 고문 형벌이 기다리는 지옥도, 천옥도, 적화도 한빙도로 끌려가고 있다.

만물 중에 사람만이 하늘이 내리시는 명을 받들어 행할 수 있기 때문에 공평하게 기회를 주신 것인데, 이런 위대한 진실을 알아보지 못하고 자신의 현생만 존재하는 줄 알고 살아가지만 내생인 죽음의 사후세상이 대문 밖에 기다리고 있다.

죽으면 끝이다,라는 말을 밥 먹듯이 해대는데 그것은 사람 육신에게만 해당되는 말이다. 사람은 전생도 없고, 내생도 없고 오직 현생만 존재하기에 그런 말을 하는 것이다. 전생과 현생, 내생은 각자의 몸과 마음 안에 존재하는 신과 영들에게 해당되는 사항이다.

사람 육신과 신과 영들도 서로 잘 만나야 하늘이 내리시는 지엄한 명을 받들 수 있다. 지금 사람으로 태어나지 못한 천지령들은 온갖 종류의 만생만물(가축, 짐승, 파충류, 조류, 어류, 곤충, 벌레)로 태어나 모진 형벌을 받고 있는 중이며, 윤회가 끝나면 다시 지옥도, 천옥도, 적화도, 한빙도로 압송되어 극형의 형벌을 받아야만 하는 것이 사후세계의 법도이다.

죽음을 우습게 알고 자살하는 사람도 있고, 아무 대비책 없이 죽어가고 있는데 현생의 삶보다도 사후세계를 더 철저히 준비하고 살아가야 한다. 현생의 삶은 길어봐야 100년을 살기가 어렵고 짧으면 며칠, 몇 년, 몇십 년의 삶에 불과하다.

한도 끝도 없이 이어지는 무섭고 험난한 사후세계를 아무 준비도 없이 떠나려는가? 지구촌에 550만 개의 종교세계를 통해서는 그 어느 곳에서도 사후세계를 보장받을 수 없음이 낱낱이 밝혀지고 있다. 그들은 이론상으로 숭배자들을 열심히 받들면 구원받는다고 말하며 신과 영들을 회유하며 현혹하고 있지만 천상의 법도와는 정반대임을 알아야 한다.

종교 숭배자들과 종교 창시자, 종교 교조, 교주, 지도자들 모두가 하늘을 시해하려다가 실패하여 지구로 도망쳐 내려온 극악무도한 역모 반란군들이란 진실이 매일같이 심판을 통해서 밝혀지고 있다.

이늘 종교에 종사하는 자늘의 신과 영들을 쥐도 새도 모르게 하늘께서 지상 천신국 태상천궁 대법정으로 잡아들여 전생의 죄를 물어 곧바로 지옥도, 천옥도, 적화도, 한빙도로 압송되고 있다는 진실을 전한다.

하늘이 인류에게 내리시는 명!

신과 영들이 천상에서 지은 전생의 죄를 빌라고 축생이 아닌 사람으로 태어나게 해주시었다고 하신다. 하늘의 명을 받지 못하는 천지령들은 절대로 천상령이 될 수가 없다. 종교에 목을 매고 있는 천지령들은 영원히 천상으로 돌아갈 수 없다.

현생에서 그게 성공하고 출세하여 재벌 총수, 왕, 왕비, 대통령, 영부인, 총리, 장관, 시도지사, 국회의원, 시군구청장, 고위공직자, 법조인, 교수, 경영자, 연예인, 프로선수들은 왜 그렇게 크게 성공하고 출세한 것인지 매우 궁금할 것이다.

하늘에 공덕을 많이 쌓아서 그런 것일까? 조상들의 덕이 많아서 그런 것일까? 나름대로 타당한 이유를 댈 것이고, 조상을 잘 만나서, 운이 좋아서, 재수가 좋아서, 사주팔자가 좋아서, 머리가 비상해서 성공한 인생, 출세한 인생길을 살아가고 있다며 스스로 생각할 것인데 그것은 각자들의 착각이다.

하늘의 심판을 받기 위해서 크게 성공하고 출세한 것이었다. "천상의 역모 반란자 대역 죄인 여기 있으니 어서 잡아가시오"라고 하늘에 알리는 증표였다. 이 세상에서 크게 성공하고 출세한 자들은 전생의 죄만큼 재물과 권력으로 표시해 주시었다고 하시며 그들을 잡아들여 심판하고 계신다.

종교 숭배자, 종교 창시자, 종교 교주, 종교 지도자들이 전생의 죄가 가장 크고 그다음으로 왕과 왕비, 대통령과 영부인, 재벌, 총리, 장관, 국회의원, 시도지사, 시군구청장, 고위공직자, 가수, 탤런트, 배우, 개그맨, 법조인, 장군들, 언론방송인들, 학자들의 죄가 가장 크다. 세상에 유명세를 떨치는 것만큼 전생의 죄가 크기에 가장 먼저 잡아들여 심판을 집행하고 있다.

천상의 주인을 시해하려다가 실패하여 지구로 도망쳐서 하늘과 대적하기 위해 또 다른 하늘을 세운 종교 숭배자, 종교 창시자, 종교 교주, 종교 지도자들이 지은 전생의 역모 반란가담 죄가 너무나도 크기에 이들은 용서받을 자가 한 명도 없다.

그래서 이들의 사상과 교리를 받아들이며 종교를 다니면 이들이 지은 역모 반란죄까지 뒤집어쓰기 때문에 구원은 고사하고 이들과 함께 날벼락 맞아 지옥도, 천옥도, 적화도, 한빙도로 끌려가서 모진 고문 형벌을 영원히 받아야 하고, 그 죄는 자손들에게 대물림되어 자자손손 저주와 응징의 벌을 받는다.

이 땅에 사람으로 태어나 종교를 믿는 것이 가장 큰 죄악인 것을 사람들이 모르고 종교에 다니고 있다. 종교를 믿는 것은 하늘과 대적하여 싸우겠다는 뜻인데 어느 누가 무소불위의 능력자 하늘이신 천지부모를 이길 수 있겠는가?

종교를 믿는 자체가 역모 반란에 가담한 역천자 죄인들을 스스로 두둔하는 것이고, 그들 역천자 죄인들과 천옥도, 지옥도, 적화도, 한빙도로 압송되어 생사고락의 모진 형벌을 함께 받겠다는 의사 표시이니, 이제라도 빨리 종교세계에서 탈출해 천신국 태상천궁에 들어와 그동안 종교를 믿은 죄와 전생의 죄를 용서 빌어야만 살아날 수 있는 길이 열린다.

종교계를 제외한 일반 죄인들 중에 극히 일부가 하늘의 뜻에 동참하기 위하여 사람 육신으로 태어난 자들이 있다. 이들의 신과 영들을 개별적으로 불러들여서 천상의 약속을 전해 주며 하늘이 내리시는 명을 받들라고 알려주고 있는데, 각자 육신을 데리고 들어와 하늘의 명을 받아야만 천상령이 될 수 있다.

전생의 죄가 너무 커서 하늘로부터 버림받은 자들이 77억 명 인류 중 99.999%이다. 그래서 지구가 살아 있는 지옥세상 그 자체인 것인데 세상 사람들이 몰라보고 있다. 천지령들의 이상향 꿈은 하늘의 명을 받아 천상령이 되어 천상의 천신국 태상천궁으로 오르는 것이다.

이 땅 지구에 널려 있는 550만 개의 수많은 종교세계는 천지령들이 오매불망 갈망하는 이상향의 꿈을 이루어줄 수 없다. 하늘의 명을 받지 않는 천지령들은 천상으로의 입궁 자체가 불가능하기 때문이다.

그래서 아무나 하늘의 명을 받을 수 없다는 것이다. 종교 믿는다고, 조상굿 했다고, 천도재 했다고, 추도미사, 추모예배 올렸다고 천국, 천당, 극락, 선경세상으로 오른다는 말은 천상의 지엄한 법도를 모르는 무지한 종교인들의 말장난이었다.

인간 세상 법도보다 더 무서운 곳이 지엄한 천상법도인데, 천상의 주인을 시해하려다가 실패하여 지구로 도망친 역모 반란자들을 다시 받아주시겠는가? 이 땅에 있는 550만 개의 종교세계가 하늘을 무시하며 능멸하고 있었는데, 독자 여러분도 종교를 믿어 이미 대역 죄인들의 반열에 올라 있다.

하늘이신 천상의 주인을 바보로 아는가?

종교를 열심히 믿으면 받아주신다고? 종교의 숭배자들로 내세운 하느님, 하나님, 석가, 예수, 마리아, 야훼(여호와), 마호메트, 상제, 알라신, 천지신명, 열두대신 모두가 역모 반란에 가담한 주동자 죄인들이라고 말씀해 주셨는데 이들 대역 죄인들이 천지령들을 어찌 구해 줄 수 있다고 믿는가?

역모 반란을 일으켜 하늘이신 천상의 주인 가슴에 비수를 꽂은 역천자들이 무슨 낯짝으로 다시 천상으로 돌아가려는가? 이 땅에 있는 550만 개의 종교세계가 또다시 하늘을 능멸하고 있으니 그 죄를 무엇으로 갚을 것인가? 실시간으로 각자들이 하는 말과 글, 마음, 생각, 행동에 대한 일거수일투족을 손바닥 위에 올려놓고 보고 계시기에 숨을 곳도 도망갈 곳도 없다.

사찰의 대웅전에 봉안된 금빛 찬란한 거대한 불상에 무엇이 있는지 생각해 보았는가? 석가모니불, 미륵불, 아미타불, 비로자나불, 관세음보살, 지장보살 등등 외형적으로는 아주 화려하고 금빛 찬란한 모습들이다.

이들 금빛 찬란하고 화려한 불상에 부처와 보살이 있을 것이라고 생각하며 열심히 불공을 올리면서 무릎이 까질 정도로 108배, 3,000배, 10,000배의 절을 정성스럽게 올리며 자신들의 소원을 빌고 있다. 그런데 불상에는 부처와 보살이 없고 온갖 종류의 처녀 귀신, 아기 귀신, 팔다리 없는 귀신, 술주정뱅이 귀신, 몽달귀신, 악귀, 잡귀, 귀신들이 낄낄거리며 대우받고 있다는 진실을 사찰의 승려들과 불자들은 알 수가 없다.

숭배자들로 추앙받고 있던 모든 부처와 보살들은 천상의 3천황 폐하께서 친히 하강 강림하시어 모두 잡아들여 심판하신 후에 천옥도로 압송하여 고문 형벌을 받고 있기에 대웅전의 불상에는 귀신들만 바글바글한데 승려들과 불자들은 이런 진실들을 알 수 없으니 참으로 불행한 일이다.

악귀잡귀 귀신들을 내우하러 나닌나고 하는 것이 맞나. 원래 석가모니 부처와 10대 제자, 보살들은 천상에서 극악무도하게 역모 반란에 가담한 대역 죄인들인데 지구로 도망쳐 와서 하늘께 대적하려고 불교를 세운 것이었다. 하늘의 명을 받아 천상으로 돌아가야 할 수많은 신과 영들을 천상으로 돌아가지 못하도록 절간에 잡아가둔 대역 죄인들이 석가부처와 보살들이었다.

하늘이신 3천황 폐하의 명으로 지상 천신국 태상천궁 대법정으로 잡혀 와서 천옥도로 압송된 죄인들 명단이다. 석가여래, 아미타불, 약사여래불, 비로자나불, 노사나불, 미륵불, 청광보살, 신광보살, 일광보살, 월광보살, 미륵보살, 관음보살, 대세지보살, 문수보살, 보현보살,

허공장보살, 금강장보살, 제장애보살, 지장보살, 관세음보살, 천수관음보살, 십일면관음보살, 불공견삭관음보살, 마두관음보살, 여의륜관음보살, 준제관음보살, 33신관음보살, 문수보살, 보현보살, 정취보살,

약왕보살, 약상보살, 상불경보살, 묘음보살, 법기보살, 상제보살, 용수보살, 무착보살, 세친보살, 인로왕보살, 호명보살, 풍재보살, 동진보살, 백의관음, 양유관음, 천수보살, 대륜보살, 관자재보살, 만월보살, 수월보살, 군다리보살, 16나한, 500나한 등. 그리고 석가의 10대 제자들인 1)사리불 2)목독련 3)마하가섭 4)아나율 5)수부티 6)부루나 7)가선연 8)우파리 9)나후라 10)아난타.

예수와 예수의 12제자들인 1)베드로 2)안드레아 3)야고보(제베대오의 아들) 4)요한 5)필립 6)바르톨로메오 7)마태오 8)토마스 9)야고보(알패오의 아들) 10)타대오 11)시몬 12)유다 이스카리옷을 비롯하여 알라신, 마호메트, 야훼(여호와), 마리아, 천지신명, 열두대신, 로마교황청의 프란치스코 교황을 비롯하여

국내외 유명한 종교 창시자, 교조, 교주, 종교 지도자들의 신과 영들이 천옥도로 잡혀가서 모진 고문 형벌을 받고 있는 중이다.

십자가와 성경, 불상과 불경에 온갖 악귀, 잡귀, 사탄, 마귀, 귀신들이 바글바글하게 붙어 있다는 것이 사람들 눈으로 보이면 그동안 먹었던 모든 것들을 토해 낼 것이다. 천상의 3천황 폐하께서는 이 땅에 있는 모든 종교는 귀신들이 세운 종교라고 하시며 이제 귀신들의 놀음에서 그만 벗어나라고 하신다.

성경과 불경은 귀신 경전이고, 귀신들의 역사를 찬송, 찬불하는 것이라고 하시며 어서 빨리 꿈에서 깨어나라고 하신다. 하늘의 명을 받아 천상령이 되고자 하는 천지령들은 시간 시체하지 말고 하늘의 명을 받아야 한다.

사찰과 교회, 성당, 무속, 도교에는 구원받으려는 온갖 악귀, 잡귀, 사탄, 마귀, 귀신들이 바글바글 붙어 있다는 귀신세계의 진실을 모르기에 종교를 다니고 있는데 이제 종교세계를 졸업하는 종막을 고할 때가 도래하였다.

천지령들인 신과 영들이 하늘의 명을 받아 천상령이 될 수 있는 전 세계 유일한 곳이 천신국 태상천궁이다. 종교에서 벗어나는 자들이 최후의 승리자이자 성공자이다. 돈을 많이 벌고 높은 권력을 잡았나고 성공하고 출세한 것이 아니라 하늘의 명을 받아 천상령(天上靈)이 되는 것이 사람으로 태어나서 하늘이 내린 사명을 완수한 최후의 승리자이자 성공자가 되는 길이다.

— 〈진실의 주인 말씀〉 중에서

30년 안에 종교세계 멸망

앞으로 30년 안에 하늘의 뜻에 역천하고 있는 지구상의 모든 종교가 사라지고 껍데기만 남게 되는데 이미 국내는 물론 외국도 종교세계가 급전직하 쇠퇴기로 접어들었다. 특히 십자가는 형벌 도구이자 무덤을 상징하는 표시인데 이제 보니 인류의 종말을 암시하고 있는 증표였다.

2019년부터 2043년까지 그러니까 앞으로 24년 안에 인류의 80~90%가 사라지는 지구의 종말시대를 맞이한다. 하늘의 뜻인데 예언가들의 예언이 이를 뒷받침해 주고 있다.

여러분이 세상을 떠난 먼 훗날의 예언이 아니라 2019년부터 2043년까지 24년 안에 일어나니까 이제 살 것인가, 죽을 것인가? 어디에 누구 앞에 줄을 서야 하는지 판단을 잘해야 한다. 물론 판단과 선택은 본인들 각자의 몫이니 자유이다.

종교는 이 땅에 탄생하면 안 되었던 것이었는데 사람들이 하늘의 높은 뜻과 하늘의 진실, 종교의 진실과 모순을 알 수 없어 구원과는 정반대의 길로 가고 있는 종교세계에 들어가 구원받아 영생하려고 종과 노예생활이나 마찬가지의 삶을 살고 있다.

이제 하늘의 대심판이 2019년부터 본격적으로 시작된다. 인류의 심판이 시작되는데, 대재앙에서 하늘로부터 보호받아 살아남고 싶은 사람들은 모든 종교세계로부터 하루바삐 떠나 천신국으로 들어와서 하늘이 내리시는 명을 받아 천신국 국적을 취득하여 하늘의 백성 신분이 되어야 보호받아 살아남는다.

이곳 천신국이 예언 속의 십승지이자 인류의 종주국이며, 신의 종주국이고 하늘이 내려주시는 무소불위하신 대도력, 대천력, 대신력, 대법력의 천지기운이 바로 사람 목숨을 살리는 십승지인 것이다.

종교세계 안에 남아 있으면 대재앙이 일어났을 때 구원받을 수가 없다. 하늘께서 가장 먼저 종교인들부터 심판한다 하셨기에 종교를 믿는 신도들도 도매금으로 함께 심판을 받을 수밖에 없으므로 빨리 떠나는 것이 상책이다. 하늘의 명을 받으면 영적으로 천신국 국적을 취득하는 것이 되어 불시에 천재지변이 일어나도 하늘로부터 천지기운으로 24시간 보호받는다.

지구 멸망 예언은 많이 있었지만 2006년 2월에 이곳에서 발행한 책에서도 언급한 바 있다. 초진사(2001년~2012년), 중진사(2013~2024년), 말진사(2025~2036년)에 대재앙이 일어난다고 밝힌 바 있다.

중진사(2024년 말까지) 안에 하늘의 품 안인 천신국으로 들어오면 살아남고, 말진사인 2024년 이후에 들어오는 사람들은 살아남지 못한다고 하였는데 이제 때가 임박하였다. 2019년부터 대재앙이 24년 동안 시작되어 인류의 90%가 소멸될 것이다. 현재 세계 인구가 7,673,915,541명인데 2019년 1월 1

일 06:00 기점이다.

브라질 꿈의 예언가 주세리노 노부레가 다루즈(59세)

2019년~2045년 지구 종말을 예언하였는데 주세리노는 1,000건의 예언 중에 90%가 적중했다고 한다. 남미의 초능력자로 불리는 주세리노 노부레가 다루즈는 1960년 브라질 파라나주 마링가 마을에서 태어나 현존하고 있다.

9세 때 마을 사람이 교통사고를 당하는 꿈을 꾸면서 예언 능력을 갖게 됐다. "예지몽(豫知夢)으로 미래를 본다"며 자신의 예언을 국가와 당사자에게 서신으로 전달해 왔는데, 그는 하루 세 번에서 아홉 번까지 예지몽을 꾼다고 한다.

1995년 도쿄 지하철에 사린가스를 살포했던 이른바 '옴진리교 사태'를 16년 전 예측해 당시 일본 황궁에 편지를 보냈다. 2001년 9·11 테러와 2008년 쓰촨성 대지진도 미리 알아채고, 당시 아버지 부시 대통령과 후진타오 중국 국가주석에게 편지를 보냈다. 1989년 10월 26일 부시 대통령에게 보낸 편지의 답신을 증거로 보관하고 있다.

1988년 5월 15일 앨 고어 당시 미국 부통령에게 "2004년 수마트라 지진과 2005년 미국 남부에 허리케인이 발생할 것"이라는 내용의 편지를 전달, 예언을 적중시켰다. 고어 부통령이 노벨평화상을 받을 것이라고 예언하기도 했다.

그는 실제 2007년 환경 관련 저술 『불편한 진실』로 노벨상을 수상했다. 1997년 3월 영국의 다이애나 왕세자빈이 교통사고로 사망하는 꿈을 꾼 뒤 그녀에게 편지를 보냈다. 5개월 뒤 그녀는 의문의 교통사고로 세상을 떠났다.

주세리노의 예언은 특히 일본에 집중됐다. 고베·오사카 대지진, 일본 경제 몰락, 흰줄 숲모기 전염병 창궐 등을 경고했다. 특히 '일본의 도카이(東海) 지방에서 대지진이 날 것'이라던 그의 예언은 "2011년 동일본 대지진을 예고한 것 아니냐"는 해석도 나왔다. 이 밖에 1986년 미국 우주왕복선 챌린저호 공중 폭발 사건, 2009년 마이클 잭슨 사망 등을 예언했다.

주세리노는 2014년 브라질 항공사 TAM 항공기가 상파울루 파울리스타 부근 건물에 충돌하는 꿈을 꾸게 된다. 그는 자신의 꿈 내용을 적어 TAM 항공에 편지를 보냈고, 해당 항로 항공편의 모든 기종은 전격 교체됐다. 같은 해 중국 영화배우 성룡에게 "약물과 비행기 사고를 조심하라"고 경고하기도 했다. 그는 '2016년과 2017년 5~12월 사이, 비행기 사고와 약물 사용으로 인한 콩팥·심장 질환 발생을 주의하라'는 내용의 편지를 보냈다.

주세리노는 9·11 테러 직후 신문 〈마이애미 헤럴드〉에 미국의 이라크 침공을 예언하고 사담 후세인의 피신처를 알려주기도 했다. 신문은 국민들의 혼란을 막기 위해 주세리노의 예언을 싣지 못했다. 그는 신문사 편집국장의 사과 편지를 뒤늦게 받았다고 밝혔다.

2003년 교황 요한 바오로 2세의 병세 악화를 예언하기도 했다. 주세리노는 당시 "2005년 2월 1일 교황이 위독해 병원에 입원하는 꿈을 꿨다"고 밝혔는데 실제 요한 바오로 2세는 그 해 4월 2일 별세했다. 그는 세계적 이변으로 알려진 트럼프 대통령의 대선 승리도 맞혔다. 2015년 9월 당시 미국 힐러리 클린턴 민주당 대선후보의 지지율이 76%로 우세한 상황에서도 도널드 트럼프 당선을 예측하였다.

현재 주세리노는 2026년 진도 10.8 지진으로 인한 샌프란시스코 파괴, 2036년 지구와 혜성의 충돌 위기, 2043년 인구 80% 소멸 등 앞날을 예언한 상태다. 일부 분석가들에 따르면 주세리노의 예언 적중률은 90%에 달한다고 한다.

연도별 예언

2019년 00월 00일 소행성 충돌로 세계 인구 3분의 1 사망
2019년 00월 00일 조류 인플루엔자로 7,300만 명 사망
2019년 05월 23일 러시아 대지진 진도 7~8

2020년 05월 14일 아프가니스탄 진도 7.3의 대지진 발생으로 수천 명의 사망자 발생
2020년 08월 15일 미국 캘리포니아 보나리수 진도 7.1 대지진 발생 수천 명 사망자 발생
2021년 10월 07일 멕시코 진도 7.1 대지진으로 2만 명 사망자 발생

2023년 02월 09일 미국 샌프란시스코 진도 8.9 발생 수천 명 사망

2024년 00월 00일 섭씨 74도에 미치는 지역이 나온다.

2024년 10월 06일 인도남부 지진 7.4
2024년 12월 24일 러시아 진도 7.5 발생

2025년 08월 19일 그리스 남동부 진도 6.8 발생
2026년 07월 17일 미국 더 빅 원 진도 10.8로 캘리포니아 단층 파괴되어 붕괴, 동시 다발적으로 수많은 화산이 폭발하고 150m 높이의 쓰나미 발생하여 수백만 명 사망

2030년 09월 28일 일본 화산 분화와 진도 9.8 초거대지진 발생하여 일본 열도 붕괴
2036년 11월 11일 소행성 아포피스 대접근하고 80% 확률로 지구에 충돌하여 인류의 종말 예상

2038년 09월 17일 아프리카 대륙이 2개로 갈라진다. 세계의 수면이 300m 상승하여 해안도시와 섬이나 반도가 바다 속으로 잠겨 소멸, 한반도는 해안가로부터 40km(100리) 이내 지역 침수 예상

2038년 11월 26일 미국 서해안의 샌디에이고에서 시애틀에 이른 지진으로 해일이 발생하여 캘리포니아가 바다에 잠긴다.

2038년 00월 00일 일본에서 하와이, 오주까시의 섬나라는 화산분화와 지진 발생으로 잠긴다.
2038년 00월 00일 해저에서 융기한 새로운 육지에서 살게 된다(새로운 대륙 등장).

2039년 00월 00일 세계 각지의 기온이 섭씨 63도에 미지고

저지대에 위치한 나라는 바다 속으로 가라앉아 소멸된다.
2039년 00월 00일 트랜스 포테이션, 즉 물체의 순간이동이 실용화된다.

2042년 00월 00일 세계 최고 기온이 섭씨 74도에 근접한 이후 북미에서 중앙아메리카를 중심으로 빙하기에 들어가서 심한 한랭화 현상으로 지상에서 일부만 제외하고 생존에 적합하지 않은 지역이 많이 발생

2043년 00월 00일 인류 80%가 사라지는 대재앙 발생
2050년 00월 00일 지축 이동으로 적도의 위치가 변한다.

예지몽의 예언가 주세리노는 꿈을 꾸고 나서 당사자에게 서신을 보내 주의를 주고, 항상 답신을 받아놓는 작업을 통해 본인의 예언 신빙성을 확보해 왔다. 기존 예언들의 표현이 은유적이고 내용이 모호한데 비해 매우 정교하고 정확하다. 우연의 결과일까? 필연의 계시일까? 예언가들의 심오한 세계는 때로 의심이 들면서도 경이롭게 느껴진다.

여기서 중요한 것은 예지몽의 예언가 주세리노의 예언이 앞으로 맞든 틀리든 상관없이 인류 모두는 매일같이 종말을 맞이하고 있다. 지구의 종말론은 인류의 떼죽음으로 두려움과 공포가 함께 밀려와 아비규환의 세상으로 변하여 극한의 공포심을 느끼기에 더 무서운 것이 사실이다.

하지만 대지진, 화산폭발, 쓰나미, 바다 밑 잠김, 폭우, 폭설, 태풍으로 인한 죽음이 아니더라도 매일같이 개별적인 종

말을 맞이하고 있다. 죽음에는 남녀노소를 가리지 않는 것이 특징인데 개별적인 종말의 죽음을 예방하는 것이 중요하다.

노화로 인한 죽음, 질병으로 인한 죽음, 사건사고로 인한 죽음, 우울증으로 인한 자살, 사업 실패와 가정 풍파로 인한 죽음, 살인과 폭행으로 인한 죽음은 자연 노화의 죽음을 제외하고는 모두 하늘의 천지기운인 빛과 불로 예방이 가능하다.

다가오는 지구의 종말론도 무시하지 못하지만 당장 각자들에게 개별적으로 찾아오는 불시의 죽음을 예방하여야 한다. 죽으면 끝이라는데 과연 정말 끝일까? 아니다. 육신은 죽어서 없어지지만 몸 안에 있던 영혼들에게는 또 다른 무서운 사후세상이 기다리고 있다.

혼령(가족령, 조상령)이 되어버린 영혼들은 과연 어디로 갈 것인가 이것이 문제이다. 상천세계, 중천세계, 하천세계 중에서 여러분은 어디로 가기를 원하고 바라는가?

꽃 피고 새 우는 근심과 걱정이 없는 천상궁전이 있는 상천세계를 택할 것인가? 추위와 배고픔에 고통스러워하면서 떠돌아다닐 허공중천인 중천세계를 택할 것인가? 축생, 짐승, 뱀, 조류, 어류, 벌레, 곤충, 식물, 사물 등 반생반물로 윤회하거나 지옥과 천옥으로 잡혀가서 모진 고문 형벌을 받는 하천세계로 갈 것인가는 각자가 살아 있을 때 선택해서 준비해야 한다.

육신이 아직 살아 있는 독자들은 물론 이미 사망한 부모, 배우자, 자녀의 가족령들과 할아버지와 할머니를 포함한 윗대 조상령들이 상천세계에 오르지 못하고, 중천세계나 하천세계에 머물며 고통스러워하고 있다.

자손과 후손들에게 간절히 살려달라고 울부짖으며 애걸복걸해 보지만 죽은 가족들과 조상님들의 목소리가 사람들의 귀에는 들리지가 않아서 혼령들의 존재 자체를 부정하거나 무시하며 살아가고 있다.

나는 부처 믿으니까, 나는 예수 믿으니까, 나는 성모 믿으니까, 나는 상제 믿으니까, 나는 천지신명 믿으니까, 나는 하느님 믿으니까, 나는 하나님 믿으니까, 나는 조상굿 했으니까, 나는 천도재 올렸으니까 가족령과 조상령들이 모두 좋은 세계로 가셨기에 걱정 안 해도 된다고 생각하며 살아가는 사람들이 거의 전부일 것인데 그것은 각자들의 위안일 뿐 착각이다.

천상으로 가는 길, 좋은 세계라는 곳의 주인은 누구이실까? 종교에서 말하는 신앙적 숭배자들일까? 과연 좋은 세계로 갈 만큼 전생의 죄를 빌어 사면받았는가? 이 땅에 와서 숭배자들과 종교인들에게 굴복한 죄를 천상의 주인께 빌었는가?

사람으로 태어나서 가장 큰 죄를 짓는 것이 종교적 숭배자들을 받들며 종교인들의 말을 맹신하여 믿고 종교의 신도가 되는 것이다. 천상의 절대자 주인께서 이 땅에서 가장 싫어하시는 행위가 종교를 믿는 행위이기에 살인죄보다 더 무거운 형벌로 다루신다는 사실을 사람들이 알지 못한다.

그리고 그 어느 누구도 좋은 세계로 못 올라갔다. 종교적 신앙의 숭배 대상자들과 종교 창시자, 교조, 교주, 지도자들 모두가 천상의 전생에서 하늘을 배신하고 역모 반란을 일으켰다가 지구로 도망친 대역 죄인들이기에 이들이 구원했다는 신과 영들은 단 한 명도 받아주시지 않았다고 하신다.

죄 많은 죄인들이 누구 마음대로 하늘의 주인으로부터 허락도 받지 않고 천상으로 올라가는가? 지금 종교인들이 하늘을 사칭하며 하늘을 팔아먹는 상식 이하의 엄청난 대역죄를 짓고 있는데 사람들이 전혀 알아차리지 못하고 그들이 이끄는 대로 끌려가고 있다.

전생의 죄가 너무 커서 하늘로부터 용서받지 못할 자들이 종교인이 되었다는 사실을 이 세상 그 어느 누가 알겠는가? 하늘의 진실과 정반대로 향하고 있는 곳이 종교세계인데 교리와 사상에 너무 세뇌당하였고, 종교인들이 전하는 하느님과 하나님도 모두 하늘을 사칭한 가짜란 사실이 밝혀졌다.

이런 글을 읽으면 오히려 나를 악귀, 잡귀, 사탄, 마귀라고 매도하려 들 것인데 죽어보면 금방 알게 될 것이지만 그때 가서는 아무리 후회하여도 소용없는 일이다. 육신이 살아 있을 때 하늘의 진실이 맞는지, 종교세계의 진실이 맞는지 확인하는 자가 가장 현명한 자이다.

각자들이 믿는 종교 안에서 종교적 의식을 행하여 가족령들과 소상령들이 구원받았을 것이라고 믿고 있는 사람들에게 정말 좋은 세계로 가셨는지 확인시켜 줄 수 있고, 불러서 대화도 나누게 해줄 수 있으니 직접 확인하면 된다.

조상 상봉 신청을 해서 돌아가신 가족들과 조상님들을 만나 직접 물어보면 진실이 드러난다. 종교인들 모두가 좋은 세계로 올라가셨다고 두루뭉술하게 말하는데 그들의 말만 믿지 말고 자신들이 가족과 조상 상봉을 통해서 직접 확인해 보는 것이 가장 현명하고 확실하지 않겠는가?

각자의 가족령들과 조상령들은 지금 어느 세계에 계실까? 그리고 자신들에게 애절히 전하고 싶은 메시지는 무엇일까 궁금하지 않는가? 죽어봐야 저승길이 얼마나 무서운지 알게 된다. 살아 있는 자들은 사후세상이 보이지 않기 때문에 무서움도 모르고 대수롭지 않게 생각하며 죽으면 그만이라는 안일한 생각으로 살아간다.

그래서 사후세계 진실을 확인하는 조상 상봉이 중요하다. 현재 종교를 믿든 안 믿든 부모와 조상님들은 여러분을 이 땅에 태어나게 만든 육신의 하늘이고 산증인 아니던가? 부모와 조상님들의 아픔을 외면하는 자들은 하늘도 여러분을 버리신다.

하늘께서는 부모와 조상구원 행위가 가장 효도하는 근본 도리의 덕목이라며 칭찬해 주신다. 반대로 행하지 않는 자들은 하늘로부터 버림받는 비참한 신세가 되어 현생과 내생으로까지 이어지기에 종교 사상과 이념을 떠나 판단을 잘해야 한다.

지옥세계 명부전을 가보았더니

책을 집필하다 갑자기 신명정기 기운이 내려 의자에 앉은 채로 눈을 감았더니 영안이 열리면서 이끌리는 대로 따라갔는데 이때가 새벽 2시쯤이었다. 어느 시골길을 자동차로 달리던 중 40대 남자와 여자가 차를 세웠다. 죄송하지만 두 정거장 거리만 태워달라는 것이어서 그들을 태우고 2km 정도 달렸더니 다 왔다며 차를 세워달라고 한다.

그러면서 실례가 안 되시면 잠시 저희와 함께 가줄 수 있느냐고 하기에 선뜻 내키지는 않았지만 응해 주었다. 차에서 내리더니 공동묘지로 올라가는 것이었고 조금은 무서운 생각도 없는 것은 아니었지만 사연을 알아보려고 따라 올라갔다.

10여 분 올라가니 호화스런 봉분이 2개 나란히 있는 어느 묘소 앞에 당도하였다. 김○○지묘와 이○○지묘. 준비해 간 술과 과일을 올려놓고 향을 피우며 정성스레 3배의 절을 올리며 지하에 계시는 부모님 전에 흐느끼며 고하는 것이었다.

부모님 살아생전에는 기업이 승승장구하며 남부럽지 않게 잘 놀아갔는데 비명에 돌아가신 지 3년 만에 회사는 풍비박산이 나버렸다며 어깨가 들썩이게 소리 내어 울어서 지켜보는 나 역시 어느새 눈가에 눈물이 비치고 있었다.

사연을 들어보니 1천억 원 대가 넘는 재산가였으나 아버지와 어머니가 교통사고로 함께 돌아가시고 회사 일이 건잡을 수 없이 벽에 부딪쳤다고 한다. 공장에 불이 나서 수백억에 달하는 재료와 완성제품이 하루아침에 잿더미로 변했고, 받아놓았던 수백억 어음이 부도가 나면서 사채 끌어다가 메우다 보니 정신을 차릴 수 없었다고 한다.

어느새 집 가재도구에 딱지가 붙었고 집은 경매로 회사는 타인에게 넘어갔고 집에서 타던 자동차들도 모두 사채업자가 끌고 가버려서 이곳 근처로 쫓겨 와서 단칸방에 사글세로 살고 있다는 것이었다.

필자가 이야기를 듣고 있다가 짚이는 곳이 있어서 물어보았다. 할아버지와 할머니는 어떻게 돌아가셨으며 제사는 잘 지내주느냐고 하니까 말을 못 한다. 두 분 모두 교통사고로 사망하셨고, 아버지와 어머니는 어느 종교에 열렬한 신도였는데 제사는 안 지내고 제삿날 기도만 올렸다고 하며 종교에 빠지기 전에는 아주 정성껏 잘 지냈다고 했다.

그래서 나는 두 사람의 양해를 구하고 그 자리에서 저승행 열차를 불렀고 3인이 탄 열차는 전속력을 내며 지옥세계 명부전으로 달려갔다. 얼마간 시간이 흘렀는지 열차가 철커덕하고 정지하였다. 차에서 내려 사방을 둘러보니 수많은 사람들이 한 곳으로 끌려가고 있어서 따라가 보았다.

검은 의관을 입은 무시무시한 장정들이 지금 막 끌고 온 사람들을 무릎 꿇리고 형틀에 묶고 있었다. 지옥의 명부세계였다. 둘러보니 원형광장이 엄청나게 크게 보였다. 한곳에 서서 둘러보면 사방이 모두 보였다.

명부전의 10대왕들이 화려한 의관을 입고 상단에 좌우 신명을 거느리고 위엄이 서린 모습으로 앉아 있다. 어느 한 죄인이 칼날이 꽂혀 있는 형틀에 피를 흘리며 묶여 있고 그 옆에는 여인네가 머리를 풀어헤치고 역시 형틀에 묶여 있었다.

칼날에 묶인 것을 보니 명부시왕 중 제1전에 진광대왕이었고 여기는 도산지옥을 관장하는 대왕으로 경오생 신미생 임신생 계유생 갑술생 을해생의 죄인들을 다루는 곳이다. 세상에서 살 때 죄를 지었거나 남을 괴롭히거나 피눈물을 흘리게 한 사람들을 불러다 칼날을 산같이 꽂아둔 지옥에 가두는 형장이다.

진광대왕이 나하고 시선이 마주치자 앉은 자리에서 벌떡 일어났다. 옆에 있던 다른 판관과 나찰들이 영문도 모른 채로 함께 시선을 내게로 모으더니 양손을 합수하고 머리 위까지 높이 들어 올렸다가 엎드리며 큰절을 올리는 것이었다.

무슨 일인가 어리둥절하여 좌우를 둘러보니 내 주위에 언제 어디서 왔는지 천상에서 내려온 수백 명의 신명들이 좌우를 모위하고 나의 의관이 황금용포로 입혀져 있었다. 10대왕과 판관, 나찰들이 모두 엎드려 내 쪽 방향을 향하여 절을 하고 있는 모습들이 보였다.

명부전에 10대왕들이 엎드려 있는 채로…
'명부시왕 일동'

"어서 납시지요, 황제 폐하!

연통도 안 주시고 갑자기 여기까진 어인 일로 납시었는지 여쭤도 되겠나이까?" 내가 어느새 황제 폐하의 의관을 입고 있었던 것이다.

'저자'

"수고들 많으시오. 난 이곳에서 죄인들 형문하는 것을 직접 지켜볼 것이니 모두 일어나시어 공무를 집행토록 하시오. 어느 공동묘지에 따라갔다가 슬피 울고 있는 두 내외의 사연을 듣고 갑자기 오게 되었소이다. 내가 그의 조상을 보고 싶소. 생전에 어떤 죄를 짓고 이곳에 와 있는지 말이오. 그들부터 국문할 수 있으면 좋겠소이다."

'진광대왕'

"예~ 분부대로 지엄하신 命을 속히 받들겠나이다."

명부전 10대 대왕들이 모두 일어서며 명을 내린다.

'진광대왕'

"모두 각자 자리에 앉으시고 판관들은 죄인들의 죄목을 낱낱이 고하라"라고 대왕의 명령이 추상같이 내렸다. 제 5전의 염라대왕이 명부세계 신명들을 이끌고 어느새 내 옆에 서 있었다. 명부전 10대왕들 중에서 지옥세계를 대표하는 가장 우두머리 대왕이기 때문이다. 나찰들이 죄인 좌우에서 칼을 들고 서 있고 판관이 국문을 진행시키고 있다.

'나찰'

"건명 김○○영가와 곤명 이○○영가 대령했나이다"라고 진광대왕께 나찰들이 보고했다.

'진광대왕'
"판관은 이자들의 생전 죄목을 고하라."

'판관'
"예, 명 받들어 집행하겠나이다. 남자 죄인 죄목이옵니다.

너의 죄목 들어보아라!
어진 사람 음해하여 골탕 먹이고, 나쁜 일이라면 도맡아 하고, 도적질과 부정으로 재산 축적 산더미 같고, 밤마다 양주와 주지육림에 빠져 세월 가는 줄 모르고, 경마 도박에 회사 뭉칫돈 빼가고, 종업원 급료는 체불하며 사치 낭비는 극에 달하고, 작은 마누라 두어 가정불화하고 나라세금을 포탈한 죄입니다.

교회에 빠져 사탄 마귀라며 산소에 벌초도 제대로 안 하고 조상제사도 제때에 안 지내서 조상들의 분노를 유발시켰습니다. 조상들이 더 이상 자기들 후손이 아니니 "어서 저놈 잡아가 달라"고 이렇게 탄원서를 올렸나이다. 이자는 85세가 타고난 수명이었습니다만 61세에 교통사고로 데려왔습니다."

'진광대왕'
"이번에는 여자 죄인 불러내어 국문하라."

'판관'
"예, 여자 죄인 국문하겠나이다.

너의 죄목 들어보아라!

조상제사 모시지 않고 시부모와 친부모에게 불효 박대하고, 동생 항렬 냉대하며 친척 불화 불 지피고, 괴악하고 간특한 년, 부모 말씀 거역하고, 동생 간에 이간질하고, 형제 불목하게 하며, 세상 간악 다 부리며, 수시로 마음 변하고, 못 듣는 데서 욕설하고, 마주 앉아 웃음 낙담 수다 떨고 성내는 년, 남의 말을 일삼는 년, 시기하기 좋아한 년, 남의 서방 탐내는 년이며 사치 낭비 일삼고 가정사 돌보지 않고 새파랗게 젊은 몇 놈과 눈이 맞아 날마다 바람피웠던 죄입니다.

이들 사는 것이 너무 눈꼴사나워 두 죄인의 조상들이 도저히 참을 수 없다고 조상 회의를 열었고, 명부전에 탄원서를 올려와 이들을 잡아들였습니다. 타고난 수명보다는 20년 빨리 교통사고를 일으켜 데려왔습니다."

여인네는 아름다웠고 색기가 잘잘 흘러서 나이는 59세라고 했는데 40세 초반 정도로 너무 젊어 보였다. 판관이 읽은 죄목을 모두 들은 진광대왕은 격노하였다.

'진광대왕'

"전생에 지은 죄업이 많아서 이번 생에는 그 빚을 갚을 줄 알았더니만 구제불능이로다. 여봐라! 옥사장은 들어라, 두 연놈을 칼 위에 묶어놓고 두 시간마다 불러내어 온몸을 양팔, 양다리, 목, 허리를 6등분으로 나누어 칼로 자르고 찌르는 형문을 3,000년 동안 집행하라"고 명했다.

'옥사장'

"예, 명 받들어 분부 거행하겠나이다."

이들은 나찰들에 이끌려 옥사로 들어갔다. 잠시 후 "아~악 잘못했습니다. 살려주세요." 울부짖으며 절규하는 남녀의 처절한 비명소리가 들려왔다.

참으로 끔찍한 일이었다. 살아 있는 사람들이 죽으면 모든 것이 끝인 줄 알고 살아가는데 이런 무서운 형벌이 기다리고 있는 광경을 바라보니 세상 살아가며 죄 짓지 말고 살아야 한다는 교훈을 말해 주고 있었다.

저승의 형벌 종류는 매우 많으며 인간 세상의 형벌에 비교하면 백 배나 되며 만약 지금 세상 사람들이 그걸 본다면 참혹한 형벌이라 할 것이다. 사람이 차라리 인간 세상의 형벌을 받을 망정, 절대로 저승법정에서는 형벌은 받지 말아야 한다.

즉 이 세상에서는 형을 선고받고 그 기간이 지나면 그것으로 끝나지만 저승에서는 형이 끝난 뒤에도 또다시 그 죄과에 따라 재형을 받는다. 비유하자면, 세상에서는 세 사람을 죽였다면 그 죄는 한 번 사형으로 끝나지만 저승에서는 반드시 세 번의 형을 받아야 한다. 형이 끝나면 다시 생을 바꿔 태어나 100대의 생까지 살인죄의 고통을 받는다.

그런데 그 형벌이 톱으로 자르고, 맷돌로 갈고, 칼끝을 뾰족뾰족 세운 산 위를 맨발로 걸어서 오르게 하고, 펄펄 끓는 기름 가마솥에 얼굴을 넣다 빼고, 불에 달군 쇠꼬챙이로 온몸을 찌르고 고문하며 수레로 사지를 찢고 하는 등의 형이 실제로 가해지니 죄의 업보는 참으로 두렵다.

지상법정에서 하늘이 내리시는 명을 받아 천인(天人)이 된 사람들은 죽은 뒤에 곧바로 천궁(天宮)에 올라가기 때문에 저승을 거치지 않는다. 이런 천인(天人)들은 저승명부에 이름이 없기 때문에 저승에서 심판할 수 없다.

독자들은 나름대로 판단하고 종교가 있든 없든 사후세계는 반드시 존재하니 지금까지 모르고 많은 죄를 지었거든 앞으로는 하늘께 죄를 비는 사죄의식을 행하고 죄를 사면받아 천궁으로 오르는 길을 택해야 한다.

누구나 모두가 언젠가는 돌아가야 할 사후세계이지만 무슨 천당과 지옥이 있느냐고 반문하는 독자들이 많이 있으리라고 생각된다. 죽어보면 잘못된 생각이라는 것을 즉시 알게 되며 그 증거는 "귀신이 있는가, 없는가와 신이 있느냐, 없느냐?"에서 알 수 있듯이 단어가 있는 것은 그 대상이 있다는 것을 싫어도 인정해야 한다.

누군가는 그런 세계를 보았기에 그런 말과 그림과 단어가 생겨난 것이고 공상이나 상상이 현실로 다가오는 데는 그리 많은 시간이 걸리지 않는다. 용과 봉황이 상상 속의 동물이라 하지만 천상에 실제로 존재하는 것을 영안으로 보아 그려냈고 그 형상은 왕을 상징하는 데 쓰고 있다.

고통과 불행은 행복의 근원

보이지 않고 들리지 않는 하늘의 뜻을 찾아 지상에 하늘을 세우는 일, 나라조상님과 각자 조상의 원과 한, 그로 인하여 우리 산 사람이 겪을 수밖에 없었던 인생사의 수많은 사연들과 아픔 고통의 정체. 조상들의 원과 한, 산 사람들의 원과 한, 이 모두의 원과 한을 풀어 조상님과 이 나라 백성들이 잘사는 길을 찾는 길.

외롭고도 쓸쓸한 긴 여정의 시간이었다. 남들은 모두 깊은 잠자리에 들어 있을 시간이건만, 나는 하늘과 조상님들의 뜻을 이 땅의 자손들에게 전하고자 새벽까지 책을 집필하고 있다.

그냥 대충 대충하며 남들처럼 나 하나의 인생 성공과 나 하나의 가정만 생각하며 살아도 되련만 하늘과 조상들께서는 이 저자가 그렇게 살지 못하게끔 하셨다. 세상 그 어느 누구와도 정확한 대화가 이루어지지 않아 답답하셨던 하늘과 조상님들은 쉼 없이 이 저자와 대화의 시간을 원하셨고, 하늘과 조상님들께서는 이 저자에게 본인들의 대변인이 되어 본인들의 뜻을 세상에 알려주기를 비리고 또 비라셨다.

한번 왔다 가는 인생

남들처럼 평범하게 살나 어느 날 훌쩍 떠나버리면 될 인생.

나는 무엇 때문에? 무슨 부귀영화를 누리려고 이리도 밤을 지새우며 하늘과 조상님들의 뜻을 전하고자 고생을 하고 있는 걸까? 많은 세월, 많은 의문들이 내 자신을 괴롭게 하였지만, 알고 보니 그것은 다름 아닌 하늘로부터 받은 나의 사명이었고, 조상님들로부터 받은 나의 사명이었다.

사후세계

보이지 않고, 들리지 않는 세계이기에 많은 사람들은 사후세계에 대하여 아무 생각 없이, 아무 의미 없이 하루하루를 보내고 있다. 지금 이 시간도 수많은 영혼들은 절규에 가까운 처절한 외침의 눈물을 이 땅의 자손들에게 보내고 있건만, 이 땅의 자손들은 그분들의 고통을 외면한 채 각자의 인생만 살려고 발버둥 치고 있다.

죽음의 세계

모든 것이 끝이 아니다. 죽음의 세계. 새로운 시작을 알리는 하늘의 신호이다. 죽음과 함께 모든 영가들은 영계의 세계에 다시 태어나게 된다. 다시 태어남으로써 모든 영혼들은 영계의 세계에서 아기가 되어버린다.

이런 사실 자체를 모르는 일반인들은 인생사 내 뜻대로 되질 않아 답답하고, 힘이 들면 절이나 무당집을 찾아가 조상 천도와 굿을 통하여 본인들 인생의 소원을 이루고자 하지만 인생사 달라지는 것은 하나도 없다.

인간 육신의 옷을 벗는 순간 죽은 영혼들은 사후세계에 다시 태어나 아기가 되기에 아기가 되어 있는 각자의 조상들은 자손들을 도울 아무런 힘이 없다. 아기가 되어 있는 각자의 조상들은 반대로 살아 있는 자손들의 힘을 빌려 천상궁전으로 오르고자 학수고대하고 있다.

천도와 굿을 통하여 각자의 조상들은 소원을 이룰 수 없고, 산 사람들도 소원을 이룰 수 없다. 이 저자는 많은 아픔과 고통의 시간을 통하여 하늘, 조상님들과의 대화 시간을 통하여 숨은 진실을 알게 되었고, 이들을 구원할 수 있는 방법도 알게 되었다.

저자가 고통의 세월을 지나 하늘과 조상님들께 받은 사명의 과정. 참으로 힘들고도 아팠지만 결과와 해법을 찾고 난 지금은 몸도 마음도 이 세상 그 누구보다 편하고 행복하다. 우리 독자들도 이 책을 통하여 인간의 도리, 자손의 도리 또한 각자의 도리를 다하여 앞으로 남은 인생 살아가면서 근심 걱정 없이 행복하였으면 하는 것이 이 저자의 간절한 마음이다.

또한 이 세상의 삶이 다하여 사후세계로 돌아갈 때 짧은 인생이었지만 뜻있고, 부끄럽지 않게 살았음에 흐뭇해하며 웃으면서 떠날 수 있는 멋진 삶들이 되기를 하늘, 나라조상님 또한 각자의 조상님들과 이 저자는 간절히 원하고 바란다.

한숨 쉬고 인생 푸념한다고 인생사 달라지는 것은 하나도 없다. 진정으로 잘 살고자 한다면 인간으로서의 도리를 다하여야 한다. 본인들 스스로는 하늘과 조상님 전에 아무런 선행도 안 쌓고, 본인들만 잘되기를 바란다면 살아서도 죽어서도 하늘과 조상님 전에 받을 복은 하나도 없다.

하늘과 조상님들은 바보가 아니다. 우리가 하루하루 행한 일들을 하늘과 조상님들은 모두 알고 있고, 우리가 먹은 마음들도 하늘과 조상님들은 모두 다 알고 있다. 우리의 모든 것을 다 알고 계시는 위대한 하늘과 조상님께 우리 인간이 대적해 본들 우리 인간은 그분들을 감히 이길 수 없다.

이길 수 없다면 차라리 하늘의 뜻, 조상님들의 뜻에 순응하는 순천자가 되어 하늘의 복, 조상님들의 복을 받아 잘 사는 길을 찾는 현명한 사람이 되었으면 하는 것이 이 저자의 바람이다. 하늘과 조상님들의 미움이 아닌 사랑을 받아야 앞으로 각자의 인생, 각자의 가정이 평안해져 각자 모두는 인생의 승리자가 될 수 있다.

몸이 아프지 않으면 병원을 찾아가지 않듯이 인생이 아픔과 슬픔, 고통과 불행으로 힘들지 않으면 하늘과 조상님을 찾지 않는 것이 사람들이다. 각자들에게 일어나는 인생사 모든 불행들은 하늘과 조상님을 찾으라는 긴급 메시지이다.

여러분 인생사에 슬픈 일, 아픈 일, 힘든 일, 답답한 일들은 결국 하늘과 조상님들을 찾아오라는 부르심이다. 인생사에 얽히고설킨 일들은 우리 인간의 능력으로는 풀어내기가 힘들기에 하늘과 조상님의 도움을 받아야 한다.

그래서 인생사의 아픔과 슬픔, 고통과 불행은 행복의 근원이라는 것이다. 불행해 봤던 사람들만이 진정한 기쁨과 행복이 무엇인지 알 수 있다.

천상으로 올라가려면

수많은 사람들은 지금도 죽어서 천상으로 돌아가고자 여러 종교세계를 다니고 있지만 과연 사후세계가 있는지 눈으로는 보이지 않기 때문에 믿어야 하나 말아야 하나 고민 갈등하면서도 죽으면 그만이지 무슨 사후세계가 있느냐고 말한다.

그럼 종교세계를 다니면 정말 구원받아 천상이라고 알려진 천당, 천국, 극락, 선경세상으로 돌아갈 수 있는 것일까에 대한 확신을 얻고자 많은 사람들이 영험하다는 여러 종교를 찾아다니고 있지만 뜻을 이룬 자들은 하나도 없다.

왜냐하면 사람들이 진정한 천상법도를 모르기 때문에 천상으로 올라가지 못하고 있는데 인간 세상은 천상세계의 축소판이기에 똑같다고 보면 된다. 그러면 천상세계이든 인간세계이든 규칙에 따른 법도가 있는 것은 상식이다.

가정에는 가정의 법도가 있고, 회사에는 회사의 규정이 있고, 국가에는 질서를 바로 잡는 국법이란 것이 있기에 가정도 기업도 국가도 존속하고 있다. 법이란 것이 없으면 무법천지의 세상이 되기에 존재할 수 없다.

입국과 출국에 대해 상식적으로 생각해 보자.

다른 사람의 집에 방문하려면 집 주인의 허락을 받아야 들어갈 수 있고, 회사에 방문하려면 경비실에 정당한 사유를 말해 주어야 하고, 회사에 취직하려면 회사 규정에 맞추어 시험에 합격해야 하고, 다른 국가에 입국하려면 비자를 발급받아 입국 심사를 통과해야만 가능한 일이란 것은 누구나 인정하고 살아가면서도 천상으로 올라가는 것은 너무나 쉽게 생각하고 있다.

누구나 허락을 받지 않고 가정, 기업, 국가에 들어가면 무단 침입자로 간주되어 죄에 대한 벌을 받아야 하는 것은 상식인 것처럼 천상으로 올라가려면 일단 천상으로부터 입국 허가를 받아야 하며 자신의 존재가 누구인지부터 알아야 한다.

나는 누구인가? 천상에 있지 않고 왜 이 땅에 사람으로 태어났을까? 죽으면 어디로 가는 것일까? 죽으면 끝이 아니라 또 다른 영혼세상이 존재하는 것일까? 아무도 영혼세계, 사후세계, 천상세계의 진실에 대해서 자신 있게 설명해 주는 사람들이 없어서 너무나 답답한 것이 현실적인 문제인데 이것에 대한 명쾌한 해법을 제시해 줄 수 있는 곳이 바로 이곳이다.

독자 여러분 모두 "나는 누구인가?" 자신의 전생에 대한 진실의 비밀을 확실히 알아야 천상 입국 허락을 받을 수 있다. 그러면 여러분은 전생에 누구였을까? 이에 대한 해답을 찾아주는 곳이 전 세계 유일한 바로 인류의 종주국이자 신의 종주국이며 세상을 다스려 나갈 천신국 태상천궁이다.

독자 여러분이 이 세상에 사람으로 태어나서는 절대로 안 되었던 것이다. 왜냐하면 천상에서 천상의 주인이신 절대자를 시해하려는 역모 반란군에 직간접적으로 가담한 역천자들이라는 어마어마한 죄를 짓고 지구로 도망쳐 나온 대역 죄인들과 추포되어 재판을 받고 죄를 반성하며 용서 빌어 하늘의 명을 받아 다시 천상으로 돌아오라고 유배시킨 곳이 지구란 천상세계의 진실을 아는 사람들은 하나도 없다.

그리고 종교세계 안에서 전하는 하나님, 하느님, 하늘님은 종교인들이 잡신들을 하늘로 둔갑시켜 세운 것이며 신앙적 숭배자들인 석가, 예수, 마리아, 마호메트, 상제는 대우주 창조주도 아니고, 천지만생만물의 창조주도 아니며 여러분을 창조한 영혼의 부모님도 아니란 진실을 알아야 한다.

현재 수많은 인류가 받들고 있는 신앙적 숭배자들은 천상에서 악랄한 역모 반란군들이었다는 것이 전생록을 통해서 밝혀진 진실들이다. 그런데 이들 역모 반란 대역 죄인들인 신앙적 숭배자들을 믿는다고 천상으로 올라갈 수 있다는 것은 천상법도에도 위배되고 있을 수도 없는 일이다.

인류의 역사는 귀신의 역사이자, 배신과 반역의 역사이며 사람 몸 안과 집과 회사에 수십, 수백, 수천수만 명의 귀신들이 득실거리며 함께 살아가고 있다는 진실들이 무수히 밝혀지고 있지만 사람의 눈으로 안 보이기에 무서운지도 두려운 줄도 모르고 천하태평으로 살아가고 있을 뿐이다.

이미 죽은 자들이든 지금 살아 있는 자들이든 천상의 주인이신 절대자 앞에 역모 반란죄인 아닌 자들이 하나도 없다. 그런데 무슨 낯짝으로 전생의 역모 반란죄도 빌지 않고 천상으로 다시 돌아가려는가? 천상으로 돌아갈 수 있는 자들은 하늘의 명을 받아 전생의 죄를 빌어 사면받아야 한다.

그래서 이 땅의 모든 종교세계는 천상의 절대자이시자 영혼의 부모님 가슴에 꽂은 역모 반란의 비수로 인해 아픔과 슬픔은 외면한 채로 인간들 자신의 아픔만 하소연하며 귀신들을 쫓아내고 있는데 이것은 진정한 구원이 아니다.

목사나 신부, 승려와 무속인들이 악귀잡귀 퇴치하는 모습들의 동영상을 살펴보았는데 이들은 조상령이든 귀신들이든 가리지 않고 함께 쫓아버리는 것이 특징임을 발견하였다. 무조건 사람 몸에서 떠나가라고 호통 치며 쫓아내는데 그럼 어디로 가라는 것인지 암담하다.

또 다른 사람 몸으로 들어가거나 허공중천으로 갈 수밖에 없지 않은가? 원과 한, 복수하려고 들어온 귀신들이 무수히 많고, 살려달라고 하소연하지만 인정사정없이 쫓아내고 있는 것이 종교인들의 실상이다.

죽은 귀신들은 인간 육체를 자기 집으로 삼고 움직여 다니는데 숫자가 어마어마하다. 귀신들은 하나같이 사람 몸을 떠나 "갈 데가 없다"고 울부짖는다. 갈 곳이 없다고 사람 몸 안에서 몸부림 치고 있다는 귀신들의 진실을 아는가? 죽은 가족령들과 조상령들은 자손과 후손들 육신에 들어와서 함께 살아가고 있다는 진실이 낱낱이 밝혀지고 있다.

진정한 구원이란 무엇인가?

자기 직계 가족령들과 조상령들은 하늘의 명을 받게 해서 영들의 고향인 천상으로 돌아가게 해드려야 하고, 남의 조상귀신들은 역모 반란 대역죄를 천상의 절대자 주인께 심판받게 해서 천옥도, 불지옥 적화도, 얼음지옥 한빙도, 지옥도로 보내야 인생의 아픔과 슬픔, 고통과 불행에서 벗어난다.

귀신들에게 전생에 지은 역모 반란 대역죄를 심판받게 하여 형벌의 고통을 안겨주어 그동안 영혼의 부모님께서 역모 반란자들에게 당하신 배신의 아픈 상처를 치유해 드리는 것은 영혼의 자식으로서 행해야 할 근본 도리이다.

인간세계, 귀신세계는 모두가 배신자, 역천자들이 난무하는 지옥세계이다. 전생의 죄, 현생의 죄를 빌지 않는 사람들의 영혼, 신명, 조상들은 천상으로 돌아갈 수 없다. 종교세계와 다르게 구원받을 독자 여러분의 조상들은 하늘로부터 구원의 명을 받아 천상으로 돌아갈 수 있게 해주고, 구원받지 못할 귀신들은 전생과 현생의 죄에 대한 대가를 받게 심판을 집행한다.

공원묘지에 있는 산소가 귀신들의 무덤이 아니고, 인간 육신 자체가 귀신들의 무덤이란 무서운 진실을 알고 살아가는가? 몸안에 여러분의 돌아간 가족이나 조상들만 있는 것이 아니라 남의 조상귀신들까지 무수히 들어와서 함께 살아가며 사고, 급실, 질병의 인생 풍파를 발생시키고 있음이 판명되었으니 하루 바삐 가족과 조상들은 천상으로 돌아가게 구해 주고, 귀신들은 퇴치해야 세상을 살아가면서 무탈하게 살아갈 수 있다.

조상님들이 가장 싫어하는 것! 굿, 천도재

지금까지 세상 사람들이 잘못 알고 있었던 부분에 대하여 순서대로 진실을 밝히고자 한다. 이 책을 보는 독자들 중에는 불교인, 무속인도 있을 것이고 기독교인도 있을 것이고 무신론자도 있을 것이다.

불교계에서 행하는 천도재는 무엇일까?

물론 조상구원의 뜻이 내포되어 있다. 독자들도 조상님들의 극락왕생을 위한 천도재를 지낸 사람이 많이 있을 줄 안다. 그러나 조상님들이 정녕 극락왕생을 하였는지 못하였는지 알 방법은 없다. 또한 확인할 방법도 없다.

각자의 조상님 천도가 잘되었는지, 안 되었는지 인간의 눈으로 확인할 방법은 없고, 또한 안 되었다 해도 입증할 방법은 없다.(※ 입증 방법은 단원 끝에) 이 나라에는 조상님들의 천도에 자신 있다고 스스로 말하는 승려들도 몇 사람 있고, 만인들의 입으로 소문이 나서 유명세를 타고 있는 승려들도 더러 있다.

그러나 이상하다. 절에 가면 조상님 천도를 올림에 있어, 한 번으로 끝나는 것이 아니라 대부분 몇 번씩 하거나 아니면 해마다 한다. 조상님의 극락왕생이 목표인 천도재(遷度齋)! 반복해서 해야 한다는 것, 해마다 해야 한다는 것. 이는 뭐가 잘못된 것 아닌가? 조상님이 극락왕생 못하였으니 또 하라는 것이 아닌가?

승려들의 말대로 각자의 조상님들이 극락왕생한 것이 사실이라면 왜 또 하라 하는 것이고, 왜 또 해야만 하는 것인가? 또 하라는 자체에는 각자의 조상님들이 극락왕생 못하였다는 승려들의 말이 숨어져 있는 것이 아닌가?

승려들은 승려들 스스로 각자의 조상을 구원 못했음을 실토하고 있었다. 앞에서도 설명드린 바 있듯이, 사후세계에 계신 모든 조상님들은 춥고 배고픈 인간 세상에 하루도 더 있기 싫어하신다. 모든 조상님들은 하루라도 빨리 인간세계에 알려져 있는 극락세계, 천국세계, 천궁세계가 있다면 그 세계에 하루라도 빨리 오르고 싶은 것이 모든 영가들의 간절한 소원이건만, 절의 승려들은 도대체 무엇을 하고 있단 말인가?

그리고 영가들을 왜? 무엇 때문에? 긴 세월 동안 절에 붙잡아두고 있단 말인가? 그리고 천도재로 인하여 극락왕생했다면서 극락왕생한 조상들을 해마다, 때마다(백중, 초파일, 초하루, 보름행사 등등)왜 불러 대접을 하는 것인가?

극락세계에는 인간세계보다 더 좋은 것이 그 얼마나 많은데 또한 천도재를 올린 각자들의 인생은 왜? 풀리지 않는 것일까? 아니 정확히 말하자면, 조상님 천도재 올리고 각자의 인생이 더 힘들어지지 않는 것만 해도 다행일지 모른다.

이 저자도 하늘의 태상천황 폐하 존재를 알기 전 절에서 천도를 몇 번 행했었다. 하지만 이 저자는 조상님 천도를 하면 할수록 인생이 더욱 힘들어졌고, 하는 일마다 꽉꽉 막혀 미치고 팔짝 뛸 이상한 일만 내 현실로 일어났다.

사후세계에 있는 모든 영가들

좋은 세계로 가고 싶지 않아 인간세계에 있는 조상 하나도 없다. 극락세계, 천국세계, 천궁세계 그곳이 어느 곳인지 알아야 갈 것 아닌가? 이 책을 보는 독자들도 입장 바꿔 생각해 보시길 바란다.

본인들이 죽었다고 가정할 경우 본인들 스스로는 어디로 갈 것인가? 본인들 스스로는 극락세계, 천국세계, 천궁세계가 어디인지 알겠는가? 혹시 알았다 한들 그 먼 세계를 본인들 스스로는 어떻게들 갈 것인가?

인간세계나 같아야 버스를 타고 가든, 비행기를 타고 가든 할 것 아닌가? 사후세계에 대하여 아무런 준비도, 아무런 대책도 없이 살다 사후세계에 훌쩍 와 보니 인간세계와 너무도 다른 세계에 대하여 모든 것이 낯설기만 하고, 한 치 앞도 보이지 않는 암흑 속의 길에서 모든 영가들은 답답하기만 하다.

이것이 영가 세계의 진실이건만, 이 뜻을 아는 사람 이 세상에 하나도 없다. 모든 영가들은 서로 살려달라며 구원해 달라고 아우성들인데, 절의 승려들이 행하는 천도재 의식으로 이 영가들이 구원될 수 있다면 사후세계에 있는 영가들 무슨 걱정이겠는가? 영가들은 승려와 자손들에게 말한다.

그 길이 도대체 어느 길인데? 어떻게 가는 것인데? 하면서 승려와 자손들을 붙들고 아우성을 치지만 그 천도재를 올리는 승려의 귀와 조상구원을 하러 온 자손들의 귀에는 조상님들이 아우성치는 소리가 들리지를 않으니, 이를 지켜보시는 각자의 조상님들은 승려의 행동과 자손들의 행동에 속이 새까맣게 타들어갈 수밖에 없다.

승려들이 조상님을 위한 극락왕생경과 조상경, 해원경 그 밖의 경을 통하여 조상님들이 구원될 수 있다면 조상님들께서 무슨 걱정이겠는가? 그렇게 쉽게 극락왕생할 수 있어 극락세계, 천국세계, 천궁세계에 들어갈 수 있었다면 이 세상에 모든 영가들 춥고 배고픈 인간세계를 떠나 벌써 좋은 세계에 올라가 있었을 것이다.

하지만 극락세계, 천국세계, 천궁세계에 오르는 것은 하늘의 별따기 만큼이나 어려운 일이다. 하늘의 별을 인간 스스로가 딸 수 있었다면 벌써 땄을 것이다. 하늘의 별. 인간이 따고 싶다 하여 딸 수 없다.

이와 같이 하늘세계 천상입천. 하늘세계 입문은 영가들이 오르고 싶다 하여 오를 수 없고, 승려들의 목탁과 경문에 의해, 무당들의 굿에 의해, 교회당에서 하는 기도에 의해 어느 영가도 그 소원을 이룰 수 없다.

우리 인간사 모든 집에는 주인이 있다. 독자들 중 본인의 집에 본인의 허락 없이 낯선 사람이 들어왔을 경우 본인들 각자는 그 낯선 사람에게 어떻게 하겠는가? 또한 남의 집에 들어갈에 있어서도 주인의 허락이 있어야 들어갈 수 있다. 주인의 허락 없이 남의 집에 들어가면 도둑이나 무단침입자로 몰려 경찰에 잡혀가 죄의 대가를 치러야 한다.

하물며 영가들이 오르고자 하는 극락, 천국, 천궁의 세계에 어찌 주인이 없겠는가? 하늘의 궁전, 태상천황 폐하의 궁전에 천상의 주인 허락 없이 영가들 마음대로 올랐을 경우, 그들에게 어떤 처벌을 내리실 것이라 생각하는가?

조상님 구원을 위해 그동안 행했던 천도재나 굿, 기도로 인하여 각자의 조상님들은 그동안 더 힘들었던 것은 아닐지 의문이 간다. 천도재, 굿, 기도로 인하여 각자의 조상님들은 하늘에 무단침입자가 되었으니 산 자손들은 이 죄들을 어찌해야 할까?

또한 자손들의 행위로 인하여 하늘의 무단침입자가 되신 각자의 조상님들은 지금 어느 세계에서 무엇을 하고 있을지 각자들이 생각해 보길 바란다. 이 모든 진실을 알고 나니, 이 저자가 그동안 조상님을 위한 천도재와 굿을 하고 나면, 왜 인생이 더 힘들어질 수밖에 없었는지를 이제는 정확히 알 것 같다.

이 저자가 천도와 굿을 행하면 행할수록, 이 저자의 조상님들은 하늘의 무단침입자가 되어 하늘에서 내리시는 벌을 받을 수밖에 없었던 것이다. 나의 조상님이 하늘의 벌을 받고 있으니 그 자손인 나 역시도 벌을 받고 있는 조상님의 기운을 받아 더 힘들어지고 어려워질 수밖에 없었던 것이다.

승려, 무당, 성직자들이여!

종교의 선각자들로 인하여 수많은 조상님들이 하늘의 무단 침입자가 되어 있다. 하늘의 세계, 조상의 세계에 대하여 아무것도 모르는 일반인들은 당신네들을 믿고, 당신네들이 시키는 대로 모든 것을 행했건만, 그 행위가 잘못되어 하늘의 벌을 받고 있는 산 사람들과 영가들의 슬픔을 어찌할 것이고, 무엇으로 조상과 자손들에게 변상할 것이던가?

육신을 버린 뒤 구천을 헤매면서 극락, 천국, 천궁의 세계로 오르고자 학수고대하고 있는 불쌍하고 가련한 영가들 더 이상 아프게 해서는 안 된다. 또한 조상님들을 생각하는 마음이 지극하여 조상님들을 구원하고자 찾아오는 산 자손들을 아프게 해서도 안 된다.

산 자손과 죽은 영가들을 올바른 길로 인도하고 행복의 삶으로 인도함이 하늘 제자의 도리이다. 또한 일반인들도 이제는 정신을 바짝 차려야 한다. 종교의 선각자들이 정신을 못 차린다면 일반인들이라도 정신을 차려야 한다. 언제까지 종교의 굴레(속박)에서 벗어나지 못하고 헤매며 살아갈 것인가?

종교는 하늘의 뜻이 아니다. 각자의 조상님들도 종교가 아니다. 또한 우리 산 사람들도 종교가 아니다. 이제 우리 모두는 속고 속은 종교의 굴레에서 벗어나야 한다. 속고 속은 천도재, 굿, 기도의 방법에서 벗어나야 한다. 잘못된 종교의 굴레에 갇혀서 조상, 신, 산 사람들이 정신을 못 차리고 있다.

조상, 신, 산 사람이 종교의 굴레에서 정신을 못 차리고 있으니 세상도 정신이 없다. 모든 종교의 굴레에서 벗어나 하늘의 뜻에 순응하였을 때 신의 세계, 조상세계, 인간세계 이 모두가 행복해진다. 언제까지 반복될지 모르는 한도 끝도 없는 천도재와 굿, 기도에만 매달려 있을 것인가?

지상 천신국 태상천궁에서 행하는 조상님들 천상입천 의식은 기존의 천도, 굿, 기도 차원이 아닌 하늘의 주인이신 태상천황 폐하의 허락에 의해서만 행해지는 하늘의 신성한 의식이다. 모든 영가들이 천상궁전으로 오르고자 하지만, 영가들이 오르고 싶다 하여 오를 수 없다.

하늘의 주인이신 태상천황 폐하께서 각자의 조상님들을 심판하신 뒤, 천상입천 의식 윤허 여부가 결정된다. 산 자손들이 돈이 있다 하여 행할 수 있는 천상입천 의식이 아니다.

죽은 영가들이 죄가 있으면, 태상천황 폐하의 궁전에 오를 수 없다. 하늘의 허락으로 천상입천이 되시는 모든 영가들은 천상궁전으로 입천되시기 전, 그들이 전생과 현생에서 지은 죄를 심판하여 용서받지 못할 조상들은 탈락시키고 용서받을 죄인들만 사면해서 천상으로 입천해 주신다.

그렇기 때문에 그들이 태상천황 폐하의 궁전에 입천되셨을 때, 그들 모두는 죄인이 아닌 맑고 깨끗한 하늘의 신성한 하늘의 백성이 되어 있다. 인간세계를 예로 들어본다. 인간이 지은 죄의 사면 권한은 대통령에게 있듯이, 영혼들이 지은 죄의 사면 권한은 태상천황 폐하의 권한이다.

산 자손들이 절이나 교회, 산 속에서 열심히 빌고 빈다고 죄가 사면되는 것이 아니다. 우리의 영혼을 창조하신, 영혼의 주인이신 태상천황 폐하께서만이 우리의 전생에 지은 죄를 심판하고 우리의 죄를 용서하고 사면하실 수 있다.

예수, 부처, 상제가 우리 산 사람의 죄, 죽은 영혼의 죄를 사면할 수 있었다면, 벌써 사면하여 우리 산 사람 모두와 죽은 영혼 모두를 구원하여 주었을 것이다. 태상천황 폐하께서는 우리 모두를 창조하신 우주의 주인이시다.

예수, 부처, 상제도 태상천황 폐하께서 창조하시었다. 뿌리 없는 나무 없다 하였듯이 예수, 부처, 상제도 뿌리가 있은 것이 아닌가? 이들의 뿌리는 바로 태상천황 폐하이셨다.

이들을 이 땅으로 보내신 분은 바로 태상천황 폐하이셨고, 이들의 어버이 또한 위대하신 태상천황 폐하이셨다. 어버이가 잘나고 위대하시니 그 자손들(예수, 부처, 상제, 그 밖의 모든 신과 인간) 역시도 잘나고 훌륭했던 것 아니던가?

하지만 자손이 제아무리 잘났다 하더라도 어버이의 모든 것을 따라할 수는 없다. 또한 자손이라 하더라도 어버이의 권한을 마음대로 침해할 수 없다. 예수, 부처, 상제도 태상천황 폐하(어버이)의 허락 없이 그들 마음대로 사면 권한을 행사할 수 없고 태상천황 폐하의 권한을 침범할 수도 없다.

이들 모두도 천상세계에서 태상천황 폐하의 명에 불복하여 이 땅에 천상에도 없는 귀신 종교를 세웠다. 하지만 이 사실을 몰랐던 우리들 모두는 예수 앞에, 상제 앞에, 부처 앞에 앉아 각자의 소원을 빌고 조상구원을 빌었었다.

하늘이 웃을 일이었고, 예수, 부처, 상제, 조상이 통탄할 일이었다. 이제 우리 모두는 육신을 주신 조상님 구원과 영혼을 주신 영혼의 부모를 찾아야 한다. 우리 모두는 그동안 영혼의 어버이를 잃어버린 채 이 땅에서 외롭게 쓸쓸하게 고아들의 인생을 살아왔었다.

항상 열심히 일을 하고 주위에 가족 친구들이 있어도, 각자들의 마음은 항상 외롭고 허전하고 뭔가 빠진 것 같은, 때로는 이 세상에 나 홀로인 듯 허전함이 자리잡고 있었던 것은, 영혼의 어버이를 잃어버린 허전함들이었다.

조상님 구원을 통하여 각자의 영원한 영혼의 어버이이신 태상천황 폐하를 찾았을 때, 각자의 인생은 더 이상 외롭지도 힘들지도 않은 안락한 삶이 될 수 있다. 굿도 더 이상 행해서는 안 된다. 굿 역시도 하늘의 뜻이 아니다. 또한 조상님들의 뜻도 아니다.

각자의 조상님들은 구천세계에서 아기의 모습으로 불쌍하고 가련하게 자손들 구원의 손길을 눈물로 기다리고 있건만, 시끄러운 징을 치며, 북을 치며, 장구를 치며, 무당춤을 춘다고, 창(노래)을 한다고 하여 각자의 조상님들이 구원되지 않는다.

구천세계에 계신 각자의 조상님들은 눈물로 얼룩져 있건만, 이렇게 시끄럽게 한들 무슨 소용이 있으랴? 입장 바꿔 생각해 보라. 우리들이 구천에서 울고 있는 죽은 영가들이라면 이 상황(천도재, 굿, 교회당에서의 기도들)을 보고 각자들은 어떠한 생각이 들지? 구천세계에 있는 각자의 조상님들은 이 광경들에 기가 막힌다.

조상님들은 속이 터져 미치겠는데, 무당들은 일어나 춤을 추고 있으니, 흔한 말로 불난 집에 부채질하는 꼴이다. 또한 조상님들은 극락세계, 천국, 천궁세계에 입문을 하지도 못했는데, 조상님들이 좋은 세계에 올랐다고 의식(천도재, 굿)들을 끝낼 때, 조상님들은 구천세계에서 미치고 팔짝 뛸 일들이다.

사실이 이러하다 보니, 천도재나 굿을 하고 나면 잘되는 것이 아니라 더 힘들어지고, 안 좋은 일들이 각자의 인생에 생길 수 밖에 없는 것은 당연한 이치이리라. 지금까지 우리 인간들은 신의 세계, 조상세계를 잘 몰라 그들이 시키는 대로 행했다.

행하기 이전에 그들이 권하는 것(천도재, 굿)에 대하여 한번쯤 깊이 생각들을 해보았다면 하늘과 조상님 전에 죄인이 안 되었을지도 모른다. 그러고 보면 우리 인간은 그동안 하늘세계, 조상세계에 대하여 아무것도 모르는 바보들이었나 보다.

그렇지만 하늘과 각자의 조상님들은 바보들이 아니시다.

자손들이 행한 그 대가를 하늘과 조상님들께서는 각자의 자손들에게 그대로 내려주셨다. 고통은 고통으로, 배신은 배신으로, 눈물은 눈물로, 각자의 삶이 배신으로 인한 아픔과 상처, 금전 풍파의 아픔, 몸의 질병으로 힘든 것은 사후세계에 있는 그대 조상들의 모습이다.

열매는 뿌리의 영향을 받을 수밖에 없다 보니, 조상이 편하면 자손도 편하고, 조상이 불편하면 자손도 불편하다. 조상이 구천에서 울고 있으면, 산 자손도 울 일만 생기고, 조상이 배신을 당하면 자손도 배신을 당할 수밖에 없다. 또한 구천에 계신 조상이 참을 수 없을 정도의 고통을 당하고 있다면, 산 자손은 스스로 목숨을 끊는 일도 생긴다.

원 맺히고, 한 맺힌 조상들이 산 자손들에게 보내는 메시지들은 이토록 무섭다. 반대로 조상님이 천궁의 세계에서 편안하시다면, 이 기운을 받은 이 땅의 자손들은 과연 어떠하겠는가?

당연히 천궁의 조상님 기운받아, 이 땅의 자손도 근심 걱정 없이 마음먹고, 뜻 먹은 일들 소원 성취 이루어가며 마음 편히, 몸 편히 살아갈 수 있음은 만고의 진리이리라. 세상의 모든 일들은 잘됨에도 이유가 있고, 안 됨에도 분명한 이유는 있다.

성공과 실패, 우연히 일어난 일이 아니다

인간의 삶을 사는 동안 영혼의 부모님이신 태상천황 폐하와 육신의 부모인 조상님께 기본 도리를 다하는 자손은 이 세상을 사는 동안 실패할 수 없다. 하늘이 도와주고 조상님이 도와주는데 어찌 실패하겠는가?

반대로 하늘의 존재를 몰라보고, 조상님의 존재를 몰라보는 자손은 이 세상을 사는 동안 고통의 굴레에서 벗어날 수 없다.

하늘이 안 도와주고, 조상님이 안 도와주는데, 본인들 스스로가 누구의 도움을 받아 잘 살 수 있겠는가? 지상 천신국 태상천궁은 조상님 천상입천 의식을 통하여, 조상님은 구천세계가 아닌 가장 높은 곳, 태상천황 폐하의 천상궁전에서 영원히 편안하게, 그 자손들은 지상 천신국 태상천궁에서 영원히 편안하게 살 수 있도록 인도해 주고 있다.

이 의식은 살아생전에 한 번으로 끝나는 의식으로써, 영원히 사람과 조상영혼 각자의 길을 편히 가게 인도하는 하늘의 고귀한 의식이다. 이 의식을 행함에 있어 모든 종파, 모든 종교에 얽매이지 않아도 된다.

각자의 조상들은 원래부터 종교가 아니었다. 모든 것은 때가 되면 원래대로 돌아가야 한다. 조상은 천상의 영혼세계로, 우리 인간은 지상의 인간세계로 다시 태어나야 한다. 조상이 인간세계에 머물러 있으면 조상도, 인간도 모두가 힘들고 아프다.

이제 우리 모든 사람들은 각자의 몸에 있는 죽은 조상의 기운을 소멸해야 한다. 각자의 조상님들은 영혼의 부모가 계신 천상궁전 태상천황 폐하의 품으로 보내드리고, 우리 산 사람들은 산 사람의 자체로 남아 있어야 인생을 기쁘고 신 나게 살 수 있다.

※ 조상님들 천상입천 입증 방법은 간단하다. 천상으로 올려 보내 조상님들 중에서 만나고 싶은 조상님들은 즉시 하강시켜서 의식자들과 직접 상봉시켜 주기 때문에 직접 물어보면 되고, 궁금한 내용도 알 수 있게 되니 얼마나 통쾌하겠는가? 천상입천 명을 하달한 후 몇 분 안에 즉시 상봉이 가능하다.

신 내림은 하늘, 조상의 뜻이 아니다

짧은 인생을 살아가는 동안 근심 걱정, 아픔 없이 인생을 살 수만 있다면 그 얼마나 좋을까? 하지만 우리의 삶은 그렇지가 않다. 우리 인간의 상상을 초월한 불행한 일들은 예전에도 지금도 현실로 일어나고 있다.

병명 없는 병마와 싸워야 하는 사람들과 때로는 병명은 있지만 병원의사의 치료와 약으로도 호전이 되질 않아 고생하는 사람들과 불면증으로 고생하는 사람들, 우울증으로 고생하는 사람들, 정신병으로 고생하는 사람들, 사업 실패, 가정의 파탄, 자손의 가출, 폭력, 자살, 살인, 배신 등 지금 우리가 살고 있는 현재의 세상에서는 인간의 상상을 초월한 불가사의한 일들이 각자의 인생과 각자의 가정, 사회에 이르기까지, 우리 인간이 걷잡을 수 없을 정도의 무시무시한 일들이 일어나고 있다.

그들 역시도 사람이 분명하건만, 왜 그들은 인간의 본성을 잃어버리고 나 자신을 잃어버린 채 살아가고 있는 것일까? 이 세상에 올 때부터 악한 사람 없었고, 그렇게 되고 싶어 그렇게 된 사람 하나도 없으련만 이 모든 불가사의한 일들은 우리 산 사람의 정신을 누군가에게 빼앗겼기 때문이다.

우리 산사람의 정신을 누군가 지배하고 있기 때문에 각자의 의지와 상관없는 고통의 일들이 자신들의 삶에 나타나는 것이다. 그렇다면? 우리 산 사람의 정신을 누가 지배하고 있는 것일까? 인생의 반복되는 아픔과 시련 앞에, 그 아픔에서 벗어나 보고자 어떤 사람들은 불교로, 어떤 사람은 교회로, 어떤 사람은 산속으로 기도 다니면서 많은 방법을 동원해 보지만 현실의 아픔을 풀어줄 해결책은 어느 곳에도 없다.

많은 갈등과 많은 고민 끝에 인간의 자존심 모두 버리고 마지막으로 선택하게 되는 것은 어쩔 수 없는 무속의 길인데, 하지만 인생의 마지막 기로에서 선택한 무속의 길도 결코 쉽지만은 않다. 계속되는 인생의 풍파와 가정의 풍파, 주위의 배신과 봄의 질병, 불면증, 우울증 그 모든 고통들은 식을 줄을 모르니 그야말로 산 넘어 산이고 강 건너 강의 인생이다.

인생의 마지막 기로에서 눈물을 머금은 채 힘들게 결정한 무속의 길은 하늘의 뜻, 조상의 뜻이 맞았다면 무속의 길을 선택한 그들은 하늘의 복을 받고, 조상의 복을 받아 인생의 질병에서 벗어나 편안해질 수 있었을 것이다.

하지만 무속의 길은 정녕 하늘의 뜻, 조상의 뜻이 아니었고, 하늘의 뜻, 조상의 뜻이 아니었기에 무속의 길을 선택하고도 각자의 인생은 여전히 힘들고 아플 수밖에 없었던 것이다. 앞에서도 설명드린 바 있듯이, 각자의 조상님들은 사후세계에 다시 태어났기에 각자의 조상님들은 하나의 아기에 불과하다.

그런 아기인 조상님들을 무속인들이 각자의 몸으로 조상을 받아 그들과 함께 동고동락을 하고 있으니, 그들의 인생이 뒤집어지는 것은 당연 이치 아니랴. 아기가 되어 있는 각자의 조상님들이 어떻게 살아 있는 자손을 도와줄 수 있으랴. 또한 남들의 인생을 어떻게 도와줄 수 있으랴.

종교가 하늘의 원뜻이 아니었다 말했듯이, 무속 또한 하늘의 원뜻이 아니었기에, 하늘의 원뜻이 아닌 무속제자의 길을 가는 그들을 하늘에서 도와줄 리 없다. 그러다 보니 무속의 길을 가도 조상과 하늘께서 도와주지 않으니 더 힘들어질 수밖에 없는 것이 현실이다.

이제는 조상과 하늘의 원뜻이 아닌 무속의 길을 선택하여 한 번 아팠던 인생, 두 번 아파하며 남모르게 눈물짓지 말고 각자의 조상님들을 천상궁전으로 입천시켜 드려야 한다. 지상 천신국 태상천궁에서는 조상님을 위한 천상입천 의식을 행한 후, 하늘의 명이 내려지는 자손에 한하여 산 자손과 하늘의 고급신명이 하나되는 신인합체, 천인합체 의식을 행할 수 있다.

신인합체, 천인합체 의식은 무속세계처럼 조상신을 받는 것이 아니라, 하늘 태상천황 폐하의 궁전에 계시는 맑고 깨끗한 고급신명과 하나되는 의식을 말한다. 이 신인합체, 천인합체 의식을 통하면 반신반인이 되어 하늘의 신이 각자의 몸에 있으면서 각자의 인생을 도와준다.

우리 인간이 제아무리 잘났다 해도, 인간들 스스로는 한 치 앞도 알 수 없기에, 불의의 사고를 피할 수도, 막을 수도 없지만 신인합체, 천인합체 의식을 행하여 반신반인이 되면 천상의 고급신명님이 항상 각자의 몸 안에 있으면서 각자들을 불의의 사고에서 구해 주고, 인간사 고통의 길에서 항상 밝혀주고 지켜주어 편안한 삶으로 각자를 인도해 준다.

많은 도교 단체에서 이 뜻을 이루고자 짧게는 100여 년, 길게는 수천 년의 세월 동안 도를 닦고 있지만 아직까지 이 뜻을 이루었다고 말하는 도교 단체와 종교 단체는 없다. 하지만 지상 천신국 태상천궁에서는 이 뜻을 현실로 이루어 이 뜻을 행하고 있다. 신인합체, 천인합체 의식은 대한민국 국민뿐만 아니라 전 세계인이 모두 원하고 바라는 고귀한 의식이다.

불교, 기독교, 천주교, 무속, 도교 어느 종교를 막론하고 모든 종교 단체에서 이 위대한 뜻을 이루고자 나름대로 최선을 다하고 있지만 어느 종교 단체도, 세계인 어느 나라도 이루지 못하였다. 그러나 지상 천신국 태상천궁에서는 자랑스럽게 이 뜻을 현실로 이루어 현실로 행하고 있다.

신인합체, 천인합체 의식은 조상 천상입천 의식을 행한 후, 태상천황 폐하의 명에 따라 행하면 본인들 스스로가 이 의식에 감탄에 감탄을 하게 될 것이며, 그동안 각자 스스로가 궁금히 여겼었던 "나는 누구인가?"를 이 의식을 통하여 속 시원히 밝혀지는 뜻깊은 의식이 될 것이다.

신인합체, 천인합체 의식을 행하고 나면, 본인들 스스로가 하늘의 신비스런 천지기운을 일상에서 직접 느끼게 되고 하늘의 보호를 받게 된다. 지상 천신국 태상천궁은 설법이나 이론이 아닌, 본인들의 조상구원 천상입천 의식과 신인합체, 천인합체 의식을 통하여 스스로 신비의 천지기운을 받게 되는 아주 진귀한 천상의식이다.

이 의식을 행한 뒤, 무속세계처럼 법당을 차려 점을 보고, 손님 친견을 하는 것이 아니라, 각자들의 현 직업이나 기존 사업에 전념하면 된다. 어느 종교 단체, 세계 어느 나라도 이루지 못한 신인합체, 천인합체 의식을 지상 천신국 태상천궁에서 이룰 수 있음은, 이 저자가 잘나서가 아니라 대우주 천지인 창조주이시자 영혼의 어버이이신 태상천황 폐하의 전지전능하신 대능력으로 가능한 일이다.

인간의 능력은 미약하나 하늘의 능력은 인간의 상상을 초월한다. 대단한 석가, 예수, 부처, 상제 또한 현 세상에 살고 있는 우리 모두의 산 영혼과 사후세계에 있는 많은 영가들을 하늘의 태상천황 폐하께서 창조하셨거늘, 이 위대하신 하늘께서 어찌 신인합체, 천인합체의 뜻을 이루어주실 수 없으랴.

하늘의 능력은 무소불위하시기에, 인간사의 크고 작은 일들과 그 어떠한 것들도 불가능은 없다. 독자 여러분 중, 이 책을 보신 후 조상님을 위하여 천상입천 의식이나 신인합체, 천인합체 의식에 관심이 있으신 분들은 예약을 한 후 방문하여 정중히 친견하기 바란다.

이 세상에 모든 것은 공짜 없다 하였듯이, 각자 스스로가 뿌린 대로 거두는 것이 만고(萬古)의 이치이다. 본인 스스로들은 하늘과 조상님 전에 아무런 것도 행하지 않고, 자신들만 잘되기를 바란다면 그 뜻은 살아서도 죽어서도 이룰 수 없다. 그것은 바로 씨도 뿌리지 않고 수확하겠다는 것과 진배가 없다.

하늘의 태상천황 폐하는 바보가 아니라 하시었다. 지금 이 시간도 하늘께서는 각자들의 일거수일투족 모든 것을 감시하고 계시며, 본인들의 숨은 마음까지도 다 지켜보시며 천상장부에 우리들의 일거수일투족 모든 것을 행한 대로 기록하고 계신다.

어제라는 시간! 우리 모두는 과거의 일처럼 잊은 채 오늘을 살고 있지만, 천상장부에는 어제 우리가 했던 행동과 말들이 그대로 기록되어 있다. 과거의 시간 속에서 우리들이 지은 전생의 죄. 우리 산 사람은 기억 속에서 지우면 잊힌다지만, 천상장부에 기록된 우리들의 죄는 어찌 지울 수 있을까?

천도재, 굿, 교회당에서의 기도로 전생의 죄를 지울 수는 없다. 죄를 지워줄 수 있는 분은 하늘 태상천황 폐하 단 한 분밖에는 아니 계신다. 살아 있는 우리 모두가 피할 수 없는 길이고, 언젠가는 우리 모두가 가야 할 사후세계이다.

죽은 후 땅을 치며 통곡하지 말고, 살아생전에 조상님 구원과 신인합체, 천인합체 의식을 행하여 살아서도 죽어서도 하늘의 보호를 받을 수 있는 길을 선택하는 자가 인생의 승리자가 될 수 있고, 사후세계의 승리자가 될 수 있을 것이다.

전생이든 현생이든 각자들이 지은 죄는 말로만 잘못했다고 빌면 용서받아 죄가 사면되는 것으로 일반적으로 모두가 알고 있는데, 물질(죗값)을 가져와 진 세계 유일한 죄사면권자이신 하늘께 정중히 바치고 빌어야 한다.

각 종교의 구심점 소멸!

이제 하늘을 거역하는 모든 종교 행위는 용납할 수 없다 하신다. 인간구원, 영혼구원, 조상구원, 신명구원은 대우주를 창조하신 하늘만이 하실 수 있는 고유권한이라 말씀하시었다.

인간의 구심점

영혼의 구심점

조상의 구심점

신명의 구심점

하늘의 구심점이신 대우주 천지인 창조주 태상천황 폐하! 위대한 하늘의 진실 앞에서는 그 어느 종파의 종교 지도자들도 함부로 고개를 들고 하늘에 반박할 수 없으리라.

허허공공한 파란 창공이 하늘이 아니고, 이미 그 하늘께서는 인간 육신의 몸을 빌려 강림하시었다. 기독교의 하나님이 아니라, 천지만생만물을 창조하신 위대한 대우주 창조주 태상천황 폐하께서 오시었다.

그 누가 알았으랴!

세계 인류의 32%가 믿고 따르는 기독교와 천주교에서 전하고 있는 예수, 마리아, 하나님, 하느님은 이 땅에 종교를 세우지 말라는 하늘의 명을 거역한 대역 죄인으로 천옥도로 잡혀가서 심판받고 있으며, 진짜 하늘의 존재가 계시었음을 세계 그 어느 종교 지도자가 알고 있단 말인가? 참으로 경천동지할 하늘의 진실이 지금 수도 서울 한복판에서 밝혀지고 있다.

모든 종교의 구심점(숭배 대상자)과 550만 개의 지구촌 종교세계를 멸하시고, 종교 대신 하늘께서 친히 지상에 세우시는 영적 국가 천신국 태상천궁 하나만이 존재하게 될 것이라 하시고, 위대하신 대우주 천지만생만물의 천지주인께서 세상에 우뚝 서시게 된다고 말씀하시었다.

하늘이신 태상천황 폐하의 명으로 지구상의 불교, 기독교, 천주교, 이슬람교, 힌두교, 유대교, 도교, 유교, 무속의 모든 종교 기운을 일제 거두어들이시는 천상공무 집행이 천기 18년 10월 7일 있었다. 하늘께서는 이 땅에 더 이상 어떠한 종교도 원하지 않으시고, 있어서도 안 된다고 말씀하셨다.

지구상에 550만 개의 모든 종교 자체가 하늘의 고유영역인 구원과 영생, 생로병사의 고유권한을 침범하고 훔쳐서 하늘과 대적하여 싸우겠다는 의사표시라고 하셨다. 지금까지 인류로부터 대우받아 먹은 종교 숭배자들과 종교 지도자들 모두가 천상에서 역모 반란을 일으켰다가 실패하여 지구로 도망친 대역 죄인들이기에 매일같이 잡아들여서 심판하고 계신다고 하시며 종교세계는 곧 멸망한다고 말씀하시었다.

숭배자들과 유명 종교 창시자, 교주, 지도자들은 이미 천옥으로 붙잡혀 가서 모진 고문 형벌을 받아 몰골이 말이 아니고 비참한데 신도들은 이런 천상세계 진실을 전혀 모르고 지금도 열심히 종교에 나가고 있다.

몸에 조상님들이 살고 있다

아이고, 골이야!
두통! 편두통, 뒷골 당김, 머리 무거움!
누구나 흔히 겪는 짜증스런 통증이다.
갑자기 머리가 깨질 듯 아프다.

열이 심하게 난다.
골이 흔들린다.
뒷골이 당긴다.

우선 약국으로 달려가 두통에 잘 듣는 진통제를 산다. 약을 먹고 나니 조금 나아진 듯싶다. 통증도 조금씩 사라지기 시작하는데 이런 일이 자주 발생하니 상비약으로 갖고 다닌다.

두통은 갑자기 왜 오는 것일까? 아무도 두통의 실체에 대하여 관심 있게 생각하지 않고 자연스레 약국의 진통제로 그 고비들을 넘기고 있다.

두통의 원인? 놀라지 마시라

바로 본인의 조상님들과 악귀잡귀 귀신들이었다. 아픈 그곳에 조상과 귀신이 들어왔다는 증표였다. 약을 먹은 후 통증이 사라졌다고 안심하지 마라. 잠시 잠깐 본인들의 몸에서 외출

했을 뿐이다.

본인의 몸을 떠나 남편의 몸으로, 부인의 몸으로, 자손의 몸으로 잠시 잠깐 외출 중이다. 각자의 조상님들이 자손들의 몸으로 찾아오면 두통 증상뿐만이 아닌, 부부 사이에 다툼이 자주 일어나게 되고, 성격이 신경질적으로 변하게 된다.

매사 일이 꼬이고, 사업이 잘 안 되며, 금전으로 고통받게 되고, 불면증에 시달리게 되며, 자꾸만 우울해지고, 갑자기 질병에 걸리게 되며, 자살하고 싶은 마음이 본인도 모르게 들게 되며, 차 접촉 사고가 자주 발생하게 되는 등 몸과 현실에서 이상 징후가 계속 일어나게 된다.

이런 고통의 파장을 보냄으로써 조상들은 각자의 존재를 자손들에게 전한다. 그리고 귀신도 있고, 잡신에 해당하는 악귀, 잡귀, 요괴, 악신, 악령, 사탄, 마귀도 무수히 숨어 있지만 눈에 보이지 않아서 모르고 지나갈 뿐이다.

두통, 감기, 몸살, 어깨 통증, 허리 통증, 관절 통증, 위통, 속쓰림을 앓고 난 후 자신의 생활이 어떻게 변하고 있는지 각자들은 체크를 해보도록 하라. 앓고 난 뒤 각자들의 인생에 무슨 일이 일어났는지를 돌이켜보아야 한다.

이 저자 역시도 통증의 실체에 대하여 깊이 생각해 본 적은 없었다. 하늘께서 계시를 내려주시어 알게 되었다. 사소한 일로 생각하였던 통증들! 조상 영가와 귀신들이 몸으로 들어왔다는 메시지라고 하시었다.

그때부터 사람들은 알 수 없는 인생의 많은 풍파를 겪기 시작한다. 몸에 들어온 그 존재를 어찌할 것인가? 무시하고 그냥 살아갈 것인가? 아니면 대비책을 세울 것인가? 인간의 능력으로는 방법이 없다. 오직 하늘만이 할 수 있고, 하늘의 능력이 있어야만 가능한 일이다.

통증은 잠시 진통제를 복용함으로써 해결할 수 있다. 하지만 인생의 통증들은 어떻게 해결할 것인가? 몸에 들어와 있는 각자의 조상님들과 악귀잡귀 귀신들은 진통제가 아닌 각자의 조상님들이 원하고 바라는 천상입천 의식을 행하여 천상궁전으로 보내드려야 하고, 악귀잡귀 귀신들은 퇴치시켜야 한다.

천신국 태상천궁은 종교가 아닌 하늘과 신명과 조상님들의 원뜻을 지상에 전하는 곳이며 배신의 아픔으로 고통받는 모든 조상과 자손들은 그대들의 부모이신 하늘의 품 안으로 들어와야 보호를 받아 살아갈 수 있다.

그대들의 진짜 어버이이신 하늘은 그대들의 인생을 고통의 길로 인도하지 않으실 것이며, 그대들의 조상 또한 그대들을 고통의 길로 인도하지 않을 것이다. 산 사람과 죽은 영혼 모두의 어버이이신 하늘 태상천황 폐하의 하늘 백성이 되면, 각자 고통의 삶이 행복의 삶으로 바뀌게 되며, 구천에서 방황하던 각자의 모든 조상님도 구원받아 꽃 피고 새 우는 천상궁전으로 오르게 된다.

신기(神氣) 때문에 고생하는 사람들도 조상신을 받지 않아도 되므로 무당이 되지 않아도 된다. 또한 몸의 질병 역시도 병원에서는 병명이 없다 하였을지 모르지만, 원인 없는 결과 없듯, 병명 없는 질병은 이 세상에 하나도 없다.

태상천황 폐하와 함께하면, 병명의 이유와 해결법도 알게 된다. 사업 실패와 인생의 우환, 우울증으로 고생하는 사람들은 본인들의 조상님을 구하고 악귀잡귀 귀신들을 퇴치해야 한다.

모든 사람들 몸에는 천상궁전에 오르지 못한 원과 한이 많은 각자의 조상님들과 귀신들이 함께 들어와 살고 있다. 이곳에서는 세계 인류를 지배 통치하실 천황님의 나라 천상국가 천신국 태상천궁을 세우는 일 이외에 말 못 하는 각 조상 영가들의 원과 한을 풀어드리고, 천상궁전으로 인도해 구해 주는 진귀한 일을 행하고 있다.

또한 천상에 계신 천인들을 각자의 몸으로 합체시켜 줌으로써 하늘의 기운을 수시로 받게 해준다. 신인합체, 천인합체, 도인합체 의식을 행하여 각자를 구원함으로써 신과 조상, 인간 서로서로가 공존공생하여 행복과 평화를 추구하는 이상향의 세계를 이루게 되어 신명, 영혼, 인간 모두가 삶의 질곡에서 벗어나게 된다.

인생사 이상향의 목표

1. 사업 성공 금전 풍요
1. 질병과 우환 소멸
1. 출세와 권력. 명예 성취
1. 가정 화목 행복한 삶의 영위
1. 불로수명장생 소원 성취

1. 생전이든 사후 천상궁전 입궁
1. 인생의 정신적 구심점 옹립
1. 인류의 정신적 구심점 옹립
1. 마음 안정
1. 불안 초조 공포 해방
1. 결혼 성사 및 불임 해소
1. 이혼 및 별거 예방

이 모든 것은 인간의 노력에 의해 이룰 수 있는 것이 아닌 하늘의 권한, 신명의 권한, 조상들의 권한이다. 자신들 각자는 무엇 때문에 고통의 늪에서 아파하고 있는가? 자신들을 괴롭히는 보이지 않는 존재의 실체는 무엇인가? 몸에 들어와 있는 정체불명의 존재는 누구인가?

꼬이기만 하는 인생 무엇 때문인가? 굿과 천도재를 해도 효과가 없는 이유는 무엇인가? 이 모든 의문들의 정답과 진실은? 각자의 조상님들이 천상궁전으로 못 올라갔다는 각자 조상님들의 보이지 않는 들리지 않는 대답이었다. 고정관념을 버리고 종교의 굴레에서 벗어나 진실의 소리에 귀를 기울이고, 마음의 문을 열면 인생 행복의 길이 보인다.

매주 일요일 오후 1시 천상도법주문회 개최

천상의 절대자 주인이신 하늘께서 함께하시는 천상도법주문회가 거행된다. 하늘의 천상정기를 느끼고 체험하려면 30분 전까지 도착하고, 책을 구독한 후, 친견상담을 마친 독자들만 천상도법주문회에 참석할 수 있다.

몸에 신과 귀신이 살고 있다

때로는 존재를 나타내기도 하고, 때로는 그 존재를 숨기며 각자의 몸 안에 신과 귀신들이 살고 있다. 신과 귀신의 존재는 비교 자체를 할 수 없을 정도로 차이가 크다.

신!

하늘이신 태상천황 폐하의 명을 받아 관명을 하사받은 영혼들은 말한다. 대우주 천지인 창조주 태상천황 폐하께 신명으로 임명되어 임명장을 받은 상태이고, 신명세계 명호(신의 관직)를 부여받음으로써 이분들의 능력은 인간의 상상을 초월한다.

어떤 신들은 천상궁전에서 태상천황 폐하의 천상 업무를 돕기도 하고, 어떤 신들은 직접 태상천황 폐하 대신 천상 업무를 주관하기도 하며, 어떤 신들은 인간세계 사람 몸으로 하강하여 하늘이 내리신 명을 소리 없이 수행하기도 한다.

귀신!

지구에 사람으로 태어나기 전 천상에서 지은 용서받지 못할 전생의 죄가 너무 크고 많아서 살아생전 하늘이 내리시는 명을 받들지 못하고 죽은 사람들의 혼령을 말한다. 죽은 뒤에도 산 사람들이 행복하게 사는 것보다는 고통스럽게 사는 것을 즐거워하며, 산 사람들에게 온갖 불행을 주며, 하는 일마다 방해하여 엎어지고 뒤집어졌을 때 낄낄대며 웃고 박수 치며 좋아하는 존재들이 귀신들이다.

우리 모두는 자연의 일부분일 뿐이다. 천지자연을 무시하고는 그 어느 것도 이루어낼 수 없다. 혼자서는 아무것도 행할 수 없는 우리 산 사람의 인생처럼, 혼자서는 아무것도 행할 수 없는 조상 영가들의 세계가 존재한다.

부모 없이 이 세상에 혼자 올 수 없고, 부모 도움 없이 혼자서 성장할 수 없는 우리의 삶처럼 사후세계의 조상님들도 자손의 도움 없이는 천상세계로 오를 수 없다. 이 책의 내용에 공감한다면 불쌍한 자신의 조상님들부터 천상입천 의식을 행하여 하루바삐 구해 드려야 한다.

저승길을 두려워하는 조상님들은 자손들의 몸에 들어와 살고 있다. 조상 영가를 구원해 드리는 길만이 인생 평안의 비결이다. 산 자손들은 이미 돌아가신 조상님들의 절박한 고통을 실감할 수가 없기에 수수방관하며 고통의 삶을 살아가고 있다.

인간세계가 존재하듯이 하늘세계, 조상세계, 신명세계, 영혼세계도 존재한다. 천상도법주문회에 참석하여 본인 스스로가 하늘의 기운, 조상님의 기운을 체험해 보면 이 저자의 말이 무슨 말인지를 본인 스스로들이 알게 될 것이다.

괴로워하는 조상의 고통스런 기운을 받는 사람, 하늘의 신비로운 천지기운을 받는 사람, 천상궁전의 모습을 영안으로 보는 사람, 학생에서 노인에 이르기까지 나이에 상관없이 참석자들의 몸과 마음으로 신비로운 천지기운이 내리고 있다.

사람 몸에 신과 조상님, 귀신들이 함께 살고 있다. 눈에 보이지 않고, 귀에 들리지 않지만 이처럼 함께 살아간다는 것은 우리 산 사람들의 인생이 언제 터질지 모르는 시한폭탄을 안고 늘 불안과 초조, 공포 속에 사는 것과 같다.

갑자기 일어나는 불행한 일들은 원한 혼령의 조상님들이 각자의 자손들에게 자신의 존재를 알리고자 몸부림치는 각자 조상들도 있고, 독자들의 인생이 고통스러워지게 방해하는 수많은 악귀잡귀 귀신들도 있다.

조상님들이 원하고 바라는 천상궁전으로 입천시켜 드리면서 함께 악귀잡귀 귀신들을 퇴치하면 불행한 일들이 예방되고 질병의 고통에서 벗어나게 된다.

신과 조상, 귀신들에게 지금까지 대처한 방법들

1. 조상굿을 한다.
1. 눌림굿을 통하여 신과 조상을 내쫓는다.
1. 무속인을 통하여 신을 받아 무당이 된다.
1. 도교 단체에 들어가 수행을 한다.
1. 마음수련원에 들어가 명상을 한다.
1. 조상 영가 천도재를 올린다.
1. 교회나 기타 종교 단체에 들어간다.

위에 열거한 방법들이 지금까지 행한 보편적인 방법들이었다. 많은 방법을 통해 인생의 변화를 시도해 보지만, 자신의 몸에 내려와 있는 진정한 실체는 찾을 수가 없다. 지상 천신국 태상천궁은 고차원적 신인합체, 천인합체, 도인합체 의식으로 자신들의 참다운 진실을 밝힌다. 신과 조상, 귀신세계를 알고 자신이 누구인지 "참 나"의 진실을 찾았을 때 평화롭고 행복한 삶이 각자의 인생에 열리게 된다.

병굿!

사람들이 병원에서 치료하여도 병이 낫지 않아 무당에게 병굿을 의뢰하는 경우가 종종 있다. 이곳에 찾아와 천상입천 의식을 행하면 병굿은 하지 않아도 질병이 낫는다. 무당들이 하는 병굿은 유치원 수준이고, 이곳에서 행하는 천상입천 의식은 대학원 수준의 고차원적 천상의식이다.

비교를 할 수 없을 정도로 고차원적이고 효과가 바로 나타난다. 몸 안에 있는 존재들을 모두 불러내어 천상입천 대상 조상들은 천상궁전으로 올려 보내고, 구원받지 못할 조상이나 악귀잡귀 귀신들은 죄의 경중에 따라서 지옥도, 천옥도, 적화도, 한빙도로 압송하거나 즉시 소멸시킨다.

수석황룡 천상신명이 하강하여 구원받아 천상으로 올라갈 조상들과 죄가 너무 크고 많아서 천상으로 올라가지 못할 조상들을 가려낸 다음에 천상입천을 하명한다. 전생의 죄가 커서 용서받지 못할 대역 죄인 조상들은 악귀잡귀들과 함께 4대 지옥으로 압송하거나 소멸시킨다. 조상이라고 해서 모두가 구원받는 것이 아니라 한 명씩 구원 여부를 천상에 고하여 윤허를 받아야만 천상입천이 성사된다.

제사와 차례를 안 지내도 된다

조상구원을 위한 천상입천 의식을 행하고 나면 일체의 명절 차례 및 제사, 산소 이장 및 화장 문제 등 모든 고민이 일시에 해결된다. 언제까지 제사와 차례 문제로 고민할 것인가? 특히 주부들은 누구나 한번쯤 심각하게 고민해 보았을 것이다.

기독교에서 제사와 차례 지내지 말라. 조상에게 절하지 말라! 맞는 말이기는 한데, 조상님들이 원하던 천당, 극락, 천궁에 확실히 올라가셨다면 말이 맞는다. 하지만 종교인들은 하나만 알고 둘은 몰랐다. 조상님들이 모두 자손의 몸에 들어가 있는 상태에서는 어림도 없는 이야기이다.

산 사람들의 행동이 바로 허공중천 구천세계에 있는 각자 본인 조상님들의 모습이고 행동이다. 한 조상만 자손 몸에 들어와 있는 것이 아니라 수많은 조상들과 귀신들이 함께 들어와서 동고동락하며 살아가고 있다.

때로는 천상신명들도 들어와 있다. 모두 조상 영혼들은 천상궁전에 어떻게 올라가는지 그 방법을 몰라, 허공중천에서 추위와 굶주림과 싸워야 하나 보니 어쩔 수 없이 자손들 몸으로 들어가 함께 기거할 수밖에 없다. 이제 조상님들 모두가 천상궁전으로 입전되면, 더 이상 명절 차례와 조상 제사를 지내지 않아도 아무런 탈이 없음을 20년 동안 확인하였다.

직계 조상님들 모두가 천상궁전으로 입천되시면, 더 이상 명절 차례와 조상 제사를 지내지 않아도 된다. 직계 모든 조상님들께서 꿈의 세계 무릉도원 천상궁전으로 입천되시면 명절 차례와 제사 문제로 고민하지 않아도 된다.

물론 이 문제로 인하여 가족 간에 찬반양론이 첨예하게 대립될 수도 있겠지만, 우리 모두의 영혼을 보내주신 분, 천상궁전에 계신 영혼의 어버이 품으로 돌아가는 것이기에 그 문제에 대해서는 걱정하지 않아도 된다.

천도재는 죽은 사람의 명복을 빌어 극락으로 보내기 위해 행하는 불교의식으로 자손들이 망자와 상봉하여 대화를 나눌 수도 없고 법문독경에 의해서만 명복을 빌어주는 의식이다.

가장 잘 알려진 것이 49재이고 그 밖에도 100일재, 소상, 대상 등이 있다. 사람이 죽으면 7일째 되는 날부터 49일째 되는 날까지 매 7일마다 그리고 100일째와 1년째, 2년째 되는 날 모두 합하여 10번을 행해야 한다.

그러나 현대생활은 급속도로 많이 바뀌었다. 그런 복잡한 천도재 절차에 따라 수많은 사람들이 귀찮아하거나 번거로워한다. 여러 번 천도재를 올렸어도 조상님들은 극락으로 올라가지 못하고 법당이나 자손들 몸에 그대로 머물러 있음을 무수히 확인하였다. 천상의 주인이신 태상천황 폐하의 윤허도 받지 않고 누구 마음대로 천상으로 올라가려는데?

유족이나 자손들 역시 조상님과 대화를 나눌 수 없어 가족은 가족대로, 조상님은 조상님대로 서로 답답해할 수밖에 없는 것이 현실이다. 좋은 데로 올라가신 것인지 못 간 것인지 당최 알 수 있는 길이 없으니, 천도재를 올리고 나서도 찝찝하고 승려들이 말하는 대로 좋은 세계로 가셨을 것이라고 믿을 수밖에 없는 입장이다 보니 참으로 답답하고 속이 터진다.

조상님들이 좋은 세계로 올라가셨다는데 눈에 보이기를 하나 말이 들리기를 하나 답답하기는 매한가지이다. 그래서 절보다는 무당들에게 찾아가서 조상천도하는 경우가 많은데 무당들 역시 귀신들의 전해 주는 말장난에 불과하지 조상들이 천상으로 절대 올라갈 수가 없다.

천도재 지내는 조상들이 전생의 죄에 대해서 하늘께 용서받을 죄인들인지 아닌지 알지도 못하는데 무턱대고 천상으로 올려 보낸다고 치자. 어느 천상세계로 올려 보낼 것인데? 종교 안에서 참으로 벙어리 조상 천도재를 수천 년 동안 해오고 있으니 기가 막힐 일이다.

천신국 태상천궁에서는 행하는 조상구원 천상입천 의식은 시간은 1시간 미만이고, 영매자를 통해서 천상으로 올라가기 전 조상들과 실시간 대화를 나눌 수 있고, 천상으로 올라가신 뒤에도 몇 분 뒤에 즉시 다시 불러 내려서 정말 잘 가셨는지 대화를 통해서 확인해 줄 수 있는 전 세계 유일한 곳이니 그 얼마나 속 시원하고 통쾌한 곳인가?

이제 종교세계를 통해서는 조상굿과 병굿, 신 내림굿, 조상

천도재는 아무 소용없으니 천신국 태상천궁에 들어와서 행해야 하늘이신 태상천황 폐하께 죄를 짓지 않는다. 조상 모두가 천상입천 대상이 아니라 전생의 죄가 용서받을 수 있는 조상들만 천상궁전으로 올라갈 수 있고 용서받지 못할 대역 죄인 조상들은 절대로 천상입천이 안 된다.

하늘의 명을 받아 입천 윤허가 내려져 조상님 천상입천 의식을 행하면 천상궁전에 올라가 각자의 조상님들은 하늘의 백성으로 다시 태어나게 되어 천상장부에 하늘의 천손으로 등재되는 행운을 얻는다.

이렇게 하늘의 윤허로 천상궁전에 올라가신 조상님들에 대해서는 제사와 명절 차례를 평생 지내지 않아도 상관이 없다. 천상궁전은 춥고 배고프지 않으며, 옷 걱정, 근심 걱정이 없는 무릉도원의 이상향 세계이기 때문이다.

태상천궁에서 조상님 천상입천 의식을 행할 때, 천상궁전으로 올라가시기 전 모든 조상님들께서는 자손들에게 말한다. "이제 꿈에 그리던 천상궁전에 올라가게 되었으니 너희들 몸으로 더 이상 찾아가지 않을 것이고, 나는 산소의 관 속에도, 허공중천에도 있지 않을 것이다.

그러니 이제부터 산소에 찾아오지도 말고, 제사와 차례도 지내지 말고 산소는 모두 화장하라"고 하신다. 자신의 직계 조상님 모두를 천상궁전으로 입천시켜 드린 자손들은 평소 지상 천신국 태상천궁에 찾아와서 인사를 드리면 된다고 입천되어 천상궁전으로 올라가시는 모든 조상님들께서 이구동성으로 말씀하신다.

제사와 명절 차례!

천상궁전에 오르지 못하고 허공중천에서 추위와 배고픔의 고통을 받는 망자들에게 필요한 의식이다. 자신의 모든 조상님들을 청배하여 일반 및 벼슬입천 의식을 올려서 구원한 하늘의 백성들은 더 이상 과거의 풍습에 얽매여 제사와 차례를 지낼 필요가 없다.

수천 년 내려온 민족의 고유풍습이라 바꾸기는 쉽지 않을지도 모른다. 마음의 짐이 된다면 지내고 싶은 사람은 예전처럼 지내도 상관은 없지만 남의 조상귀신들이 찾아와서 절도 받고 모두 먹어치운다. 하늘의 천상궁전에 계시는 우리 모두의 영혼의 어버이께서 불쌍한 영가들을 구원하시고자 인간 세상에 하늘의 명 대행자, 화신, 분신으로 나를 내려보내셨다.

조상님들 모두가 원하는 세계는 자손의 몸이 아니었다. 허공중천의 춥고 배고픈 구천세계도 아니었다. 그들 모두는 무릉도원 천상궁전의 세계를 원했다. 평생 단 한 번의 천상입천 의식으로 조상님들께서 자손 몸과 허공중천을 떠나 천상궁전으로 올라가시게 된다.

천상세계 가려면 그냥 가는 것이 아니고 인정한 천상의 법도에 따라서 벼슬, 상단, 중단, 하단, 일반 등 천상입천 의식을 행해 드리면 품계에 따라 천상궁전으로 올라가신다. 이제 기독교인들도 더 이상 영혼의 어버이께 죄 짓지 말고 내 부모조상님부터 잘 받들려면 천상입천 의식부터 행하여야 한다.

이제 종교세계는 종쳤으니 날벼락 맞지 않으려면 속히 떠나야 한다. 천상으로부터 온갖 저주와 재앙이 종교세계로 내려가기에 종교세계 안에 있으면 잘되는 일은 없고 사건 사고와 질병, 근심 걱정과 걷잡을 수 없는 온갖 풍파가 자신과 가정, 사업장으로 휘몰아치게 되어 정신을 차릴 수가 없게 된다.

멸망하는 날만 기다리는 것과 같다

인류 모두가 종교 숭배자들에게 몽땅 속았다. 하나님, 하느님이라고 섬기는 존재도 가짜로 판명되어 천상의 천옥으로 잡혀갔고, 수천 년 동안 종교의 구심점 역할을 해왔던 석가부처, 예수, 마리아, 야훼(여호와), 마호메트, 공자, 노자, 상제 등 모두가 천상의 감옥으로 압송되어 모진 고문 형벌을 매일같이 받고 있다.

종교를 믿으며 헌신과 봉사활동 열심히 하였던 최고 권력자들은 물론 일반 종교 지도자와 신도들이 교도소에 복역 중인 사람들이 참으로 얼마나 많은가? 이것이 바로 종교가 멸망하고 있음을 현실로 보여주고 있는 것이다.

조상님이 편해야 후손들이 편함은 만고의 진리이다.

종교의 노예에서 어서 벗어나야 자신 조상님들이 구원자 하늘이신 영혼의 어버이로부터 구원받아 천상궁전으로 입천되시는 영광을 누리신다.

병마와 사고의 실체

어느 날 갑자기 병에 걸려 병원 침대에 누워 있는 인생.

무엇이 문제였나? 왜 병에 걸렸을까? 건강관리를 잘못해서일까? 두뇌에 인간 세상 지식으로 가득 찬 사람들은 병에 걸리면 병원부터 찾아간다.

눈으로 확인할 수 있으니까 말이다. 확인되면 무엇하겠는가? 그 병의 존재는 형상으로 보일지라도 한 많은 조상들과 악귀잡귀 귀신들이 들어와서 발병된 질병인 것을 의사들이 어찌 고치겠는가? 의사도 우울증에 걸려 목매 자살한다.

눈에 보이지 않는다고 무시하고 살 것인가? 원한 조상들과 악귀잡귀 귀신들의 기운 때문에 모든 질병이 발생하고 있다. 유전적이란 말, 신경성이란 말 많이 들어보았을 것이다. 유전적, 신경성 모두 아니다. 자신의 조상들과 악귀잡귀 귀신들 중에서 원과 한이 많아 사람 몸에 들어와서 생전에 앓았던 질병이 발생한다는 사실을 의사들이 알 수 있겠는가?

모든 사람 몸에 조상님들과 악귀잡귀 귀신들이 살고 있다. 그 존재가 神인 경우와 조상인 경우, 악귀잡귀 귀신들인 경우로 나뉜다. 神인 경우 참신이냐 아니면 잡신, 악신이냐이다. 조상인 경우 나의 조상이냐 남의 조상귀신이냐. 아니면 동물의 혼령인 악령이 들어와 있느냐가 규명되어야 한다. 원한 귀신과 악령, 악귀잡귀들이 들어온 경우는 심각하여 정신병원으로 가야 하지만 치유방법은 거의 없다.

천하장사의 힘을 소유하고 있기 때문에 주위 사람들이 순간적으로 피해를 당한다. 조상님들이 단순히 자손들에게 구원해 달라고 몸에 들어와 있는 경우는 조상님 천상입천 의식을 행하여 천상궁전으로 보내드리면 완치되는 경우가 많다.

신이 왔을 경우에는 조상 천상입천 의식으로는 치유가 안 되고, 몸에 들어온 저급 신을 천상궁전으로 보내서 고급신명으로 전환시켜 주는 천인합체, 신인합체 의식을 행하면 무당이 아닌 하늘의 천인과 신인으로 태어나 새로운 삶을 살아갈 수 있다.

귀신들 중 자신의 직계는 조상님이라 부르고 남의 조상들은 악귀잡귀 귀신들이라 부른다. 모든 질병은 대부분 귀신들이나 자기 조상님으로 인해서 발생하고 있다. 이런 과정을 알아내고 체험하는 데까지는 수많은 고난의 세월이 있었다.

환자든 아니든 사람들 몸에 귀신들과 자신의 조상들이 들어가 살고 있다. 때로는 모습을 나타내고 때로는 감추면서 말이다. 각자의 몸에 귀신들과 원한 많은 조상님들이 살고 있는지 확인할 수 있는 간단한 방법이 있다.

병명이 있든 없든 질병이 있는 사람
몸에 통증을 느끼는 사람
무기력하고 삶의 의욕을 잃은 사람

우울증과 불면증으로 시달리는 사람
환청, 환영으로 시달리는 사람
사업이 뜻대로 안 되고 실패가 반복되는 사람
자동차 사고가 자주 일어나는 사람
조울증으로 시달리는 사람

포악한 성격으로 바뀐 사람
신경질적이거나 짜증을 잘 내는 사람
폭력을 함부로 휘두르는 사람
술을 입에 달고 술주정이 많은 사람

사치와 낭비가 정도 이상으로 심한 사람
정량을 훨씬 초과하여 과식하는 사람
아무리 많이 먹어도 돌아서면 배고파하는 사람
정도 이상으로 비만인 사람

도박, 마약에 중독된 사람
공부하기 싫어하는 학생
학교에서 아이들과 늘 싸움하는 학생
공부는 잘하는데 시험만 보면 떨어지는 학생

취직이 안 되는 사람
부부싸움이 끊이지 않는 사람
이혼하였거나 별거 중인 사람
이혼을 준비 중인 사람

크고 작은 사고가 자주 일어나는 사람

자주 미끄러지거나 넘어지는 사람
임신이 안 되는 사람
아들을 못 낳는 사람

기타 정상적이지 않은 말과 행동을 하는 사람들과 일반적인 사고가 되었든 자동차 사고가 되었든 그것 또한 사람 눈에 보이지 않는 원한 많은 귀신들과 조상님들로 인해서 일어나고 있다는 사실을 알린다.

놀라지 마시라

자동차에도 원한 귀신들이 살고 있다! 자주 사고 나는 자동차는 한 맺힌 귀신들이 타고 있다. 그래서 목숨을 잃는다. 급발진 자동차 사고! 현대과학으로 밝힐 수 없는 미스터리. 이것이 원한 귀신과 조상들이 일어나게 만드는 사고인데 아직도 그 원인을 밝히지 못하고 있다.

원한 많은 귀신들과 조상님들이 기계를 오작동하게 만들고 있다는 사실을 아무도 인정하지 않고 있다. 급발진 자동차 사고는 귀신들의 해코지로 발생한다. 도로에서 자동차 사망사고가 발생한 곳에는 반드시 교통사고로 비명횡사당해 죽은 귀신들이 우글거리고 있다.

졸음운전으로 사고 나는 것도 귀신들이 깜빡 졸게 만들어서 일어나고 있는데 수면 부족 때문이라고 생각하고 있다. 인생 살아가면서 각종 질병과 모든 사고로부터 자신을 안전하게 지킬 수 있는 길은 사실 없다.

귀신들이 사람 눈에 보이지 않기 때문이다

이런 보이지 않는 귀신으로부터 자신의 생명을 안전하게 지키려면 하늘의 보호가 유일한 길이다. 천계의 신명님들이 원한 귀신들로부터 자신의 생명과 안전을 지켜주는 방법 외에는 없다. 가장 확실한 방법은 하늘의 천인과 신인이 되어 24시간 동안 천계의 신명님들로부터 자나 깨나 보호받는 길이다.

이것이 하늘이 인류에게 내리시는 가장 큰 축복이다

귀가 열린 사람들은 하늘이 내리는 명에 따라 남은 인생을 근심 걱정 없이 하늘의 보호를 받으며 살아갈 것이고, 하늘의 백성이나 천인, 신인, 도인이 될 자격이 없는 사람들은 이 책 내용을 황당하다며 부정할 것이다.

이 책을 읽는 독자들 중에서 내용에 대하여 부정적인 사람, 비판적인 사람, 사이비라 하는 사람, 황당하다고 하는 사람들은 하늘의 백성으로 탄생할 수 없다. 이런 생각이 드는 사람들은 이미 하늘 백성의 자격이 없기 때문에 하늘에서 그런 비판적 시각을 갖게 메시지를 보내시어 태상천궁과 인연을 맺지 못하게끔 하고 있다.

부정적인 사람들은 이곳에 방문하지 않을뿐더러 설사 방문했더라도 마음이 변하여 인연이 맺어지기 어렵다. 하늘의 백성 전손민족은 아무나 되는 것이 아니다. 한민족이라고 해서 무조건 하늘의 백성이 아니다.

하늘의 명을 받들어 대우주 천지인 창조주이신 하늘의 아들 딸로 탄생되어야 전손의 후예가 되는 것이다. 하늘과 나라소상님들을 받든다고 천손민족인 줄 생각하며 살아가고 있지만 그건 각자의 착각이다.

영혼의 부모님께서 내리시는 명에 따라서 하늘 백성으로 탄생한 사람들만이 천손민족이 될 수 있다. 하늘과 신과 조상님의 존재는 우리 인간의 마음(정신)과 같다. 인간의 마음이 분명히 존재는 하나 '마음'이라는 이 부분은 인간의 눈과 귀에는 보이지도 들리지도 않지만 분명히 존재하고 있다.

이와 같이 하늘과 신과 조상님

분명히 존재는 하나 인간의 눈에는 하늘과 신과 조상님이 보이지 않고, 인간의 귀에는 하늘과 신과 조상님의 말씀이 들리지 않는다. 하지만 안 보이고 안 들린다 하여 존재 자체가 없는 것은 아니다. 하늘과 신과 조상님의 존재를 빨리 깨달아 그 분들의 뜻에 따르는 자가 인생의 승리자가 된다.

여러분의 영적 세계는 과연 편안한가?

일단 우리들 인간의 눈에 안 보이고, 안 들리는 존재를 영들이라 하는데 여기에는 여러분의 생령도 포함되고 신명, 조상, 악귀, 잡귀, 사탄, 마귀, 귀신들도 모두가 해당된다.

세상사 모든 일들이 영들의 조화로 인해서 길흉화복, 생로병사, 성공과 실패, 행복과 불행, 우환과 질병이 발생하여 힘든 세상을 살아가고 있다. 하루아침에 불귀의 객이 되어 죽거나 사업이 망하기도 한다. 불확실한 미래를 살아가는 동안 하늘의 보호를 받지 못하고 산다면 죽은 목숨이나 마찬가지이기에 태상천궁에 들어와서 하늘의 보호를 받고 살아가야 한다.

조상 영가들의 무릉도원 천상궁전

자신의 조상님들을 사탄 마귀라 박대하지 마라!

자기 가족들의 조상들을 박대하면 천벌과 조상벌 받는다. 말 못 하는 조상들의 저주가 자신과 가정에 내린다. 또한 하늘의 진짜 주인을 본인 스스로가 바꾸려 하지 마라. 하늘의 재앙이 본인들 인생과 본인들 가정에 내린다.

또한 하늘의 진짜 주인을 몰라보고 살다 보면, 각자의 자손들도 이다음에 성장하여 부모 고마움의 존재를 몰라보고 부모 조상들을 사탄 마귀라고 박대하면 반드시 본인들도 죽어서 앙갚음을 당한다는 진리를 알아야 한다.

이 세상의 모든 사람들아!

각자의 조상들을 바로 찾고 하늘의 주인을 바로 찾아라. 각자의 조상들은 인간이 만든 종교세계 안에 있지 않도다. 각자의 조상들은 그대들의 몸 안에 있고 그대들의 가정에 있으며 또한 천시반생반불의 성기 안에 숨겨져 있노다.

또한 진정한 하늘이신 영혼의 어버이도 종교 안에 있지 않도다. 오랜 세월 인간들이 종교 안에서 진정한 하늘의 존재를 찾으려고 애를 써도 찾아지지 아니함은 종교세계 안에 계시지 않기 때문이다.

각자의 조상과 각자의 인생 구원의 지름길은 종교 안에 있는 것이 아니라, 우리 모두의 원초적인 하늘의 주인께 있고 지금은 천신국 태상천궁으로 하강 강림하시어 저자와 함께 신과 생령과 사령들을 구원해 주고 계시다.

인생의 실패와 고통, 몸의 질병, 가정의 불행을 원하는 자들은 지금처럼 종교의 굴레에 갇혀 허우적대면 되고, 인생의 성공과 인생의 행복, 몸의 건강, 조상의 구원, 신명의 구원, 자신 삶의 구원을 원하는 자들은 지겨운 종교의 굴레에서 벗어나 천신국 태상천궁을 통하여 천상의 절대자 하늘께 진정한 뜻에 순응하면 된다.

잘 살고 못 사는 것도 각자의 팔자라고 하였다

하늘의 뜻에 순응하여, 하늘의 순천자가 되어, 하늘의 복과 하늘의 사랑을 받아 잘 사는 길을 선택하는 것도 본인들의 팔자요, 하늘의 뜻에 역천하여, 하늘의 죄인이 되어, 하늘의 벌을 받아 근심 걱정의 불행한 인생, 불운한 인생을 사는 것도 본인들이 스스로 선택한 팔자일 것이다.

위대하신 하늘의 창조물은 우리 인간들이다. 하늘의 뜻과 하늘의 창조에 대하여 반대하는 사람들은 살아서나 죽어서나 하늘의 구원을 받을 수 없다. 각자의 부모조상님 모두도 대우주 천지창조주이신 하늘의 창조물이니 그들이 죽었다 하더라도 사탄 마귀나 악령으로 몰아붙이면 안 된다.

"나(하늘)의 창조물인 모든 조상 영가들에 대해 더 이상 너희 인간 종교인들이 그들의 존재를 가지고 사탄 마귀라고 왈

가왈부하지 말거라. 너희들의 산 부모와 죽은 부모에게 효를 다하지 못하면서 나를 함부로 부르며 찬양하지 말거라.

너희들의 지저분한 마음과 욕심으로 가득 찬 이중성격을 지닌 인간들의 마음이 내 눈에 훤히 보이기에 이내 마음 괴롭도다. 너희들이 언제 나를 보았다고 찬양하고 있더냐? 천상에서 하늘을 시해하려는 역천 반란을 일으켰던 종교인들에게 내 존재를 밝힌 적이 없기 때문에 너희들은 나(하늘)를 모르니라.

너희 부모조상들은 너희들을 이 땅에 출산시킴에 괴로움의 고통을 참아내며 너희들을 이 땅에 태어날 수 있도록 도와준 너희늘 육신의 은인이었거늘, 육신을 낳아준 육신의 부모에 대해 고마움도 모르는 자들이, 나를 본 적도 없으면서 너희들이 영혼들을 창조한 하늘인 나에 대해 얼마나 안다고 배신한 반란군 역천자 주제에 감히 나를 찬양하고들 있는 것이더냐.

또한 불교인, 천주교인, 기독교인, 도인, 무당들도 하늘인 내 말을 잘 들어라. 수천 년의 세월 동안 나는 높은 하늘세계에서 너희들이 종교를 세워서 신명, 생령, 사령, 인간들에게 얼마나 못된 짓을 했는지 모두 다 지켜보고 있었도다.

각자들의 조상을 구원하려고 애쓰는 마음들은 알지만 각자들의 조상들, 생령들, 신명들을 구원함은 애당초부터 불가능한 일이었도다. 이 땅에 있는 모든 종교인들에게는 이들을 구원할 수 있는 능력을 내려준 적도 없었고 구원해 준 일도 아직까지 없었느니라. 천상에서 하늘인 나를 시해하려는 역모 반란을 일으켰다가 실패하여 지구로 도망친 너희 죄인들에게 구원의 능력을 내려주어야 하겠느냐?

이 땅에 사람으로 태어났다가 죽은 자들은 물론 현재 살아 있는 76억 7천만 명은 99.999%가 천상에서 역모 반란에 가담하였다가 지구로 도망쳤거나 추포되어 쫓겨난 죄인들의 신분이기에 종교 안에서는 그 어떤 구원의식을 행하여도 천상으로 오르지 못하느니라.

하늘인 나는 오로지 천신국 태상천궁 한 곳에서만 너희들을 구해 줄 것이니라. 지구상에 550만 개의 종교세계가 있지만 종교인들 모두는 하늘인 나의 존재를 팔아먹고 있는 역모 반란에 가담한 배신자들뿐이기에 이 세상 그 어떤 종교세계 안에서도 구원 자체가 없느니라.

그리고 종교세계는 곧 멸망을 맞이할 것이니 구원받아 살고 싶은 자들은 종교를 떠나 하늘이 함께하는 천신국 태상천궁으로 들어오면 되느니라. 하늘인 나는 너희들 모두를 구원하지는 않느니라.

전생의 천상에서 용서받지 못할 역모 반란죄를 지은 자들은 잡아들여 극형으로 다스리고, 용서받을 수 있는 죄를 지은 자들만 받아줄 것이니라. 너희들이 전생에서 하늘인 나에게 지은 죄를 모두 알고 있기 때문이니라.

각자의 조상을 구원함에 있어 각자의 조상들을 거지 취급하지 마라. 인간의 소원은 하늘을 찌르건만, 조상에게는 손톱만큼의 정성을 들이고, 또 때로는 돈이 없다는 인간의 얄팍한 생각으로 돈 몇천 원, 몇만 원 올려놓고 합동(단체) 천도재들을 올리고 있으니, 각자의 조상들이 무슨 거지더냐.

그러고는 자손의 도리를 다한 것처럼, "조상구원 했다" 하면서 큰 소리들을 치고 있으니, 기가 막힐 노릇이도다. 너희들을 낳아주고, 너희들을 성장시킴에 오랜 세월 동안 고생만 하다 이 세상을 떠난 너희들 부모의 존재가 고작 돈 몇 푼 정도의 가치밖에 없더냐?

조상의 존재를 소중히 여길 줄을 모르니 상대방들 또한 그대들의 존재를 무시하고 있지 않던가? 이제부터는 정신 차리고 잘 들어라. 너의 조상들을 사탄 마귀라 취급하는 자들은, 그대들 역시도 인간사에서 사는 동안 사탄 마귀의 인생을 살게 되어 배신과 고통의 인생을 살게 될 것이니라.

조상들을 구원하면서 거지 취급하는 자들 역시도 인간사의 인생을 사는 동안 거지의 인생을 살게 만들어줄 것이니라. 이제부터는 조상들을 사랑할 줄 알고, 조상 구원에 힘쓰는 자들이 이 땅에서 가장 잘 살게 될 것이니 내 말이 틀리나 맞나 지켜들 봐라.

또한 조상(사령)구원, 신명구원, 생령구원, 인간구원은 나의 고유권한이니 나의 권한을 침해하는 자들은 내가 내리는 하늘의 벌을 받을 순비를 한 다음에 구원의식을 행하도록 하여라" 하시는 강력한 하늘의 경고 말씀이 있으셨다.

하지만 종교인들이 하늘의 경고를 받아들일까? 무시하고 절대 안 받아들일 것이기에 종교인들 모두가 하늘로부터 구원이 안 되어 살아서 끝없는 고통과 불행을 겪으며 살다가 4대 지옥으로 압송되어 모진 고문형벌을 9,000경 년~9,000해 년씩 돌아가면서 받다가 결국에는 사형에 처해진다.

자신들의 몸에 수많은 신과 조상, 악귀잡귀 귀신들이 들어와 함께 살아가고 있음을 알아야 한다. 이들이 원하고 바라는 것을 인간 육신들이 먼저 구원과 악귀 퇴치를 병행해서 해야만 불행한 인생에서 하루빨리 벗어날 수 있다.

몸 아프다고 병원 가지 마라

그것이 죽으러 가는 저승길이다. 설령 치료가 되었다 해도 그 병을 일으킨 장본인은 자신들의 몸 안에 살고 있는 신과 조상, 악귀잡귀 귀신들이기 때문에 또다시 재발하거나 사건사고로 이어져 목숨을 잃거나 불행하게 된다.

즉 자기 몸에 들어와 있는 신과 조상, 악귀잡귀 귀신들의 원초적인 요구사항이 받아들여지지 않으면 질병이 아닌 다른 문제를 발생시켜 인생을 고통의 늪으로 인도하니 조상 천상입천 의식과 귀신 퇴치의식을 동시에 행하여야 한다.

영적 세계에 관해서는 전 세계 최고의 대도력, 대천력, 대신력의 무소불위한 신비능력을 받은 인류의 영적 지도자이다. 이는 선천세상에서도 없었고, 앞으로 후천세상에서도 나와 같은 존재는 더 이상 나타나지 않을 것이다.

【제3부】

조상님 천상입천 신비조화

불효자는 웁니다 ♬

1절
불러 봐도 울어 봐도 못 오실 어머님을♪
원통해 불러 보고 땅을 치며 통곡해요
다시 못 올 어머니여~ 불초한 이 자식은
생전에 지은 죄를 엎드려 빕니다~ ♬

대사
세월은 유수같다고 했습니다만
아무런 기약도 없이 부모님 곁을 떠났던
그 가슴 아픈 추억이 어제인 것처럼
눈에 선합니다만 그것이 정녕 그것이 정녕
삼십 년 전인가요 아니 오십 년 전인가요

2절
손발이 터지도록 피땀을 흘리시며 ♪
못 믿을 이 자식의 금의환향 바라시고
고생하신 어머니여~ 드디어 이 세상을
눈물로 가셨나요 그리운 어머니~ ♬

조상님 천상입천 의식이란?

죽은 가족과 부모조상님들이 천상으로 가는 길은 도대체 어디에 있는 것일까? 그리고 어디를 가야 진정한 하늘을 만나는 것일까? 이것이 인류 모두에게 던져진 화두인데 아무도 풀지 못한 인류의 숙제였으나 하늘의 화신이자, 분신, 하늘의 명 대행자가 인류 탄생 이후 태초로 인류의 숙제를 풀어냈다.

조상님들은 어느 천상으로 가려는 것인가?

기존의 종교세계를 통해서 수천 년 동안 알려진 극락, 천당, 천국, 선경세상으로 가려는 것인가? 인류가 종교를 통해서 믿었던 이들 세계는 존재하지 않는 허구의 세계라는 진실이 밝혀졌기에 갈 수도 없다. 각 종파의 종교 창시자와 교주들이 임의적으로 만들어낸 상상의 세계였던 것이었다.

그래서 독자 여러분이 믿든 말든, 욕을 하든 말든 천상으로 가는 길은 오직 두 갈래 길뿐이다. 어머니처럼 자상함과 포근함으로 감싸주시는 도솔천황 폐하(조상님들의 하늘)가 주인이신 천상 도솔천궁과 아버지처럼 지엄하시고 수천억 하늘 중에 최고 높은 태상천황 폐하(영혼의 천상 아버지)께서 주인이신 천상 태상천궁인데 과연 어느 세계로 갈 것인가?

천상 도솔천궁과 천상 태상천궁 세계는 종교세상을 통하여 알려진 적이 없는 신천지 세상이다. 이곳 천상으로 가는 길은 하늘과 땅, 저자가 함께 세운 천신국 태상천궁이고, 인류가 태어난 이래 하늘을 만나 구원받을 수 있는 전 세계 유일한 곳이다.

여러분이 알고 있는 기존의 종교세계에서는 하늘을 만날 수도 없고, 구원받을 수도 없다. 절대 천상으로 돌아갈 수도 없기에 세월 낭비, 금전 낭비만 하고 있을 뿐이다. 천상으로 가는 길은 도솔천황 폐하와 그리고 최고의 하늘이신 태상천황 폐하께 윤허받아야만 가능한 일이었다.

천상으로 가는 길!

기존의 종교세계에 오랜 세월 널리 알려진 석가, 예수, 마리아, 상제, 마호메트, 공자, 노자를 열심히 믿는다고 천상으로 가는 것이 아니라 저자를 통해서 대단하신 천상의 절대자를 만나야만 천상으로 가는 소원을 빨리 이룰 수 있다. 알면 쉽고 모르면 어려운 것이다.

결국 여러분이 조상의 대를 이어서 수천 년의 장구한 세월 동안 열심히 믿어오던 종교세계 안에서는 천상으로 가는 길을 그 어디에서도 찾을 수 없다는 것이 확인되었으니 이제 여러분 인간 육신들과 수많은 각자의 조상님들, 각자의 영혼들, 각자의 신들이 어떤 선택을 할 것인지만 남아 있다.

천상으로 가는 비결!

불경, 성경, 도경의 종교 교리와 이론을 오랫동안 열심히 믿어야 천상으로 가는 것이 아니라 하늘이 내리시는 命(명)을 받아야 입천(천상으로 가는 윤허의 명)되는 것이었다. 이 책을 읽고도 여러분의 정신적 스승인 종교 지도자나 불경, 성경, 도경의 이론이 맞는다고 주장할 사람들은 이곳과는 인연이 없으니 지금처럼 다니던 종교세계를 그대로 열심히 다니면 된다.

우리 영혼의 부모님이신 태상천황 폐하와 태상황후 폐하께서도 육신을 주신 조상님들도, 또한 이 땅에 살고 있는 우리 모두들도 이를 간절히 원하고 바라고 있다. 태상천황 폐하와 태상황후 폐하의 뜻에 순응하여 우리 모두가 잘 살아야 진실이 거짓을 이길 수 있다.

천신국 태상천궁은 진실이 밝혀지는 그날까지 최선을 다하여 하늘로부터 선택받은 수많은 조상님들을 구원하고자, 수많은 산 사람의 영혼까지 구원하고자, 수많은 신들을 구원하고자 최선에 최선을 다할 것이다.

천상으로 돌아가는 길은 두 갈래 길이 있다

육신이 살아서 가는 길과 육신이 죽어서 가는 길인데 두 갈래의 길 모두 천신국 태상천궁에서 하늘이 내리시는 입천의 명을 받지 않고서 천상으로 오르는 길은 절대로 불가능하다는 진실이 인류 최초로 밝혀졌다. 종교에 심취해 있는 사람들은 인정하지 않을 것이지만 천상의 주인께서 직접 하강 강림하시어서 말씀으로 가르쳐주신 진실이다.

왜, 하늘로부터 입천의 명을 윤허받아야 하는지 독자 여러분은 잘 모를 것이다. 하늘은 아무나 모두를 구원하시지 않으신다고 선포하셨기 때문이다. 하늘 아래 인류 모두는 하늘을 배신, 천상 주인을 시해하는 역모 반란 사건 가담, 항명, 역천,

천상법도를 위반해서 쫓겨났거나 태상천궁을 때려 부수고 지구로 도망쳐 나온 역천자 죄인들의 신분이라고 밝히시었다.

죄인의 등급도 천차만별이므로 전생에 하늘께 지은 반란 역모 가담 죄를 용서 빌 때 받아줄 자와 받아주지 않을 자를 도솔천황 폐하와 태상천황 폐하께서 선별하시어 입천 윤허 여부를 가려서 판별하신다고 말씀하셨다.

그러므로 여러분이 지금까지 종교인들에게 의뢰한 구원 행위는 모두 거짓이니 무효이고 받아주시지 않으셨다. 종교에 꼬박꼬박 내는 헌금, 시주, 성금 모두 종교귀신들과 교주들에게 바치는 것이지 천상의 주인이신 절대자 하늘께 바치는 것이 아님을 알린다. 용서받지 못할 역모 반란 가담 도망자 죄인들이 바치는 금전은 일절 받지도 않으신다.

천상으로 돌아가는 길은 두 갈래 길 중에서 육신이 죽어서 가는 길이 있고, 육신이 살아서 천상으로 가는 길이 있다. 산 자든 죽은 자든 하늘이 내리시는 입천의 명을 윤허받지 않고서 천상으로 오르는 길은 절대로 불가능하다는 진실이 인류 최초로 밝혀졌다.

육신을 잃고 이미 가신 조상님들을 영혼의 어버이 태상천황 폐하께서 계신 하늘 천상 태상천궁으로 입궁시켜 드리는 아주 중차대한 행사가 조상벼슬 천상입천 의식이다. 조상님들의 운명이 천지개벽을 맞이하는 천상입천. 아무 조상님들이나 천상 태상천궁에 들어갈 수 있는 것이 아니라 도솔천황 폐하와 태상천황 폐하께 선택받은 조상님들만이 천상입천 의식을 행하여 도솔천황 폐하와 태상천황 폐하 품으로 돌아갈 수 있다.

천상입천 의식은 일반 천상입천 의식과 벼슬 천상입천 의식 두 가지 종류가 있는데 일반 천상입천, 하단 천상입천, 중단 천상입천, 상단 천상입천은 도솔천황 폐하께서 주관하시고 조상님들이 천상 도솔천궁으로 입천되시며, 벼슬 천상입천 의식(특단 천상입천 의식 이상)은 태상천황 폐하가 주관하시며 천상 태상천궁으로 데려가신다.

이렇게 엄격한 천상법도가 있는 줄은 전혀 몰랐으나 저자가 20년 동안 수많은 천상입천 의식을 행하면서 알게 된 위대한 진실이다. 천상 도솔천궁과 천상 태상천궁으로 입천된 조상님(천손)에게 상하서열이 존재하고 신분과 계급이 엄격히 구분된다는 것을 알았고, 조상님은 입천하면 하늘의 백성인 천손(天孫)의 신분이 된다.

천상에서 조상님들의 운명이 어떻게 정해질까? 살아 있는 자손들이 어떤 등급의 조상 천상입천을 올리는가에 따라 좌우된다. 인간 세상으로 비교하자면 일반 천상입천 의식을 행하면 하위공무원 수준의 신분이고, 벼슬 천상입천을 행하면 고위공무원 신분이다.

벼슬 천상입천 의식 역시 조상님들 마음대로 하고 싶다고 행하는 것이 아니라, 하늘을 애절히 찾으며 공경하고, 오랜 세월 지극정성 들여 공덕을 높이 쌓았거나, 살아생전 벼슬할 때 백성들에게 선심선덕을 베풀었던 조상님들에게 벼슬 천상입천을 윤허해 주신다.

벼슬 천상입천 의식은 태상천황 폐하께서 벼슬입천할 조상님들에게 어떤 단계의 벼슬입천을 윤허해 주시는가에 따라서, 천상 태상천궁에 입천되는 세계가 다르다. 품계별마다 하단 벼슬 천상입천, 중단 벼슬 천상입천, 상단 벼슬 천상입천, 특단 벼슬 천상입천 의식이 있고 품계별 등급마다 자손들이 조상님과 하늘에 올리는 조공(祖貢)의 액수가 다르다.

조상들, 영혼들, 신들은 모두가 천상의 높은 벼슬자리가 탐날 것이지만 상응하는 대가를 지불해야 한다. 쉽게 말하자면 저자는 하늘의 벼슬을 파는 주인 역할이고, 여러분과 조상님들은 하늘의 벼슬을 사는 구매자인 것이다.

죗값으로 올리는 돈 조공과 천공의 액수만큼 하늘의 벼슬을 사고파는 것인데 듣기에는 거북하고 이상하게 들릴 수도 있지만 이것이 하늘과 땅의 법도이다. 여러분이 시장이나 백화점에 가서 필요하거나 좋아하는 물건을 구입할 때 비싼 물건은 그만한 값을 지불해야만 구입할 수 있는 것과 같은 이치이다.

그러므로 천상의 높은 벼슬자리도 그에 상당하는 돈을 지불한 조공과 천공만큼 벼슬을 살 수 있다. 하늘은 인간 육신이 없으시기에 사실 돈이 필요하지 않으시나 여러분의 마음 크기를 측정하실 때 조공과 천공 액수로 판가름하신다.

돈 없이 마음과 말로만 하는 것은 누구나 다할 수 있지만 돈이 들어간다면 모두가 망설이며 주저한다. 그러므로 하늘께 바치는 조공과 천공은 각자 마음의 크기에 정비례하여 올리는 것이다. 하늘은 사신들이 행하고 뿌린 대로 한 치의 오차도 없이 거두게 하신다는 진실을 알아야 한다.

여러분에게 많은 돈을 벌게 해주신 것은 호의호식하고 부귀영화 누리며 자손들에게 유산으로 물려주라고 많이 벌게 해주신 것이 아니라 전생의 죄가 자신들이 가진 돈의 액수와 높은 권력만큼 크기에 죗값으로 조공과 천공을 많이 올리라고 많이 벌게 해주신 것인데 이런 하늘의 진실을 몰라보고 있다.

자신들이 전생에 지은 죗값이 얼마인지 모르기에 돈의 액수와 권력으로 표시해 놓으신 것이라고 하셨다. 여러분은 전생에서 인간으로 태어나기 전에 하늘의 명에 순천하겠다고 굳은 약속을 하고서 인간으로 태어났지만 모두 잊어버렸거나 약속을 저버린 역천자가 되어 있기에 다시 진실을 알려준다.

죗값으로 조공과 천공을 올리지 않으면 물려줄 유산도 없을 정도로 가문이 쫄딱 몰락해 버린다는 무서운 진실을 알아야 한다. 하늘에 죗값으로 조공과 천공을 많이 올린다고 해서 많이 벌게 해주시었는데 안 올리니 순간에 모두 거두어 가신다. 성공하여 잘살고 있는 여러분 모두가 잘나고, 열심히 노력해서 번 것이 아니라 하늘이 벌어주신 것이라고 직접 밝히시었다.

여러분 인류 모두는 천상에서 역모 반란 가담이라는 대역죄를 짓고 지구로 도망쳤거나 쫓겨난 죄인들이고, 바로 인간으로 태어난 것이 아니라 천지만생만물로 태어나 윤회하면서 수억만 년을 간절히 빌고 빌어서 죄를 빌 수 있는 만물의 영장인 인간으로 태어나게 해주시었다. 그리고 하늘이 저자를 통해서 부르시면 즉시 달려오겠다고 굳게 언약하였으나 지키는 자들이 많지 않은데 이들은 천상으로 돌아가지 못할 자들이다.

그래서 여러분은 처음이자 마지막으로 하늘이 주신 구원받을 수 있는 천재일우의 기회를 저버리고 죽어서 말 못 하는 만생만물로 태어나 끝도 없는 윤회의 굴레에 갇혀서 소리치며 울부짖어도 소용없는 무서운 사후세계의 삶을 살아갈 것이다.

살아생전 천인이 되지 못하고 죽으면, 자손 잘 만나 벼슬 천상입천 의식이라도 행하여야 천상 태상천궁에 올라가서 높은 벼슬을 할 수 있다. 인간세계 공무원은 나이와 계급 정년이 있지만 천상에서는 천상법도를 위배하여 쫓겨나지 않는 이상 높은 자리에 오래도록 머물며 시종과 시녀를 거느릴 수 있다.

천상 도솔천궁과 천상 태상천궁!

이유 없이, 조건 없이 무조건 올라가야 할 모든 조상 영가들의 천상명당이다. 이제 저자를 만나 조상 천상입천을 행하면 조상님들이 꿈에 그리던 무릉도원 천상 도솔천궁과 천상 태상천궁으로 오르시기에 납골당, 납골묘지, 매장묘지가 아무 소용이 없으므로 모두 화장해서 강이나 산에 뿌리면 된다.

전통, 풍습, 관습으로 수백수천 년 동안 지내오던 모든 제사나 차례를 지내지 않아도 아무런 탈이 없다. 가족들에게 이런 말을 해봐야 가족 간의 분란만 생기니 아예 말하지 않는 것이 좋다. 천인(天人)과 천손(天孫)은 하늘과 땅 차이만큼 신분의 차이가 많이 난다.

인간 세상 계급으로 비유하자면 천인은 5급 사무관 이상 장차관급 벼슬에 해당하는 계급을 가진 고위공무원 신분이고, 천손은 6~9급에 해당하는 하위공무원 수준이라 보면 된다.

진실한 하늘을 찾고 있던 수많은 인간들, 조상들, 영혼들, 신들의 운명을 송두리째 바꾸어주실 높고도 높으신 그 위대하신 하늘이 태상천황 폐하와 도솔천황 폐하이시다. 이곳은 천신국 태상천궁이라 하는데 그 연유는 태상천황 폐하께는 지상 태상천궁이고, 도솔천황 폐하께는 지상 도솔천궁이다.

인류의 상상을 초월하는 신비의 대도력, 대천력, 대신력, 대원력을 가지신 위대하시고 대단하신 태상천황 폐하와 도솔천황 폐하께서 친히 실시간으로 천신국 태상천궁의 저자 육신으로 하강 강림하시고 계신다.

이곳에서 행하여지는 조상 천상입천, 천인합체, 생령입천 등 모든 행사는 천상에서 실시간으로 태상천궁 TV 방송채널을 통해서 지켜보고 계신다고 밝히시었다. 그래서 한 치의 오차도 없이 인간들, 조상들, 영혼들, 신들이 구원받는 것이다.

여러분이 열심히 믿고 있는 종교는 죽음의 고행 길이고, 이곳은 생명의 꽃이 피고 모두가 살아나는 기쁨과 행복의 길이다. 여러분이 종교 안에서 찾고 있던 천상의 절대자 하늘께서 친히 하강 강림하시었다.

신인합체, 신인합일, 신명조화, 신인조화, 신비조화, 신 내림, 신의 세계에 관심이 많아 무속이나 신교, 도교에 다니는 사람들과 천상에서 내려온 신선선녀들, 영혼세계에 관심이 많고 천인합체, 천인조화, 천인합발을 하려는 사람들과 기독교와 천주교에 다니며 구원받아 죽어서 천국, 천당으로 올라가려는 사람들, 하늘세계, 사후세계, 조상세계, 도인, 도통, 윤회에 관심이 많아 불교와 도교, 유교에 다니는 사람들은 하늘의 기운을 받아야 할 사람들이고, 저자를 만나야만 최고의 하늘이신 태상천황 폐하께 명을 받아 천인의 신분을 얻는다.

인류 역사가 시작된 이래 경천동지할 하늘의 진실이 자세히 밝혀졌다. 천사와 천인의 신분은 비교조차 할 수 없을 정도이고, 천사에서는 수억만 년의 세월이 흘러가도 천인의 신분으로 승격될 수 없다. 천사에서 천인의 신분이 되려면 저자를 통해서 영혼의 부모님이신 태상천황 폐하의 명을 받아 천인합체 의식을 행해야 한다.

각자의 몸 안에 있는 조상들, 영혼들, 신들은 높고 높은 최고의 하늘을 만나 천인이 되려면 종교세계를 떠나서 저자를 친견해야 한다. 구원과 죄사면권, 천지만생만물에게 명을 내릴 수 있는 유일한 분이 최고의 하늘이신 태상천황 폐하이시다.

인간 육신은 물론 조상들, 영혼들, 신들에게는 생사가 달린 문제이고, 구원과 영생 여부가 판가름 나는 중차대한 일이므로 이제는 더 이상 종교에 머물지 말고 하늘의 명 대행자를 친견하러 와야 한다.

이제 더 이상 종교에 다닐 필요가 없어졌다. 지금까지 각자가 믿는 종교 사상을 내려놓고 하늘의 기운 따라 이곳으로 하루라도 빨리 들어와야 살아나서 아픔과 슬픔, 고통과 불행, 불운과 비운에서 벗어날 수 있다.

여러분 인생사에 갑자기 일어나는 커다란 아픔과 슬픔, 고통과 불행, 불운과 비운은 여러분을 더 높은 단계의 하늘께로 데려가시려는 선물이다. 여러분의 고집이 워낙 강하고 고집불통이라서 커다란 충격을 주지 않으면 하늘 앞에 굴복하지 않기에 가장 소중한 가족의 목숨과 태산 같은 돈, 권력, 명예, 건강을 한순간에 잃어버리게 하신 것이었다.

당장 현실에서 하늘이 무너지는 아픔과 슬픔, 고통과 불행, 불운과 비운은 더 크게 행복해지기 위한 씨앗이다. 사랑은 눈물의 씨앗이고, 불행은 행복의 씨앗이다. 자만, 교만, 거만으로 잘남이 가득한 인간의 기운을 꺾어놓지 않으면 절대로 하늘, 신, 조상 앞에 굴복을 안 한다.

이 땅에 내려온 영혼들은 허공중천 구천세계에서, 지옥세계 명부전에서, 종교세계 안에서, 자손의 몸 안에서, 말 못 하는 천지만생만물로 태어나 윤회하면서 살려달라고 울부짖는 조상님들을 구하러 온 사명자들도 있고, 반란 역모가 실패하여 도망쳐 나온 자들도 있고, 천상법도를 위배하여 쫓겨난 자, 하늘에 항명하고 대적하여 유배당한 자, 인간 세상이 궁금하여 내려온 자, 저자가 세우려는 천신국 태상천궁 건립을 도우러 자청하여 내려온 자 등등 천차만별이다.

말 못 하는 천지만생만물이 아닌 인간 육신으로 태어난 것은 선택받은 자들이 분명하지만, 이번 생에 저자를 통하여 하늘이 내리시는 명을 받들어 조상 천상입천, 천인합체, 생령입천을 행하지 못하면 천상으로 가는 길은 그 어디에도 없다. 그래서 인간 세상은 천상으로 가는 구원의 시험장이다. 여러분은 처음부터 인간으로 태어난 것이 아니라 천지만생만물로 태어나 윤회하다가 인간이 되어 전생의 죄를 빌고자 수억만 년을 하늘에 빌고 빌어서 사람으로 태어난 자들이다.

여러분이 천지만생만물의 영장인 사람으로 태어난 이유는 한세상 잘 먹고 잘살기 위해서가 아니라, 전생의 죄를 빌어 영들의 고향인 천상 태상천궁으로 돌아가기 위해서이다. 인간이 아니면 하늘의 명을 받을 수 없기 때문이다. 하늘이 내리신 명(조상님을 구원하는 조상 천상입천, 영들을 구원하는 천인합체, 생령들을 구원하는 생령입천)을 완수하여 천상으로 돌아가기 위해서 사람으로 태어났다.

하늘의 명을 받아서 인간으로 태어난 사람들은 비록 생활이 넉넉하지는 않지만 명을 완수하기 위하여 조공과 천공을 마련하는 데 최선을 다하여 하늘이 내리시는 따뜻한 사랑을 독차지 하고 있다. 한 번뿐인 처음이자 마지막 인생길에 하늘의 명을 완수하지 못하면 천상으로 영원히 돌아갈 수 없다.

하늘이 내리신 명을 완수하고 못하고는 각자의 자유이지만 명을 완수하지 못하고 죽으면 전생과 현생에 지은 태산 같은 죄를 빌 수 없기에 자손과 후손들이 가문 대대로 죄를 물려받아 살아 있는 지옥세계의 삶을 살아가게 된다. 죄는 죽어서 비는 것이 아니라 살아 있을 때 천신국 태상천궁에 들어와서 저자를 통해서만 하늘께 빌 수 있다.

지렁이나 벌레로 죽기를 반복하여

도법천존 3천황 폐하!

3천황 폐하께서 주재하시는 천상도법주문회 행사에 다녀오는 날이면 제가 진짜 하늘나라에 갔다 온 거 같은 기분과 생각이 들어요. 너무 신기할 때도 있고, 너무 감격스러울 때도 있고, 꿈인지 생시인지 너무나 어마어마하신 말씀을 해주시는 날도 있고 정말 세상 그 어느 곳에서도 느끼지 못한 카타르시스를 느낄 수 있어 너무 행복하고 좋아요.

행사에 참관하면서 느낀 희열과 감동은 일상에서의 편안함과 안정으로 유지되어 제 삶이 제자리를 찾아가는 것 같아 감사드립니다. 예전에 도법천존 3천황 폐하를 만나기 전에 책을 읽으면서 이 책을 안 읽었으면 이 사실을 모르고 죽었을 텐데 그랬었던 때가 있었습니다.

요즘은 행사에 한 번 두 번 참석 횟수가 늘어나면서 행사에 참석하지 않았으면 이 사실을 모르고 죽었을 텐데 하며 너무 기쁘고, 이렇게 불러주시고 참석할 수 있게 해주시고 하늘의 귀한 진실 깨닫게 해주시니 너무 감사드리고 고맙습니다.

어느 날 조상님 일반 천상입천 의식이 있어 참석했습니다.

진주에 사시는 59세 남자분이셨고, 조상 천상입천을 통해

처음 들어보았는데, 인간으로 태어나는 진화의 세월에 대해 말씀해 주셨습니다.

오늘 주인공은 살면서 파리는 왜 파리로 태어나는가? 뱀은 왜 뱀으로 태어나는가? 개는 왜 개로 태어나는가? 이런 것이 평소에 궁금했다고 하십니다. 짐승으로 태어나는 이유가 뭘까? 지렁이나 구렁이로 태어나는 이유는 또 무엇일까? 그들이 태어난 원인이 무엇인지 몰라 살면서 평소에 죽이지 않으려 했답니다.

주인공의 궁금증을 따라 사람으로 태어나기 위해 수억만 년 동안 이어진 윤회의 삶에 대해 밝혀주셨습니다. 전생을 인간으로 살았다고 보장할 수 있는가? 다음 생에 인간으로 태어날 것이라 누가 확신할 수 있는가?

현생의 인간들아! 잘난 척들 하지 마라! 인간으로 온 현생에서 인간으로 온 사명을 완수하지 못하고 죽으면, 내생을 보장받지 못하는 것이니 무엇으로 태어날지는 알 수 없고, 다시 인간으로 태어나기까지 지렁이나 벌레의 모습으로 살고 죽기를 반복하여 수억만 년의 세월 동안 벌레나 짐승으로 윤회를 거듭 반복할 수밖에 없는 진실을 말씀해 주셨습니다. 인간으로 현생에 온 것이 하루 이틀에 온 것이 아니라고 하셨습니다.

오늘 특별히 이 진실을 전하는 이유가 무엇인지 여쭈어보았습니다. 이렇듯 인류의 비밀을 하나씩 각사에게 숨겨놓으셨는데 오늘 주인공이 이것을 가장 궁금히 여기니 오늘 밝히시는 거라 말씀해 주셨습니다.

이 궁금증은 행사 주인공이신 인간 하나의 궁금증이 아니라 하시고, 인간으로 오셨던 수많은 조상님들께서 인간으로 온 사명을 완수하지 못하고 죽어서 지렁이, 구렁이, 뱀, 개, 벌레, 곤충, 새, 물고기, 짐승, 동물, 식물, 사물 등등 각각의 형상으로 윤회 속에 갇혀 있으니 자손에게 구원해 달라는 무언의 메시지를 주인공이 받고 있었던 거라 하십니다.

나는 왜 지렁이로 태어났나? 나는 왜 뱀으로 태어났을까? 나는 왜 개로 태어났을까? 나는 왜 벌레로 태어났을까? 나는 왜 곤충으로 태어났을까? 나는 왜 쥐, 소, 호랑이, 토끼, 말, 양, 원숭이, 닭, 돼지, 새, 물고기, 파충류로 태어났을까? 탄복하고 계시는 각자 조상님들의 한숨 어린 아우성 소리라 하셨습니다.

주인공이 젊은 시절 한때 금전도 많고 잘나갔으나 종교에 굴복(교회를 약 20년간 다니셨다고 함)하고, 사기와 배신으로 있는 금전을 모두 탕진하여 삶이 밑바닥 인생이었습니다. 인간일 때는 사업도 하고 자유롭게 살 수 있었으나, 하물며 금전만 없어도 이리 답답하고 참담한 삶을 살고 있다고 하셨습니다.

인간으로 온 사명을 완수하지 못하고 죽어 지렁이나 구렁이나 개로 태어난다면 그 삶이 얼마나 개탄스러울지 생각 한번 해보라고 하셨습니다. 팍팍한 삶을 주신 것도 인간으로 사명 완수 못하고 죽으면 얼마나 환장할지 알라고 주셨다고 하시며 어서어서 천인합체의 명을 완수할 것을 당부하셨습니다.

잘 살다가 못 사는 것을 겪게 한 것은 인간의 삶도 하물며 그러한데 개, 짐승, 뱀, 물고기, 새, 벌레, 곤충으로 태어났을 때 그 답답함을 감히 상상이나 할 수 있겠냐고 하셨습니다. 바위, 돌, 모래알로도 태어나고, 하물며 머그컵으로 태어나고 있다고 하시며 머그컵 이전의 모습을 아느냐고 하시는데 그저 너무 놀라서 입을 다물 수가 없었습니다.

지나가던 개가 쳐다보면 주인공은 왜 쳐다볼까 궁금히 여겼다고 하는데, 이 또한 먼저 왔다 가신 조상님이 쳐다보는 건지 우리는 알 수 없는 일이라 하셨습니다(진짜 상상해 본 적도 없는 귀한 말씀에 많이 놀랐습니다).

행사 중에 저에게도, 그러니 잘난 척 말라! 하셨어요.

잘난 척 안 합니다. 절대 잘난 척 안 합니다. 이렇게 구원해주시고 내생의 삶까지 예약받은 인생! 그저 엎드려 감사 올리고 살아서도 죽어서도 잊지 않겠습니다. 인간으로 죽음은 너무 무섭고 참담하오나, 천인의 다음 삶은 천상 태상천궁에서의 고귀한 삶일 것입니다.

행사가 끝나고 집무실에서 오늘 윤회와 전생을 주로 말씀하셨고, 오늘 귀한 말씀 정말 쇼킹하고도 무지무지 신기한 말씀이셨는데 제가 잘 옮기도록 도와주세요.

주인공의 삶이 예비백성으로 가입하고부터 너무나 많은 변화가 있었고, 천신국과 3천황 폐하를 알고 마음이 편해졌다고 했는데 그것은 진짜 하늘을 있기 때문이라고 하셨습니다. 그냥 들으면 예쁜 말인 거 같으나 행사가 시작되고 하강하신 하늘께서 잘못된 생각이라 엄히 꾸중을 하셨습니다.

그의 인생이 편안해질 수 있었던 것은, 예비백성에 가입해서도 아니고, 진짜 하늘! 태상천황 폐하를 만났기(알았기) 때문이라고 확실히 말씀해 주셨습니다.

오로지 모든 마음을 하늘의 화신이자 분신, 하늘의 명 대행자이신 도법천존 3천황 폐하께(저자)로만 향하라고 하셨습니다. 우리들은 직접 천상의 주인이신 태상천황 폐하를 알지 못하기 때문에 보이시는 하늘께 향하라는 것입니다.

그동안은 종교에서 가짜 하늘을 샀기 때문에 아프고 힘들었던 거라고 하시며, 땅도 없는 사기꾼이 없는 땅을 파는데 진짜인 줄 알고 사면 돈도 잃고, 땅도 없고 인간사가 꼬이는 것처럼 종교세계에서 가짜 하늘을 사칭하여 돈을 요구하는데 거기에 넘어가면 가짜 하늘을 사는 것이니, 진짜 하늘과 멀어져 힘든 거라 하십니다.

오늘로써 모든 인생사의 궁금증이 풀린 것이니 이제 어떤 것도 궁금히 여기지 말고 오직 살아생전에 천인합체의 명 받는 것에만 매진하라고 하셨습니다. 여기저기 인간의 눈에 보이지 않게 흩어져 만생만물의 갖가지 모습(쥐, 소, 호랑이, 토끼, 구렁이, 뱀, 말, 양, 원숭이, 닭, 개, 돼지, 새, 물고기, 파충류, 돌, 식물, 만물, 무생물)의 형상으로 태어나 윤회의 굴레에 갇혀 있는 수많은 조상님들을 불러 모으시느라 시간이 많이 소요되었다고 하십니다.

이제 천상 태상천궁으로 입천하신다고 하시니, 조상님들은 천상 태상천궁에서 하늘의 천손으로 탄생하시고, 자손은 천신국 정식 백성이 되었습니다. 정말 처음 들어보는 사후세계의 무서운 진실의 말씀이십니다. 천상에 있지 못하고 이 세상에 사람인 인간으로 태어난 자체도 큰 죄라 하시는데 짐승, 새, 물고기, 파충류, 뱀, 벌레, 곤충 등등의 만생만물로 태어난 각자의 조상님들은 얼마나 죄가 더 크겠습니까?

저는 오랫동안 무속세계를 다녔기에 진오기 굿을 직접 해보았고, 다른 사람들의 진오기 굿도 수없이 지켜보며 사람이 죽으면 뱀, 짐승, 새로 태어난다는 것을 체험하였습니다. 죽은 지 얼마 안 되는 망자들의 진오기 굿(망자들을 좋은 세계로 가게 하는 굿)을 할 때 쌀이나 밀가루 한 말 정도를 큰 그릇에 담아 올려놓고 창호지로 덮은 뒤에 진오기 굿이 끝나고 덮었던 창호지를 거두어내면 신기한 형상들이 아주 선명하게 찍혀 있는 것을 보고 모두들 경악했습니다.

가장 많이 발견되는 것은 뱀이 기어가는 형상이고, 그다음이 이름 모를 짐승 발자국과 새 발자국인데 수많은 무속인들조차도 사람 발자국은 보지 못했다고 합니다. 살아서 고생 많이 했으니 죽어서라도 극락이나 선경으로 올라가시어 편안히 지내시라고 진오기 굿을 해드리는 것인데 하나같이 모두가 극락, 선경으로 오르지 못하고 뱀이나 짐승, 새로 윤회하여 환생하는 것이있는데 끔찍합니다.

저는 이런 것을 수없이 직접 체험하였기에 저자께서 말씀하신 내용에 대하여 전적으로 공감합니다. 윤회에 대하여 깊게 생각 안 해보았는데 온몸에 소름이 쫙 끼칩니다. 사람이 죽으면 모두 천상으로 가는 것이 아니라 말 못 하는 천지만생만물로 다시 태어난다는 무서운 진실 앞에 가슴이 먹먹합니다.

사후세계에 이런 무서운 윤회의 진실을 전혀 몰라보고 종교에 들어가서 종교 교주, 승려, 목사, 신부, 보살, 무당, 도인들이 전하는 말을 맹신하며 극락, 천국, 천당, 선경세계로 올라간다고 열심히 믿으며 빌고 있는 수많은 사람들이 너무나 가련해 보입니다.

천신국의 도법천존 3천황 폐하를 만나서 하늘의 명을 받아 조상 천상입천, 천인합체, 생령입천을 행하지 않는 이상 천상으로 돌아갈 수 없다는 위대한 진실을 알았습니다.

각자의 조상들, 영혼들, 신들을 천상으로 데려가 주시는 분은 종교에서 숭배하고 있는 석가모니 부처님, 기독교의 하나님, 천주교의 하느님, 예수, 마리아, 야훼(여호와), 상제가 아니라 태상천황 폐하와 도솔천황 폐하의 명에 의해서 데려가시니 종교를 하루라도 빨리 떠나 저자이신 도법천존 3천황 폐하를 만나야 인간들, 조상들, 영혼들, 신들이 구원받습니다.

오늘 저는 평소에 상상조차도 못했던 너무나 무섭고 위대한 진실을 알았습니다. 인간세계에 있는 550만 개에 이르는 모든 종교세계가 가짜라는 하늘의 진실을 듣고 경악했습니다. 천상에는 종교가 하나도 없다고 하시며 하늘께서 이 땅에 종교를 세우라고 윤허하신 적이 없답니다.

그런데도 불구하고 지구촌에 550만 개의 종교가 난무하고 있는데 이것이 도대체 무엇이냐고 진노하십니다. 구원은 오직 천신국 태상천궁을 세우신 대표자이자 저자이신 도법천존 3천황 폐하를 통해서만 이루어진답니다.

그래서 이 세상의 모든 종교에 다니고 있는 사람들이 이런저런 사유로 인생이 엎어지고 뒤집어져서 고통스럽게 살아가고 있다 하십니다. 여러분 각자가 겪고 있는 현생의 아픔과 슬픔, 고통과 불행, 불운과 비운은 하늘을 배신하고 종교를 믿었기 때문이랍니다.

종교에서 참회하고 회개하며 죄를 비는 것도 하늘께 죄가 된다고 하시며, 77억 명의 인간 죄인들은 복을 비는 것이 아니라 천신국의 3천황 폐하를 통해서 하늘에 죄를 빌어야 살아난다는 상상초월의 대단한 진실도 알았습니다.

여러분 각자가 조상 천상입천을 행할 돈(조공)을 가져왔다고 무조건 구원해 주시는 것이 아니라 3천황 폐하께서 원하고 바라셔야만 하늘이신 태상천황 폐하와 도솔천황 폐하께서 구원해 주신다고 말씀하시었습니다. 이런 사후세계의 천상법도가 있는 줄도 몰라보고 사람들은 종교세계를 다니고 있습니다.

태상천황 폐하와 도솔천황 폐하께 구원받을 인간들, 조상들, 영혼들, 신들은 우신직으로 도법천존 3천황 폐하께서 하시는 말씀을 인정하고 승복해야 구원받습니다. 그리고 우리 인간들이 받고자 하는 천기, 지기, 명기, 정기, 서기의 좋은 기운은 오직 3천황 폐하의 육신과 말씀, 마음, 생각, 글을 통해서 내려진다고 하시며 하늘과 땅의 천지기운이 내리는 통로라고 하늘께서 말씀하셨습니다. 도법천존 3천황 폐하의 존재가 얼마나 소중하고 귀중한지 다시 한 번 알게 되었습니다.

이 나라에서 도법천존 3천황 폐하와 동시대에 인간으로 태어나 폐하를 친견한다는 것은 정말 상상초월의 행운을 넘어서 천운이 내린 사람들입니다. 3천황 폐하를 친견한 뒤에 구원받을 수 있다 함은 경천동지할 일이고 경이로움 그 자체입니다.

만약 여러분이 인간이 아닌 천지만생만물로 태어났다면 하늘의 화신이자 분신, 하늘의 명 대행자님이신 도법천존 3천황 폐하를 친견할 수 없을 것이기에 구원받지 못합니다. 또한 대한민국이 아닌 외국에서 태어났다면 이런 하늘의 진실을 알 수도 없었을 것이고 언어 장벽, 국가 장벽으로 인해서 감히 도법천존 3천황 폐하와 친견도 못했을 것입니다.

도법천존 3천황 폐하께서 저에게 의식 참관 메일을 올릴 수 있도록 기회 주시고, 그 메일 속에 제가 틀린 내용 있을 경우 하나하나 설명해 주시며 바로잡아주시니 저는 참 행운아입니다. 마음속에 바르지 못한 생각 모두 탈탈 털어내어 좀 더 진실함으로 하늘께 다가갈 수 있도록 이끌어주세요.

하늘의 명 대행자이신 도법천존 3천황 폐하!

세상에서 제일 힘들고 어려운 역할 하시느라 행사마다 너무 고생이 많으십니다. 도법천존 3천황 폐하께서 큰 소리 땅땅 치실 때가 가장 멋지십니다. 기백 넘치시는 모습 자주 볼 수 있으면 좋겠습니다. 다음 행사 때 뵙겠습니다.

— 하늘의 명을 받은 김○○

대신(장관) 벼슬 하사받은 조상님

어느 사업가 회장의 조상님 하강시키는 청배의식이 시작되었다. 조상님께서는 하늘의 윤허를 받아 인간 육신의 몸으로 내려오시어, 그동안 힘들었던 허공중천 사후세계의 고통을 한동안 하소연하시었다.

"이제야 살았구나" 하면서 안도의 한숨을 쉬었다. 태산보다 높은 원과 한을 풀게 되어 정말 고맙다고 자손의 손을 부여잡은 채 눈물을 흘리시고, 그동안의 춥고 배고픔의 사후세계 고통을 말씀하시면서 대성통곡하고 있었다.

"그동안 자손이 우리들을 위하여 천도재와 굿을 여러 번 해주었는데, 네 지극한 정성에도 불구하고 천상세계에 올라가지 못하고 오늘 이렇게 또 찾아오게 되어 미안하다" 하시면서 조상님께서는 조상 천상입천 의식이 기쁘면서도 한편으론 자손에게 미안한 표정을 지으셨다.

그러면서 하시는 말씀은 "오늘에서야 수십, 수백수천 년 동안 조상들 가슴속에 맺혔던 응어리들이 모두 풀어져 후련하다"고 하셨다. 조상님들이 인간 몸을 빌려 자손과 눈물어린 상봉을 통하여 가슴에 맺힌 원과 한을 모두 풀고 나니 자손도 조상도 마음이 한없이 편해졌다고 했다.

다음 순서로 조상 천상입천 대상자 영가 호명으로 이어졌다. 천상에서 하늘의 황명을 받고 금빛 찬란한 천룡이 청의 선관과 홍의 선관을 태우고 오늘 천상궁전으로 입천하시는 조상님들을 데려가기 위하여 태상천궁으로 하강하고 있었다.

이제 조상님들께서는 각자 영가 이름이 호명되면 순서대로 천룡에 오르라 하고 각 조상님들 명단을 호명하였다. 오늘 올라가는 자손의 당대부터 시조까지 직계 조상과 배우자 직계 조상님들은 어서 오르라고 하명하였다.

모든 조상님들께서 명단을 호명한 순서대로 천룡에 오르니 그 영가들이 무려 수백 명이나 되었다. 천상궁전으로 조상 영가 입천 황명을 내리자 영가들을 태운 천룡이 순식간에 쏜살같이 허공을 가르며 올라가더니 눈 깜짝할 사이(3초 정도 걸림)에 천상궁전의 넓은 잔디 광장에 사뿐히 내려앉고 있었다.

"자, 이제 당대부터 시조까지 모든 직계좌우 조상님들이 입천되어 천상궁전에 당도하였습니다." 청의 선관과 홍의 선관이 나와 수많은 조상님들을 인도하고 있었는데 천상입천된 조상님들은 얼굴색이 모두 밝고 편안해 보였고, 할아버지와 할머니가 모두 20대 초반의 청춘남녀 모습으로 젊어졌다.

천상궁전에 올라간 조상님들은 인간 세상에서 구경도 못 해 본 비단 옷으로 모두 갈아 입혀져 있었다. 대우주의 절대자이시고, 우리 모두에게 영혼의 어버이이신 하늘의 주인께서 조상님들께 벼슬을 하사하여 주시었다.

할아버지께는 대신(장관)이란 벼슬을 하사하시었고, 할머니께는 대신부인으로, 아버지에게는 군사들을 거느리는 장군 벼슬을, 어머니께는 장군 부인으로 벼슬을 하사하여 주시었다.

천상궁전 올라가신 부모조상님들께서 벼슬의 신분에 걸맞은 금빛 찬란한 관복을 입고 있는 모습이 보였다. 감격한 조상님들이 너무 좋아서 어쩔 줄 몰라 기쁨의 눈물을 흘리신다.

앞에 펼쳐진 금빛 찬란한 궁궐과 마중 나온 신선선녀들의 모습은 너무 아름다워 황홀하기까지 하였다. 이제부터 새로운 천상궁전의 생활이 시작되고 있었다. 천상궁전에 오르면 일정기간 천상궁전 적응 과정과 황궁예법을 배워야 하는데 자손들은 미리 지상 태상천궁에서 평소에 황궁예법을 배우고 있다.

살아생전의 모든 원과 한이 풀어지고, 자의든 타의든 전생과 인간 세상에서 살아생전 지은 모든 죄를 하늘로부터 사면령이 내려져야 죄가 모두 소멸된다. 살아생전의 모든 잘잘못을 영혼의 어버이이신 하늘로부터 용서받는 것이다. 인간이든 영들이든 죄를 짓지 않은 자들이 없다.

또한 천상세계에는 영가들도 신분과 계급이 서열대로 존재하여 하늘로부터 벼슬을 하사받아 입천되면 많은 시종과 시녀를 거느리게 된다. 하지만 벼슬을 못 받으면 살아생전 신분이 아무리 높았다 해도 품계가 낮은 조상 영가들은 싫든 좋든 벼슬 하사받아 올라온 다른 조상님들의 손발이 되어 그들의 시중을 드는 낮은 신분을 면할 수가 없다.

벼슬을 하사받지 못한 조상님들이나 자신의 직급보다 낮은 조상들로부터 하례를 받는 것이 일상적 관례이다. 천상궁전은 선후가 분명하고 엄격한 계급사회이다. 음양이 뒤바뀌는 현상이 벌어진 것이다.

살아생전에 많은 돈과 높은 벼슬을 하여 자만, 교만, 거만으로 가득한 자들이 사망한 경우 천상세계와 사후세계에 대한 믿음이 없고 돈이 아까워서 일반 천상입천 의식을 행하여 벼슬을 하사받지 못하고 겨우 입천되었던 경우이다.

하늘로부터 천상입천의 명을 받지 못하면 자손들 몸에 들어가거나 허공중천 구천세계를 추위와 배고픔으로 정처 없이 떠돌아다니며 주린 배를 채우려고 동냥질을 다니고 있는 것이 수많은 천상입천 의식과 악귀잡귀 퇴치의식을 통해서 무수히 확인되고 있다.

죽으면 그만이지 무슨 사후세계가 있어? 이런 생각을 갖고 살다가 막상 사후세계로 들어가면 처절하게 후회한다. 현생에서 출세하고 성공하여 높은 권력과 큰 재물로 온갖 부귀영화 누리던 고위공직자, 정치인, 법조인, 교수, 학자, 장군, 방송인, 언론인, 의사, 전문경영인, 기업인, 직장인들이 땅을 치고 후회하지만 이미 때는 늦었다.

이들은 자칭 지식인들이란 자부심을 갖고 사후세계는 비과학적이라며 미신으로 여겨서 조상 천상입천 의식과 자신의 천인합체 의식을 행하지 않고 죽은 자들이다. 영혼세계를 부정하는 자들이 겪어야 할 대참극이 실제로 사후세계에서 일어나고 있음을 독자들은 알아야 할 것이다.

자신들이 믿고 있는 종교가 가짜 세계인 줄은 몰라보고 진짜라고 자랑스럽게 여기며 어느 교회, 어느 성당, 어느 절에 다닌다고 떠벌린다. 이 세상에 550만 개의 모든 종교세계가 가짜라는 것을 밝히고 주장하는 존재는 내가 인류 최초일 것이다.

조상도 자손 잘 만나야 한다

자손이 이 뜻을 깨닫지 못하면 조상님들은 영원히 구원받을 수 없게 된다. 깨닫고 인정한 사람들의 조상들에 한해서만 행할 수 있는 조상벼슬 천상입천 의식이 있다. 낮은 단계로 천상입천 의식을 행한 뒤에 스스로 공부하여 높은 단계로 승진하는 것은 아예 불가능하기에 처음에 33등급의 천상입천 품계 중에서 선택을 잘해야 한다.

조상 천상입천 의식을 행할 때 특단입천, 상단입천, 중단입천, 하단입천 등 총 33등급의 품계로 구분하여 조상 천상입천 의식을 진행하고 있으며 특단 천상입천 의식부터는 벼슬입천 의식이라 하늘이 내리시는 벼슬을 하사받을 수 있다.

조상 천상입천 의식은 33가지 형태로 진행하며 간혹 경제적 형편이 어려울 경우 급수가 전혀 없는 하일만 입천(무급)으로 올라간다. 하늘이 윤허하셔야 천상궁전으로 오를 수 있고, 하늘의 신하와 백성으로서 권한과 지위를 부여받게 된다. 직계 모든 조상님들께서 꿈의 세계 무릉도원, 천상궁전으로 입천되시면 제사와 명절 차례 문제로 고민하지 않아도 된다.

조상 천상입천 행하고 재결합

이제 갓 40세가 되는 패기 넘치는 한 남자가 조상벼슬 천상입천 의식을 행하는 날이다. 호탕한 목소리와 쾌남형의 얼굴, 화끈한 성격과 좋은 매너까지 겸비한 정치가 스타일이다. 그의 꿈은 국회의원 선거에 출마하여 당선된 다음 광역시장에 출마하여 시장이 된 후 정치수업을 쌓고 대선에 도전하여 대통령 되는 것이 야망이었다.

패기 넘치는 참신한 젊은이였고, 천상세계에 대해서도 해박한 지식을 갖고 늘 하늘에 기도를 드리는 야심가였다. 자신이 천자(天子)이며 미륵이라고, 800여 명을 모아놓고 기자까지 참석시켜 시내 모처에서 선포식을 행했다.

그러나 그는 몇 달 전에 부인과 이혼하였다

이혼 사유는 기가 막혔다. 자신이 어려서부터 꿈꾸어왔던 이상향의 여자가 본인의 현실로 나타났다. 그랬기에 그 남자는 그 여자를 보는 순간 반할 수밖에 없었다. 겸양지덕과 미모를 겸비했고 수많은 고위정치인과 인맥이 많았으며 각 대학원 과정을 모두 마친 지식인으로서 본인의 왕비 감으로 전혀 손색이 없었다.

장모와 부인 앞에서 제발 이혼을 허락해 달라고 간청하게 되었고, 몇 달 동안 장모와 부인을 설득해 결국 합의이혼을 하게 되었다. 그리고 강남에 아파트 하나를 전세로 얻어 그녀와 동거는 하지 않았으나 가족들의 관리대상에서 벗어나 자유의 몸이 되었다.

저자에게 사진까지 꺼내 보여주면서 그녀를 칭찬하며 자랑하고 있었다. 티 없이 맑은 40대 초반의 여성이었다. 부인과 처가 식구들은 그를 정신병자로 취급할 수밖에 없었다. 사랑하는 여자가 생겨서 이혼해 달라고 하니 그럴 만도 하였다.

조상님 벼슬 천상입천 의식을 행하기 위하여 비용을 마련해야 했는데 어디 가서 돈을 빌릴 데가 없다 보니 이혼한 부인에게 다시 찾아가 체면 불구하고 자존심 버리며 사정하는 수밖에 없었다.

이혼한 남편이 찾아와 돈을 빌려달라고 하니 부인은 이혼한 남편의 행동에 어이가 없었다. 하지만 남편이 제정신으로 이혼한 것이 아니라는 사실을 아는 부인은 이런 남편이 측은하였다. 혹시 이번 조상님 벼슬 천상입천 의식으로 남편이 제정신을 찾지 않을까 하는 기대감으로 부인은 남편에게 돈을 빌려주기로 했다.

그러면서 조상님 벼슬 천상입천 의식 올리는 비용이 생각보다 많으니 조금 깎자고 부인이 말했단다. 그 말에 남편은 “하늘, 신, 조상님께 들이는 정성은 물건 사듯 깎는 것이 아니야” 라고 부인을 타일러 조상님 벼슬 천상입천 의식에 필요한 돈을 빌리게 되었다고 뒷이야기를 전해 주었다.

덧붙여 부인이 돈을 건네주면서 하는 말이 "당신이 조상님 벼슬 천상입천을 행하고 제정신만 돌아올 수 있다면 그 돈 하나도 아깝지 않아!"라고 말하며 건네주었다 했다. 그런 우여곡절 끝에 오늘 주인공의 남자는 조상님 전에, 벼슬 천상입천 의식을 대우주 천지인 창조주이신 하늘 태상천황 폐하께 올릴 수 있게 되었다.

조상님 벼슬 천상입천 의식이 진행되었고, 조상님과 자손의 아주 귀한 상봉시간이다. 조상님 중에서 어떤 조상님이 자손 몸에 들어가 천자(미륵)라고 자칭하면서 산 자손의 정신을 모두 지배하여, 산 자손을 제정신이 아니게 만들었는지를 알아보기 위해 영매자의 몸으로 자손의 몸에 계시는 조상님을 잠시 청배하게 되었다.

그러자 그의 몸 안에 있던 조상님께서 몸으로 들어오시어 왜 천자라고 말을 하게 되었는지 자초지종을 말하기 시작하셨다. 천자(天子)! 말 그대로 하늘의 아들이 되고 싶으셨다 하신다.

천자의 본래 어원은 하늘을 대신하여 천하를 다스리는 제왕을 말한다. 어찌 되었든 그의 조상님들은 하늘의 아들(태상천황 폐하 백성인 천손)이 간절히 되고 싶으시어 자손의 몸에 들어와 매일같이 천자 타령을 하시며 세월을 보내고 계셨기에 가족들과 대화도 통하지 않게 되었고 결국 이혼한 것이었다.

그의 조상님들은 저자가 집필하여 출간된 책을 자손이 보도록 하였다. 자손이 책을 읽는 동안 조상님들께서는 자손의 몸 안에서 "맞아! 맞아!" 하시면서 맞장구를 치고 있었다.

주인공 남자는 책을 읽으면서 책의 한 구절, 한 구절 내용이 자신의 이상과 똑같아 많은 감명을 받았다 한다. 그러나 알고 보니 이 주인공 남자가 감명을 받은 것이 아니라, 그 자손의 몸 안에 계시는 그의 조상님이 감명을 받았던 것이다. 책을 다 읽은 주인공 남자가 방문하여 저자와 함께 조상님 벼슬 천상입천을 행하게 되었다.

그러나 후에 알고 보니, 신문광고에 난 책을 자손의 눈에 보이게 하여 구입하게 한 것도, 책을 읽게 만든 것도, 감명 받게 한 것도, 자손이 들어오게 된 것도, 돈을 빌린 것도, 조상벼슬 천상입천 의식을 올리게 된 것, 이 모든 것이 그의 조상님이 행한 것이었다.

대한민국은 물론 지구촌 어디를 가보아도 조상님들에게 벼슬을 하사받게 해주는 곳은 저자 이외에는 어느 곳에도 없다는 것을 그의 조상님들은 알고 있었던 것이다. 조상님 벼슬 천상입천 의식은 종교 단체에서는 감히 행할 수 없다. 통치권자 즉, 천상 태상천궁의 태상천황 폐하께서만이 영혼들에게 벼슬을 하사해 주실 수 있으시다.

그의 조상님들은 자손을 데리고 들어오시어 꿈에도 그리던 하늘의 아들인 천자로 천상 태상천궁에 다시 태어나시었다. 천계의 높은 벼슬인 재상(총리급)과 도독(시도지사급)으로 관직을 하사받고 입천되시는 영광을 누리시었다.

하늘의 명을 받아 천하를 다스리는 제왕은 아니지만 천상 태상천궁에 계신 태상천황 폐하로부터 높은 벼슬을 하사받아 하늘의 백성으로 다시 태어나시어 소원을 성취하셨다.

조상벼슬 천상입천 의식을 행하여 천상 태상천궁으로 올라가서 태상천황 폐하의 아들딸로 다시 태어나셨으니 천자 즉, 하늘의 아들이란 신분을 얻으신 것이다. 영안에 보이는 그의 모든 조상님들 모습은 천상 태상천궁에 입천되시어 너무도 기뻐하며 즐거워했고 파안대소하시는 모습이 텔레비전 화면 보이듯 하였다.

자손은 감동의 눈물을 흘리면서 너무도 후련하고 만족스럽다고 말했다. 조상님 벼슬 천상입천 의식이 끝난 후, 그의 얼굴 모습은 많이 바뀌었다. 밝은 모습에 한없이 평온함 그 자체였다. 그는 의식을 마치고 돌아갔고 이틀 후에 전화가 걸려왔다.

하늘의 화신이자 하늘의 명 대행자님!

생명의 은혜 너무너무 감사합니다! 저와 가정, 그리고 제 조상님들 모두를 구해 주셨습니다. 이 은혜 영원히 잊지 않겠습니다. 벌어서 100억을 건공(태상천궁 건립기금)으로 올려드리고 싶습니다. 저는 조상님 벼슬 천상입천 의식 올리고 난 바로 다음 날 옷가지를 챙겨서 이혼한 부인과 아이들이 기다리고 있는 집으로 다시 들어갔습니다.

집사람이 너무도 좋아합니다. 어쩜 이런 신기한 조화가 일어날 수 있느냐고 말입니다. 그의 이틀 동안 변화된 심경은 이루 다 말로 표현할 수 없을 정도였다. 완전히 딴사람이 되어 있었고, 마음이 그렇게 편안할 수가 없으며 날아갈 것 같은 기분이라며 좋아했다.

하늘과 조상님들의 조화가 이렇게 신기하다. 집에서 부인과 이혼하고, 자손을 끌고 나간 것은 조상님들이시었고, 제정신 들게 하여 다시 집으로 들여보낸 분은 하늘이신 태상천황 폐하께서 내리신 천지조화였다.

조상님들이 하늘의 명을 받고, 자손의 몸에서 모두 천상 태상천궁으로 떠나가시자 그가 제정신이 돌아온 것이다. 너무도 명랑하고 자신감에 가득 찬 기분 좋은 목소리였다. 그의 부인이 남편에게 돈을 건네주면서 했다는 말이 생각난다.

"당신이 제정신으로 돌아온다면 그 돈 하나도 아깝지 않아!" 그 말이 씨가 되어 남편이 정말 집으로 돌아왔다. 정말 꿈만 같은 실화 이야기이다. 이 사연은 그가 전해 준 말을 그대로 집필한 실화이며, 다른 대목들의 조상 천상입천 의식 사례 역시 모두 실제 일어났던 이야기들이다.

조상님들은 천상 태상천궁에서, 자신은 지상 천신국 태상천궁에서 하늘의 백성 즉, 천손의 후예로 다시 태어났다. 짧은 시간 동안에 한 남자와 가정과 조상님을 구원한 감명 깊은 이야기였다.

이렇게 일이 잘 풀렸다는 말을 들으면 참으로 보람되고 저자 역시 기분이 좋아진다.

1,000년 만에 구원받은 신라 경순왕

고려 태조 왕건에게 서기 935년에 항복한 신라 마지막 경순왕 김부. 비운의 경순왕은 허공중천 구천세계를 천 년(1,031년) 동안 떠돌다가 후손과 함께 책을 읽고 감동받아 그의 35대 후손을 데리고 천신국 태상천궁의 저자를 찾아와 조상 천상입천을 행하여 구원받았다.

천 년의 세월을 넘어 후손과 상봉한 경순왕!

생전에 신라의 마지막 경순왕이 천신국 태상천궁에 들어와 위대하신 하늘 태상천황 폐하께 스스로 굴복하여 조상 천상입천을 행해서 구원받아 천상 태상천궁에 오르게 되었다.

살아생전에는 왕을 했지만 그의 후손 나이가 30세에 지나지 않아 경제력이 없어 하단 천상입천 의식을 행하여 비록 벼슬 입천은 못했지만 일단은 허공중천 구천세계를 떠나 태상천황 폐하의 훌륭한 천손으로 태어날 수 있는 천상 태상천궁으로 입천이 되었다.

그의 후손이 천인합체의 명을 윤허받았으니 그가 천인합체 의식을 행하는 날 태상천황 폐하께 벼슬을 하사받을 수 있을 것이다. 다른 왕들은 사후세계에서도 살아생전 누린 관직에 미련을 버리지 못하였으나 경순왕 김부는 살아생전 자신이 누렸던 왕의 권세와 부귀영화의 그 모든 잘남을 버리고 자손과 함께 태상천궁으로 들어와 태상천황 폐하께 구원받아 천상으로 입천되는 영광을 누렸다고 매우 기뻐하였다.

경순왕은 살아생전에는 자신이 잘 나서 왕의 자리에 올랐는지 알았었지만, 사후세상의 삶을 통하여 자신의 잘남이 아니라 하늘께서 자신을 사랑하심에, 왕의 자리에 앉혀주시었다는 진실을 알게 되었다. 신라 경순왕을 왕의 자리에 앉혀준 분도 하늘이시었고, 태상천궁에 데리고 오신 분도 하늘이시었다.

죽은 뒤에 절에서 1,031년 동안 밤낮으로 열심히 불공을 올렸는데도 구원이 안 되더라고 조상 천상입천을 행할 때 경순왕 김부 조상님이 그의 35대 후손의 육신과 함께 찾아와서 천상으로 올라가면서 전해 준 말이었다.

놀랍고 무서운 진실이다. 천 년 전에 죽은 신라 경순왕 김부. 그 당시는 불교가 한참 성행했을 때이고 유명한 고승들도 많았던 시절이다. 경순왕이 죽은 이후 삼우제, 49재, 천도재, 진오기 굿을 신라 조정에서 아주 성대하게 치러주었을 것이다.

인간들은 이렇게 성대한 삼우제, 49재, 천도재, 진오기 굿을 했으니 당연히 경순왕은 극락세계에 올라갔을 것이라고 고승들, 신료들, 그의 후손들은 생각하고 있었을 것이지만 그러나 그것은 인간들의 착각이었다.

경순왕은 죽어서 삼우제, 49재, 천도재, 진오기 굿을 수없이 받았지만 원하던 극락에 오르지 못하고 천 년의 세월 동안 어찌하면 구원받을까 하고 수많은 절을 전전하다가 경주 불국사 법당 안에서 불도를 공부하면서 불공을 열심히 올렸다.

너무나 고통스러워 자살을 여러 번 시도하였는데 그때마다 조상 천상입천을 올리러 온 그의 35대 후손도 따라서 자살을 몇 번 시도하였다. 경순왕이 사후세계에서 너무 고통스러워 자살을 시도할 때마다 천상에서 음성이 들려왔다. "조금만 더 참고 기다려라, 네가 원과 한을 풀 날이 곧 다가올 것이니라."

천상으로부터 이런 말씀을 들은 경순왕은 희망을 갖고 수백 년을 기다리다 얼마나 시간이 흘러갔느냐고 여쭈어보았더니 이제 한 달 지났다 하고, 또 몇 백 년이 지난 다음 여쭈니 한 달 반 지났다고 하였다 한다.

그런데 오늘 조상 천상입천에 와서 보니 천 년의 세월이 흘러갔다고 한다. 사후세계에는 달력이 없어서 달이 가는지, 날이 가는지 도통 알 수 없다고 한다. 조금만 더 기다리면 너의 소원이 이루어진다고 들려주시었던 그 음성의 주인공이 다름 아닌 하늘이시었다고 말했다.

하늘이신 태상천황 폐하께서 이 땅에 인류 최초로 윤허하신 천신국 태상천궁이 세워지기를 천 년의 세월 동안 기다려온 경순왕 김부 조상님!

천 년(1,031년)을 기다려 천신국 태상천궁의 저자를 찾아온 경순왕은 그의 후손이 천상입천을 행하여 천 년이라는 오랜 세월 동안 갈망하던 하늘을 만나는 소원을 이루었다. 그 세월이 얼마나 지루하였을까? 살아생전에 수많은 사람들이 자신 앞에 고개를 숙였던 지체 높은 왕의 신분이 아니었던가?

그러나 하늘이신 태상천황 폐하께는 살아생전에 최고 높은 권좌에 오른 왕과 대통령, 재벌 총수의 태산 같은 수십억, 수백억, 수천억, 수십조의 돈도 아무 소용없다. 천상 태상천궁에는 태상천황 폐하의 법도만이 있을 뿐이다.

살아생전 왕이나 재벌 총수들이라 할지라도 하늘이신 태상천황 폐하께는 순순히 머리 조아리며 굴복해야 구원받는다. 현생과 전생에 지은 죄를 인정하고 순순히 굴복하지 않는 왕들과 재벌 총수들, 고위공직자들은 절대로 구원이 없다.

사후세계에 있는 모든 각 성씨 조상님들은 살아생전의 벼슬 관직 내려놓고, 돈에 대한 미련과 생전의 자만, 교만, 거만의 자존심을 모두 버리고 종교에서 벗어나 육신이 살아 있는 후손들의 손을 잡고 천신국 태상천궁에 들어와서 하늘이신 태상천황 폐하께 구원받게 해달라고 굴복해야 한다.

이것이 하늘로부터 구원받을 수 있는 유일한 마지막 방법이다. 그동안 후손들의 몸 안에 들어와 있었느냐고 여쭈었더니, 어느 후손이 나의 기운을 감당하느냐고 하시며 묵묵히 오늘이 오기만을 천 년의 세월 동안 하염없이 기다렸던 경순왕!

조상 천상입천을 행하여 경순왕을 태상천황 폐하께서 구원해 주신 것이나. 경순왕을 왕의 자리에 올려주시고, 태상천황 폐하께 구원받을 수 있도록 사후세계에서 데려와 주시었다.

죽으면 그만이라고 생각하며 이 시대를 살아가는 우리 모두는 크게 깨달아야 하리라. 천 년의 장구한 세월 동안 경순왕이 겪었을 그 원과 한이 얼마나 컸을까? 그의 후손들은 경순왕의 고통은 모른 채 그래도 자기 조상이 신라왕이었다고 세상 사람들에게 자랑하며 살아왔을 것이다. 그의 수많은 후손들이 있었지만 그 어느 누구도 경순왕을 구원해 주지는 못하였다.

육신이 죽어서도 그의 영혼은 구천을 떠돌며 하늘을 어떻게 만날 수 있을까 노심초사하며 꿋꿋이 기다린 보람이 있었다. 천 년을 기다려 구원받은 경순왕! 그러나 아직도 구원받지 못하고 허공중천을 떠돌거나 자손들 몸 안에 그대로 머물며 하늘 앞에 굴복하지 않는 수많은 왕들과 벼슬했던 조상 영가들이 무척 많다고 경순왕이 천상 태상천궁으로 입천되어 떠나기 전에 자손에게 가르쳐주었다.

천신국 태상천궁에 후손들 육신을 데리고 들어와서 태상천황 폐하께 굴복해야 조상 천상입천으로 구원받아 천상 태상천궁에 천손으로 다시 태어나 영생할 수 있다. 우리는 여기서 알아야 할 아주 중요한 사항이 있다.

신라 조정에서 왕의 예우를 갖추어 때 묻지 않은 수많은 신라 고승들을 동원하여 지극정성으로 삼우제, 49재, 천도재, 진오기 굿을 수없이 해주었을 것인데도 불구하고, 경순왕은 극락세계로 오르지 못하였다. 천 년의 세월이 흐른 뒤에 35대 후손의 육신을 앞장세워 천신국 태상천궁의 저자를 만나 조상 천상입천을 행하여 천 년의 세월 동안 쌓인 원과 한을 풀고 꿈에도 그리던 영들의 고향 천상 태상천궁으로 입천되었다.

지금 절에 다니며 불공 열심히 드리고 있는 모든 불자들은 명심하여 들어야 할 내용이다. 도력으로 비교하자면 현재 한국 불교의 승려들보다 불교가 국교였던 신라 고승들이 때 묻지 않고 월등히 도력이 높았다. 신라 고승들도 경순왕을 천도시키지 못하였는데 때 묻은 실속파 승려들이 여러분의 조상 영가들을 천도시켜서 구원할 수 있다며 믿고 다니는 것인가?

왕건에게 항복한 비운의 경순왕이었지만 신라 조정에 국상이 났으니 태조 왕건의 왕명으로 장례식이며 삼우제, 49재, 천도재, 진오기 굿을 수많은 고승과 무당들을 동원하여 얼마나 성대하게 올려주었을지 각자 여러분의 상상에 맡긴다.

그런데 지금 현대판 승려들이 여러분 조상님들을 어떻게 대우하며 천도해 주고 있을까? 현재 승려들의 도력으로는 절대로 여러분의 조상님들이 극락세계로 오르지 못하기에 금전 낭비, 시간 낭비를 하고 있는 것이다.

여러분의 수많은 조상님들은 사후세계에서 슬피 울며 구원해 달라고 아우성치고 있으니 조상님을 제대로 구원하려거든 어서 빨리 천신국 태상천궁으로 달려와서 저자를 친견하여야 한다. 결국 절이나 무속에서 지금 행하는 조상굿, 천도재는 경순왕을 통해서 가짜라는 것이 검증된 셈이나.

뿐만 아니라 기독교, 천주교, 도교를 통한 구원 행위도 모두 허구임이 밝혀졌다. 신과 영혼들, 조상님들의 하늘이신 태상천황 폐하께서는 불교, 기독교, 천주교, 도교, 무속세계로 가시지 않고 천신국 태상천궁으로만 함께해 주시기 때문이다. 하늘의 명 없이는 구원 자체가 절대로 이루어질 수가 없다.

그리고 구원은 아무 조상이나 받는 것이 아니었다.

차례대로 뽑혀서 하늘이신 태상천황 폐하께 구원받아 천상 태상천궁으로 입천되는 것인데 이것이 바로 천상으로 가는 길이다. 도솔천황 폐하의 핏줄은 도솔천궁으로 간다.

전생이든 현생이든 저자(황태자궁의 황태자)와 수억 겁 이전에 옷깃이라도 스쳤어야 선택받아 구원된다고 하시었다. 그러니까 하늘의 선택을 받지 못하는 조상 영가들은 영원히 천상 태상천궁으로 입천될 수가 없는 것이다.

조상들뿐만이 아니라 각자의 몸 안에 있는 여러분의 영혼들도 선택받아야 천인합체의 명을 받아 천인으로 탄생할 수 있다. 전생에 천상의 황태자궁에서 함께하였던 인연이 있었거나 눈길이 마주쳤던가, 옷깃이라도 스쳤어야만 구원 대상에 들어가 천상으로 돌아갈 수 있다.

돌아가신 부모조상님에게 불효자가 되어버려 가슴 아픈 상처를 남긴 원과 한을 이제라도 풀어서 씻어 드리고 위로해 드릴 수 있는 마지막 효도 기회가 조상님 천상입천 의식이다!

25년 동안 앓던 불치병이 사라져

졸지에 50억 원 재산 날리는 산전수전 다 겪고 그것도 모자라 머리와 다리, 온몸에 부스럼과 통증으로 가려움을 참기가 너무도 힘들었다. 보행도 불편하여 인생을 무의미하게 지내다가 신문에 실린 글을 읽고 저자님을 만났다.

10여 년의 미국생활에서 술장사로 돈을 벌어 외제승용차를 타고 다니며 돈을 물 쓰듯 하였고, 집과 아파트도 몇 채 갖고 있었으나 한순간에 망했다가 다시 일어서고 망가지기를 3번이나 거듭하였다.

망할 때 뭔가 보이지 않는 어떤 힘이 작용하여 그 많은 재산을 날렸다는 생각이 번개처럼 스치고 지나갔다. 하는 일마다 풀리지 않아 고민하던 중 저자님께 현재 내가 겪고 있는 고민인 아픈 다리와 부스럼이 있는 머리 부분에 대해 말씀드렸다.

병원에 가보았느냐고 물으시기에 "수십 차례 병원에 가보았으나 병명이 나오지 않아 치료도 못하고 현재까지 고통만 당하고 있다"고 말씀드리자 "이 질병은 신이 내리신 병이니 어느 병원에 가도 치료가 안 된다"고 하시었다.

"돌아가신 조상님들을 입천시켜 드리면 나을 수 있다"고 하셨으나 현재 내 사정으로는 조상 천상입천 의식을 지낼 만한 돈이 없다고 말씀드렸더니, 알았다고 하시면서 며칠 후에 돈이 들어올 것이니 그때 가서 조상 천상입천 의식을 올리자고 말씀하셨는데 정말 신기하게 7일 후에 돈이 들어와 다행히 조상 천상입천 의식을 올릴 수 있었다.

많은 번뇌와 고민 속에 저자님을 만나 원과 한이 되어 억울하게 돌아가신 나의 직계 좌우 조상님 모두를 청배하여 조상 천상입천을 올려드리니 속이 후련하였다.

조상님 천상입천 의식을 올려드리고 일주일가량이나 지났을까 싶었는데 25년 동안 앓아오던 머리 부스럼 딱지와 비듬이 없어지기 시작하였다. 피부과 병원에 가면 건성피부이기 때문에 생기는 병이라면서 완치는 안 되고 피부에 이상이 생길 때마다 연고를 자주 바르라고만 말해 주었었다.

또한 등에서 다리까지 나 있던 손톱 크기만 한 수십 개의 검붉은 물사마귀가 흔적도 없이 사라졌다. 10년 전부터 아팠던 다리도 완치되었는데 나는 이 다리와 머리의 부스럼 병을 고쳐보려고 안 가본 병원이 없었으며 치료비로만 억대 이상의 돈을 쓰고도 고쳐지지 않았었다.

이런 불치의 병이 감쪽같이 없어지는 것을 체험하고 저자님의 영적 능력은 어디까지인가 경탄하지 않을 수 없었다. 이제 '불행 끝 행복 시작'이었다. 저자님의 법력은 그 어느 누구도 흉내 낼 수 없다. '천상계에서 대법과 대력을 갖고 오신 신'이 분명하다고 내 스스로 인정해야 했다.

내 몸이 치료된 것은 저자님의 몸에 하늘께서 강림해 계셨기에 가능했다고 생각한다. 이유인즉 천도재나 굿을 수없이 해보았어도 전혀 치료가 안 되었는데, 불치병 병마가 조상 천상입천 의식 이후 신비하게 사라졌으니 인정할 수밖에 없다.

그러니까 사람마다 기운이 다르듯이 저자님의 몸에 계신 하늘의 천지조화가 대단하시었다. 내 몸의 아픈 곳은 거짓말처럼 사라졌고, 또한 몸으로 느껴지는 신비한 진동(신들이 하강하는 기운)은 날이 갈수록 강력해졌으며 밥을 하면 밥에 알 수 없는 글자가 매일 새겨져 있었다.

저자님께서 어떤 주문을 해주시면 내 몸에 진동과 함께 신의 말씀이 내리고, 신비스런 현상들이 일어나기에 저자님을 인정하지 않을 수가 없었다. 신의 제자라 해서 다 같은 제자가 아니라는 것을 이제야 알 것 같다.

그동안 전국에서 소문나고 용하다는 보살 무당집에는 안 가본 곳이 없을 정도로 찾아가서 상담도 받아보았고, 굿과 천도재도 수없이 올려드렸었다. 그러나 그때 잠깐뿐이고 병세는 호전되지 않았으며, 신으로 인해서 그렇다는 말을 해준 보살 무당은 단 한 사람도 없었었다.

25년간 고민하며 고통받아 오던 질병을 말끔히 낫게 해주신 저자님께 정말 감사하며 평생 은혜를 잊을 수가 없어서 이 글을 남긴다.

남자를 움켜쥔 여자 귀신

책을 읽고 41세 동갑내기 부부가 예약한 후 찾아왔다. 남자는 얼굴이 검고 거칠었으며 머리는 맘고생이 심했는지 흰머리가 많았다. 반면 여자는 미모였지만 야위고 핼쑥했으며 백지장처럼 창백한 얼굴이었고 5살 정도 된 아이를 안고서 방문했다.

여자의 얼굴을 자세히 살펴보았더니 눈동자는 푸른빛을 띠고 어두웠으며 차가운 기운이 서려 있었고, 그의 조상들이 모두 그녀의 몸에 들어와 있었다. 19살에 약 먹고 죽은 언니, 목을 매어 죽은 오빠, 그리고 젊어서 죽은 아버지와 할아버지가 한 여인의 몸을 빌려 둥지를 틀고 어깨, 가슴, 목, 머리 위에 진을 치고 있었다.

어찌된 일이냐고 물었더니 그동안 일어났던 기구한 삶을 털어놓았다. 조상 천도재 올려드린다고 그동안 무당집에 여러 번 찾아가서 굿을 셀 수 없이 하여 결국 집까지 팔고 지금은 월세를 살고 있다며 하소연을 한다.

사건은 3년 반 전으로 거슬러 올라간다. 친정아버지가 갑자기 돌아가시었는데, 아버지 시신을 덮어놓은 흰 천을 보는 순간 그 무엇이 자신의 몸으로 들어오는 기운을 느꼈는데 그날부터 그녀에게 불행이 시작되고 있었다.

전혀 입에 대지도 못하는 막걸리를 한도 끝도 없이 먹어대기 시작했고, 술이 잔뜩 취해서는 남편에게 육두문자로 악을 써대며 음부 욕설을 퍼부어 아파트 아래위층에 피해를 끼쳐 창피해서 살 수가 없었다고 했다.

부인과 함께 소파에 앉으려 하면 부인이 소리소리 지르며 "너는 그냥 바닥에 앉아!" 하도 어이가 없어서 누가 들어왔기에 이리 함부로 하대를 하며 욕설을 퍼붓는 것이냐고 물었더니 "난 네 할아비다 왜? 근데 뭐가 잘못됐어?"

그러자 이번에는 순간 목이 죄어오기 시작해서 그 통증을 참느라 숨이 막혀 캑캑댔다. 목을 매어 죽은 그의 오빠가 찾아와 자신이 죽는 순간의 고통을 알려주고 있는 것이었다. 그런가 하면 길을 가다가 잘생긴 남자만 보면 온몸에 전율이 느껴지면서 자신도 모르게 남자에게 다가가서 남근을 어느새 움켜쥐고 만지는 자신을 발견하고는 기겁하여 얼굴이 빨개져 도망치기를 몇 번이나 했다.

이는 청춘에 죽은 언니가 결혼하기 전이라 남자의 성기를 한 번도 보거나 만져보지도 못한 원과 한을 풀고자 동생의 몸을 빌려 행동하였던 것이다. 언니는 결혼도 못하고 19살에 약을 먹고 죽었고, 합궁도 한 번 못해 보고 죽었으니 남자의 물건이 너무도 만져보고, 갖고 싶고, 그리워서 일어났던 사건이었다.

이런 일이 몇 번 있은 이후, 잘생긴 남자만 보면 팔을 한쪽 손으로 잡고 다녀야 했다. 3년 반 동안 4명의 조상 영가들이 자신의 몸을 빌려 원을 풀고자 하였고, 그 부부는 그때마다 굿을 했으나 그날만 괜찮고, 다음 날은 또다시 마찬가지였다.

또다시 용하다는 무당을 수소문하여 다시 찾아가 굿을 했지만 조상님들은 천도가 되지 않았고, 급기야 절에 가서 정식으로 스님에게 부탁하여 천도재를 올렸지만 조상님들은 극락으로 가지 못하고 이 여인의 몸 안에 함께 있었다.

용하다는 무당집과 절을 많이 찾아다니며 조상 천도재를 끝도 없이 해드렸지만 아무 소용이 없게 되자 마지막 단계로 신을 받으라고 권하여 신 내림굿도 두 번을 받았다. 하지만 모두 실패하여 결국 수많은 돈만 잃게 되었고, 빚이 눈덩이처럼 불어나자 이 상황을 감당할 수 없게 되어 결국 집을 팔고 월세로 들어앉게 되었다는 한 여인의 기구한 팔자였다.

모든 것을 포기하고 집에서 신경 안정제를 먹고 잠만 자는 생활을 해오다가 남편이 천신국의 소문을 듣고 책을 본 후 한 번만 가보자고 졸라대어 억지로 찾아오게 되었다고 말했다. 여러 곳에서 굿을 하고, 신 내림을 받고, 조상 천도재를 올려보아도 안 되니 이제 그만 포기하고 살자고 하였으나 그래도 문제가 있으면 해답이 있다고 했으니, 속는 셈치고 다시 한 번 찾아가 보자고 설득을 할 때, 이곳은 무속인도, 사찰도 아니라고 안심시켜 데리고 왔다고 했다.

자신과 같이 수없이 굿하고, 신 내림을 받아도 전혀 변화가 없고 낫지 않아 신병과 빙의로 헛돈 버리며 고생하는 사람들이 자기 주위에 너무 많다고 말했다. 돈은 돈대로 날리고, 아무런 효과도 얻지 못한 채 고생만 했던 것이다. 아무리 점을 잘 치고 조상을 잘 풀어주는 무당이라 하더라도 그들은 천상 세계의 지엄한 법도를 알지 못한다.

조상굿이라면 무조건 진수성찬 차려 올려놓고 북 장구 치면서 춤추며 조상 영가 불러내 실컷 놀아봐도 그때뿐이다. 조상들은 먹고 마시며 놀고 춤추는 것이 소원이 아니라 꿈에도 그리던 천상의 천당, 천국, 극락, 선경세계가 아닌 무릉도원 세계 천상 도솔천궁과 천상 태상천궁으로 올라가고 싶은 것이 조상영혼 영가들의 가장 큰 소원이다.

하늘의 주인께서 허락을 하셔야 천상의 문이 열려, 조상님들이 올라가시지 누구 마음대로 하늘 문을 열 수 있단 말인가? 또한 신 내림굿을 하더라도 제자보다 상대 신명의 계급이 월등히 높으면 몇 날 몇 밤을 새워도 신명은 하강하지 않는다.

한마디로 초등학생이 대학생을 가르치는 이치와 같기 때문에 신 내림은 이루어질 수 없다. 이런 경우는 고급신명에 해당하기에 이들은 대학신명이나 그 이상의 신력(神力)을 가진 하늘의 제자만이 가능하다.

부부가 돈이 마련되면 다시 찾아오겠다고 돌아갔는데 며칠 후에 전화를 걸어서 하는 말이, 조선부로 각서를 써주면 안 되겠느냐고 말하기에 일언지하에 거절하였다. 아무리 제를 올려봐도 별다른 효험을 보지 못하니 답답한 마음에 그런 조건을 내걸 수도 있겠지만 이 방법은 양자 서로 모두가 더 큰 죄만 쌓는 지름길이다.

이는 하늘을 능멸하는 역천 행위가 되기 때문에 그런 조건부 행사는 절대로 받아들이지 않는다. 물론 하늘과 신, 조상님들의 무서운 능력을 일반인들은 모르다 보니 그렇게 말할 수 있겠지만 하늘과 신, 조상님 앞에서는 이 같은 방법은 통하지 않는다. 죄인 주제에 하늘과 신에게 조건을 건다는 것은 죽음을 재촉하는 지름길이다.

하늘과 신, 조상은 매우 대단하시고 무서우신 분들이다. 믿지 못하는 마음 때문에 조건을 걸어 그분들을 시험하려는 것은 자살 행위나 마찬가지이다. 하늘과 신, 조상들의 마음에 들면 아낌없이 모든 것을 다 주려 하지만, 이분들의 심기를 불편하게 해드리면 벌을 피할 수 없다.

조상님들이 고통을 먼저 호소하시기에 우선은 자손들이 조상님들의 원과 한을 먼저 풀어드려야 풍파가 없게 된다. 하늘세계, 신의 세계, 조상세계의 지엄한 법도를 모르고 조건부로 의식을 하자 하니 이 말을 듣는 저자도 기분이 나쁘지만 자손의 이 말을 들으신 신과 조상님들의 기분은 과연 어떨까?

한 번 신중히 생각해 보았다면 감히 이렇게 무례를 범하는 말은 하지 못했을 것이다. 결론은 그 부부는 조상님 천상입천 의식을 행하지 않았다. 아니 행할 수 없었다. 이 또한 위대하신 하늘의 조화법인데 용서받지 못할 대역 죄인 조상들이었다.

앞에서도 설명하였듯이 천상궁전으로 입천되시는 조상님들은 태상천황 폐하와 도솔천황 폐하께서 선택하신 조상님들에 한해서만 이루어지는 하늘의 고귀한 선물이다. 굿과 천도재와는 감히 비교할 수 없는 태상천황 폐하와 도솔천황 폐하의 지엄하신 명에 의해서만 이루어질 수 있는 하늘과 조상과 산 자손이 함께하는 고귀한 천상공무집행이다.

하늘과 신, 조상님 전에 말과 행동을 함부로 하여서는 안 된다. 책을 구독함에 있어서도 마찬가지이다. 여러분은 본인 스스로가 책을 읽는 것이라 생각할지 모르지만 본인과 자신의 조상님들과 몸 안에 신과 영혼들이 함께 읽고 있다.

이 글을 읽는 도중 시시각각으로 여러분 온몸에 일어나는 수많은 천변만화의 신비로운 조화의 현상들은 하늘과 신, 영혼, 조상들이 여러분에게 전하는 긴급 호출 메시지이다. 가장 많이 나타나는 증상은 전혀 졸리지도 않은데 하품을 끊이지 않고 한다는 점이다.

하염없이 소리 없는 눈물이 흐르거나 대성통곡도 나오고, 머릿속에 뭐가 기어가기도 하고, 온몸이 찌릿찌릿하며 전기가 흐르는 것이 느껴지고, 손이나 발에 강한 진동이 온다. 온몸 여기저기를 바늘로 푹 찌른 것처럼 앗 따가워할 정도의 기운, 그리고 몸서리칠 정도로 갑자기 몸이 움찔거리기도 한다.

과학적으로는 입증할 수 없지만 책을 구독하면서 상상할 수조차 없는 신기한 현상들을 많이 경험할 것인데 이것이 하늘 태상천황 폐하와 저자의 무소불위한 대도력, 대천력, 대신력, 내법력, 내원력이다.

외아들의 죽음을 통해서 구원받은 조상

저자가 집필한 책의 내용을 읽다가 자신이 다니고 있는 종교와 너무나 달라서 부정하며 사이비라고 매도하거나 전화해서 욕지거리하는 자들도 있는데 이들의 말로가 비참할 정도로 안 좋다는 것을 지금도 수없이 체험하고 있다.

책 읽고 '이런 게 어디 있어, 말도 안 돼' 하며 부정했다가 5~10년 만에 찾아와서 잘못했다고 비는 사람들이 많이 있다. 책을 읽은 뒤부터 매사 되는 일들이 하나도 없고 실패의 연속이었고, 우환과 질병으로 정신을 차릴 수 없으며 돈은 버는데 모이지 않고 버는 대로 어디론가 날아가 버렸다.

그래도 살아 있는 사람들은 늦게라도 10년 만에 찾아오지만 책 읽고 부정하며 무시하고 욕했던 자들은 불운과 비운이 따랐거나 벌받아 세상을 떠난 사람들이 부지기수일 것이다. 외아들을 잃고 불교를 떠나 천신국 태상천궁에 들어와 조상 천상입천을 행한 그는 그래도 불행 중 천만다행인 것이다.

몇 년 전에 책을 읽고 '뭐 이런 책이 있어? 이런 일이 어디 있어?'라고 부정하며 책을 읽다가 덮어버렸다. 30년간 불공을 열심히 드리러 다닌 독실한 불교 신도였기 때문에 책 내용을 거부했다.

그런데 네 달 전인 올해 초에 외아들(33세)이 가출하고 돌아오지 않아 수소문하였는데 이튿날 차 안에서 번개탄을 피워 놓고 자살하였다. 연탄가스에 질식되어 주검으로 발견되었던 것인데 외아들의 자살이었으니 얼마나 큰 충격을 받았을까?

엄마는 외아들을 잃고 슬퍼하며 절에 가서 불공드리며 지냈는데 하나밖에 없는 외아들을 잃은 슬픔에 잠겨 아무 일도 못하고 매일같이 울기만 하였다. 그러다가 신문광고에 새로 난 책을 주문하여 읽고서 감동받아 친견상담을 예약하였다.

저자를 만나 친견 3일 후에 외아들을 포함하여 친가 직계 좌우 당대부터 시조까지 조상 천상입천을 행하게 되었다. 천상입천 의식을 하러 왔는데 엄마가 얼마나 울고불고 난리를 치는지 차마 눈을 뜨고 볼 수 없을 정도였다. 이는 엄마가 우는 것이 아니라 아들이 엄마 몸속에서 우는 것이었다.

아들과 엄마 사이는 때로는 남편처럼, 때로는 애인처럼 사이가 각별히 좋았다. 이렇게 애지중지하는 아들을 보내고 보니 왜? 아들이 죽었는지도 모르겠고, 죽고 나서 보니 아들이 빚만 1억을 지고 갔다.

외아들이 죽어 나가사 나니던 불교에 실망하여 책을 읽고 전신국 태상전궁을 찾게 되었다. 30년 동안 사들인 불교서적과 염주, 목탁, 부적, 달력, 족자, 탱화, 불상, 옷, 천수경, 테이프 등 불교에 관련된 용품들을 모두 내다버렸다.

외아들의 죽음은 아프고 슬프지만 이로 인해서 헤아릴 수 없는 수많은 조상님들이 구원받았으니 전화위복 아니겠는가? 슬픈 마음을 의지할 곳 없어서 책을 읽고 조상 천상입천을 행하러 왔던 것이다. 역시나 그랬다. 불교에 30년 동안 미쳐서 다니고 있었기에 사랑하는 외아들을 앞장세우지 않으면 불교에 지극정성인 엄마의 마음을 꺾을 수 없기에 천상에서 충격적인 방법을 동원한 것이었다.

저자를 만나 조상님 천상입천 의식을 올렸다. 외아들의 죽음이 겉으로 보기엔 분명 슬픈 일이지만 당대부터 시조조상님까지 친정과 시가조상님들을 도솔천황 폐하의 대도력으로 도솔천궁으로 입천되었으니 슬픈 일이 아니라 경사스러운 일이고 가문의 영광이다.

절에 다니는 사람들이 알아야 할 아주 중요한 내용은 절 법당의 불상에는 석가모니 부처는 없고 형상과 귀신들뿐이라는 진실을 명심해야 한다. 독자 여러분은 절에 좋은 기운 받으러 가지만 반대로 나쁜 귀신들의 기운만 잔뜩 받아온다.

불공을 올리면 불상에 부처를 가장한 수많은 귀신들이 불공을 받아가기에 여러분 불자들은 귀신들이 주는 기운을 받아와서 인생이 더 뒤집어지고 힘들어지게 되어 있다.

이 땅에 있는 모든 종교는 하늘이 윤허하시지 않았기에 하늘의 뜻을 거스르는 역천자가 되는 죄를 짓는 일이므로 종교에 다니는 자체가 인생 몰락을 자초하는 지름길이다. 절에 가면 허전함과 답답함, 우울증과 불면증, 사업 부진, 부부싸움, 불안 초조한 마음이 날이 갈수록 심해지고 있을 것이다.

벌을 받아 10년째 투석

대순진리회 7년, 증산도 13년, 천도교 1년을 다니다가 천신국에서 발행한 책을 읽고 조상 천상입천을 행하는 날에 밝혀진 경천동지할 진실이다. 이들 종교를 다니면서 그곳이 최고인 줄 알고 다녔는데 책을 읽고 더 대단한 천신국임을 알아보고 방문하여 친견상담하고 조상 천상입천을 행하였다.

10년 동안 매주 3회 피를 빼서 걸러 넣는 투석을 받고 있는 57세의 남자. 그동안 굿과 천도재를 많이 해보았지만 왠지 답답하고 몸이 아파서 10년째 투병 중이라 마지막이라 생각하고 천신국 저자를 찾아왔다.

조상 천상입천을 행하면서 어머니 혼령을 불러서 밝혀진 진실은 참으로 놀라웠다. 투석이란 병마의 원인이 밝혀지는 아주 중요한 순간이었다. 절에도 착실하게 다니는 불자였고, ○○○○님께 기도하던 어머니가 3년 전에 돌아갔는데 어머니가 술 먹고 ○○○○께 기도하며 "님" 자를 빼고 친구 이름 부르듯이 했다고 말했다.

어머니의 기도 모습을 지켜보신 분께서 피가 거꾸로 치솟아 진노하시었고, 이로 인해서 10년 동안 피를 걸러 넣는 투석을 받게 된 원인이라고 밝히셨다. 죄를 지은 당사자 어머니는 죽고 없어도 어머니가 살아생전 지었던 죄를 자손이 물려받아 무서운 병에 걸렸다는 어마어마한 진실을 알려주시었는데, 세상 사람들은 이런 내용도 모르고 살아간다.

몸이 많이 아픈 자들은 전생에 무슨 죄를 지어서 큰 병에 걸려서 고생하느냐고 원망어린 말을 하는데 그 진실이 밝혀진 것이다. 부모조상님들이 살아생전 지은 죄로 인하여 자식들이 몹쓸 병에 걸려서 고통받으며 죽음의 날만을 기다리고 있다는 엄청난 진실이다.

부모조상님과 자신들이 지은 죄가 크면 당대에 바로 질병, 금전, 가난, 실직, 파면, 자살, 뇌졸중, 중풍, 심장마비, 돌연사, 교도소, 기업 부도, 차사고, 우울증, 이혼, 사기 배신, 사건 사고를 당하여 가정이 파탄 난다는 것을 알았다.

여러분 인생사에 갑자기 찾아오는 아픔과 슬픔, 고통과 불행, 불운과 비운의 실체는 이와 같이 여러분의 수많은 선대 조상님들 중에서 누군가는 죄를 지었기에 후손인 여러분이 지금 당대에서 그 벌을 받고 있는 것이다. 먼저 각자의 조상님들이 지은 벌을 풀어야 병원 치료를 받더라도 효과가 있다.

여러분의 돌아가신 당대부터 시조까지 수많은 선대 조상님들이 하늘과 신에게 어떤 죄를 지었는지 전혀 알 수도 없기에 빌 수도 없다. 그래서 하늘과 신에게 조상님들이 지은 죄를 비는 조상 천상입천 의식이 여러분 가문을 살리는 지름길이라는 것이다. 조상님들이 지은 죄를 빌지 않으면 천만사가 불통이라 인생이 산 지옥세상과 다를 바 없다.

심장이 편안해졌음을 느끼며

5년 전에 책을 보고 조상님 천상입천 의식하기 전에는 심장이 두근거리거나 생각이 열두 번 변하듯 변덕이 죽 끓듯 심하였으며, 다리가 덜덜 떨리면서 화도 자주 났으며, 열기도 있었고 이곳저곳에 패대기치듯 화풀이도 많이 하며, 거친 삶을 살면서 간간이 심장이 멎을 듯 압박이 심했었습니다.

조상님 천상입천 의식하고 나서부터 심장이 편안해졌음을 느끼며, 일하면서는 더 편안함을 느끼게 되었습니다. 다리 떨림이 사라지고, 갑자기 심장에 충격도 없어지고, 열기도 가라앉아지며 안정되어졌습니다. 그 당시에는 바로 못 느껴서 몰랐던 것도 시간이 지나면서 알게 되고 아주 큰 은혜를 베풀어주신 것임을 알게 되었으며, 이러한 것이 기적임을 느낌으로 알게 되었습니다. 그 뒤로 두 달도 안 되어 천인합체를 행하고 삶에 변화가 찾아왔습니다.

일하면서 장비를 들 때 힘이 불끈 솟아오른다거나 전기에 감전이 되거나 안전사고를 당해도 경미하며, 실시간으로 보호를 받고 있다는 것을 현실의 삶으로 알게 되었습니다. 육신의 입장으로 보면 아주 놀라운 일이었습니다. 뭔가를 필요로 할 때 우연처럼 필연으로 이뤄지는 기적을 작업 중이나 일상생활에서 많이 체험하게 되었습니다.

사죄의식을 행하고 나서 감싸는 무언가로부터 벗어나 마치 산꼭대기에서 멀리 아래를 보는 기분이 드는 것과 일상생활에서 주변인들로부터 해방감을 느끼며 일과 주변생활이 잘 풀리며, 평화로움을 느끼면서 생활하게 되었습니다.

자전거를 타고 가면서 멀리서 저기 빨간불인데, 파란불이었으면 좋겠다고 속으로 말하면 우연인 것처럼 파란불이 되어 지나는 경우가 많이 있었습니다. 이렇게 밀접하게 생활 속에서 많은 보호와 배려를 내려주시며 은혜를 베풀어주셔서 행복하게 살 수 있다는 것을 알게 되었습니다.

그 뒤로 1년의 시간 차 속에 천은보사를 행하게 되었습니다.

조상 천상입천, 천인합체, 사죄의식만 봐도 엄청나게 크게 베풀어주신 은혜를 모두 갚을 수 없지만 표현하고 싶다는 생각이 강하게 들었습니다. 지금까지의 삶의 굴레와 족쇄로부터 해방되어 자유인으로 살도록 배려해 주시어 영은 천상에서 육은 지상에서 아주 행복하게 살도록 큰 은혜를 내려주셔서 감동, 감탄, 감격으로 마치 무지개 위를 걷는 것 같은 복을 받아 즐겁게 지내고 있습니다.

하늘의 명을 받고 산다는 것은 엄청난 큰 기쁨이면서 갚을 수 없는 아주 어마어마하게 큰 은혜를 받아서 산다는 것은 대영광이면서 무한한 가문의 영광이옵니다. 그 은혜는 살아 있는 동안 육신의 가슴에 깊이 새기고 싶사옵니다.

— 하늘의 명을 받은 장○○

조상님 천상입천 후 질병이 사라져

조상님 천상입천 의식 이후에 두통, 가위눌림, 감기, 비염 증상들이 정말 거짓말처럼 싹 사라졌습니다. 천신국의 너무나 대단하신 도법천존 3천황 폐하께서는 수많은 종교에서 행하지 못했던 경이롭고 신비한 일들을 행하고 계십니다.

귀신들의 출현으로 인하여 우리 일상생활에 일어나는 불가사의한 일들은 너무도 많고, 인간의 힘으로는 도저히 이길 수 없지만 천신국이 이 땅에 세워져 도법천존 3천황 폐하께서 계시니 감사함은 말로는 표현을 할 수 없을 정도이며, 전 세계에서 3천황 폐하를 능가할 영 능력자는 지금까지도 없었고, 이후의 세상에서도 영원히 없을 것입니다.

저는 인간 육신을 가지고 태어났지만 인간이 아니었나 봅니다. 천신국에 들어와 도법천존 3천황 폐하의 하해와도 같으신 사랑으로 제 안에 귀신이 존재하고 있다는 것을 조상님 천상입천 의식을 행하고 나서야 인정하게 되었습니다.

2008년도에 천신국 백성으로 재탄생하고 나서 "천기력(절기력)" 앞에 서서 5배의 예를 올리려는데 갑자기 얼굴이 일그러지더니 입에서는 괴이한 소리가 나오기 시작했습니다. "천기력"에서 뿜어져 나오는 신비의 황금빛이 너무도 강렬하여 감히 고개를 들 수 없을 정도였고, 그 엄청난 빛에 제 얼굴은 더욱 일그러지며 엄청나게 괴로워하였어요.

빛의 강렬함이 얼마나 대단하던지 몸이 뒤로 넘어지려고 해서 방바닥에 털썩 주저앉았던 기억도 있습니다. 공포 영화 속에서나 보았던 귀신처럼 얼굴이 일그러지자 너무도 무섭고 끔찍했지만, 그것이 진짜 귀신인지, 또 어떤 현상인지 저로서는 알 수 없었지요.

때마침, 천신국 태상천궁 천상기도회에 불러주시어 저에게 몸 안에 깊숙이 숨어 있던 귀신의 존재를 처음으로 밝히어주셨는데, 그 순간 공포와 서러움의 감정들이 복받쳐 올라 눈물이 봇물 터지듯 흘러내렸습니다.

아! 나는 어디서부터 잘못된 것일까? 어릴 때 기억 속의 제 모습은 항상 울고 있습니다. 부모님께 혼이 난 후, 방으로 들어가 이불을 뒤집어쓰고 울면서 마음속으로 이런 생각을 합니다.

'도대체 왜 나를 낳았어요?' 시간을 되돌릴 수만 있다면 엄마 뱃속으로 들어가 다시 태어나 새롭게 시작하고 싶다는 생각을 수도 없이 하였어요. 학교에서는 얌전하지만, 집에서 한 번 싸우기 시작하면 제 의지와는 상관없이 힘센 천하장사와 같은 힘이 솟아올라 남자처럼 변하니, 부모님께서도 사람이 아니라 괴물, 정신병자라고 하셨고 온갖 욕을 퍼부으셨습니다.

그런데, 그것은 정말 내 의지와는 상관없이 일어나는 현상인데, 이런 내 마음을 몰라주고 정신병자로 취급하며 가족들도 모두 외면하니 서러움이 몰려와 차라리 죽고 싶단 생각에 매일 우울했고 무기력해서 모든 것에 멍~하니 넋을 놓고 하루하루를 살아갔었습니다.

저도 부모님의 사랑을 받고 싶었지만 이미 가족들 사이에서 왕따나 다름없으니 주체할 수 없는 허전함과 텅 빈 마음에 밤하늘의 별을 올려다보며 알 수 없는 그리움의 눈물을 흘리곤 했습니다.

점점 자라면서 내 안에는 분명 다른 존재가 있다는 것이 좀 더 강력히 느껴졌어요. 남자, 노인, 어린아이 등등…. 나는 도대체 누구일까? 왜 나는 평범하게 살 수 없을까? 하루하루 숨을 쉬며 살아간다는 것이 고통이자 산지옥이었습니다.

참 신기하게도 그 와중에 제 마음 안에서 어떤 희망의 메시지가 느껴지곤 했습니다. '이건 네가 아니야, 너의 진짜 모습은 이렇지 않아.' 누군가가 제 마음 안에 끊임없이 희망을 심어주는 것이 느껴졌고, 저도 모르게 큰 꿈이 자라나고 있었습니다. 그 신기한 희망마저 느껴지지 않았다면 벌써 자살하여 허공중천을 떠도는 귀신이 되었을 겁니다.

어린 시절부터 도법천존 3천황 폐하를 만나기 전까지 감기, 비염을 달고 살았고, 턱관절, 어깨 통증, 끊임없는 두통, 또 잘 체해서 소화제 또한 늘 손에서 떠나지 않아 한마디로 종합병원이었습니다.

또 갑상선에까지 이상이 왔는데, 목이 부으면서 두 눈이 심하게 돌출되고, 체력은 날이 갈수록 쇠약해져 마치 바람 빠진 풍선처럼 완전히 넋이 빠져 있으니, 제가 제 뺨을 세게 쳐보아도 정신이 들지 않아 공부에 집중을 할 수 없었습니다.

아침에 눈을 뜨면 또다시 두려움과 공포가 마구 몰려오니, 캄캄한 암흑 속에서 길을 잃고 헤맵니다. 몸은 늘 천근만근이 되어 땅속으로 가라앉는 느낌이었고, 극심한 두통과 우울증, 정신적 방황은 더욱 심해져 갔지만 이런 현상들이 귀신의 짓이라고는 단 한 번도 생각한 적 없었어요.

그 후, 기적적으로 천신국에서 발행한 책을 읽은 후에 제 안의 조상님의 원과 한이 얼마나 크신지 대성통곡하며 알게 되었습니다. 3천황 폐하께서 원하시어 행사를 행하게 되었는데, 생각도 못했던 천 년 전 조상님과 상봉할 수 있었고 조상님께서는 저의 부모님께 엄청나게 호통을 치셨습니다.

그때 저는 돈이 없는 상태였기 때문에, 사명자도 아니신 부모님께 억지로 책을 권유하였고 폐하께서 윤허하시어 함께 참석할 수 있었습니다(그 당시 도법천존 3천황 폐하의 엄청나신 배려가 느껴지는 대목입니다). 지금은 당연히 절대 부모님께 말하고 있지 않고요.

천 년 전 조상님께서는 저를 이 세상에 태어나게 하시려고, 사후세상에서 그 오랜 시간 동안 너무나 애가 타도록 간절히 빌고 빌어서 제가 태어나게 된 것이라 하시며, 내가 이○을 낳았다고 말씀하셨습니다. 수많은 조상님들이 사후세상에서 하늘님께 빌고 빌어서 조상 천상입천 의식을 행해 줄 하늘의 자손 점지해 달라고 빌어서 태어났다는 이 엄청나고도 귀한 진실을 이 세상 어디에서 그 누구에게 들을 수 있겠습니까?

너무나도 위대한 은혜를 내려주신 3천황 폐하 고맙습니다. 정말 최고이십니다. 사후세상에서 하늘님이 내려주시는 빛을 보았다고 말씀하실 때는 조상님이 감격에 겨워 목이 메이시는 것을 느낄 수 있었고, 저에게는 너무도 애틋하게 "○○아, 사랑한다" 말씀하시자 주체할 수 없는 눈물이 흘러내렸습니다.

천 년 전 조상님의 간절한 기도로 태어났다는 것도 영광인데 저에게 사랑한다고 말씀해 주시자 감동의 눈물이 멈출 줄을 몰랐고, 태어나서 그동안 조상님 몰라보고 알려고도 하지 않았음에 정말 부끄럽고 죄송스러웠습니다.

저의 조상님들께서 천상 태상천궁으로 올라가신 후, 저는 두통, 가위눌림, 감기, 비염 증상들이 정말 싹 사라졌고, 피부까지 엄청 좋아지는 신비한 기적을 안겨주셨습니다! 게다가 올봄에는 10년 가까이 복용하였던 갑상선 약을 완전히 끊게 되었지요!

살아서도 죽어서도 영원히 잊지 못할 너무도 대단한 조상님 천상입천 의식으로 신비한 이적과 기적이 일어난 것이지요. 천신국의 도법천존 3천황 폐하는 너무나 대단하시고 존귀하신 분이십니다.

— 하늘의 명을 받은 이○○

천상입천 이후 술들을 안 마셔

조상님 천상입천 의식 이전의 저와 제 가족의 삶은 절대로 정상적인 삶을 살 수가 없었습니다. 가족들 간에 보이지 않고 절대로 깨지지 않는 벽이 있었기 때문이었습니다. 그 벽을 깨 주신 하늘님께 무한 감사를 올리옵니다. 그 벽이라 함은 하늘 모르고 돌아가신 골치 아픈 제 조상님들 때문인 것을 조상님 천상입천 의식 때 밝혀내주시었습니다.

그 조상님들이 후손들 몸에서 보이지 않는다고 이리저리 돌아다니시며 모든 불행의 씨앗을 만들었답니다. 물론 훌륭하신 조상님들도 계시지만 하늘 모르는 골치 아픈 조상님들로 인한 피해는 이만저만이 아닙니다. 천벌은 자손대대로 이어짐을 보여주셨습니다.

조상님 천상입천 의식 행하기 이전에는 조상님들이 사후세계에서 고통받는 꿈을 간간이 꾸면 그다음에는 꼭 안 좋은 일이 일어납니다. 1991년에 조상님이 톱으로 다리가 잘리시면서 고통도 초월한 듯이 저를 물끄러미 바라봅니다. 그리고 며칠 후에 제 동생이 자살했습니다.

저는 여기서 느낀 생각은 '조상님이 사후세계에서 고통을 받고 계시면 그 후손들은 진정으로 행복해서도 안 되고, 행복할 수도 없으며 행복해 보았자'라는 생각이 듭니다. 천지자연의 이치라 생각합니다.

그다음은 술로 인한 피해입니다

저희 친가나 외가 모두들 엄청나게들 마셔댑니다. 명절날에는 무슨 술 시합이라도 하는 것처럼 말입니다. 조상님 천상입천 의식 이후 처음 맞이하는 설날 명절입니다.

모두들 스스로가 놀랍니다

모인 형제들이 모두 술들을 거의 안 마시는 것입니다. 저 혼자만이 조상님들께서 천상입천 의식을 행하여 모두 천상세계로 올라가셨기 때문이란 것을 느낄 수 있었습니다. 제 주변의 지인들도 엄청 마셔댑니다. 번 돈의 80% 이상이 매일 술값으로 지출됩니다.

정신적, 경제적, 육체적으로 피해가 막심합니다. 정상적인 삶을 영위하기가 힘이 듭니다. 본인들도 자기가 아닌 다른 사람(조상)이 마신다고 생각합니다. 하루라도 술을 마시지 않으면 허전해하는 사람들이 주위에 많은데 이는 인간들이 먹는 것이 아니라 조상귀신들이 먹는 것이라는 것을 천신국에서 저의 조상님 천상입천 의식을 통하여 실감나게 확인할 수 있었습니다.

인사불성이 되어 필름이 끊어져 무슨 말을 했는지조차 기억나지 않을 정도로 퍼마시는 것은 자기가 아닌 조상님들로 인한 것이라는 진실을 새롭게 알았습니다. 조상님들이 돌아가야 할 영혼들의 고향인 천상 태상천궁에 오르지 못하여 자손들 몸 안에서 힘든 사후세상을 술로 달래고 있는 것이었습니다.

사람들이 죽으면 육신은 화장하거나 땅에 매장되어 존재 자체가 사라지지만 육신을 떠난 조상님들은 살아생전의 선행과 악행에 대해 심판을 받아 상천세계, 중천세계, 하천세계로 분류된다고 들었습니다.

상천은 천상세계이고, 하천은 지옥세계이며, 중천은 인간세계라고 합니다. 그런데 죽은 조상님들이 천상세계로 오르지 못하고 중천이나 하천세계에 머물고 있으면 죽어서 고통받는 조상님들의 힘든 기운을 살아 있는 자손들이 똑같이 받아서 인생이 뒤집히고 우환과 질병, 사업 실패, 사건사고, 고소고발, 사기 배신, 자살, 급살 같은 일들이 일어난다고 하십니다.

사람 몸에 조상들이 함께 살고 있으면 자손들을 굴복시켜 깨닫게 하려고 온갖 풍파가 자신들에게 몰아친다는 것을 수많은 고난을 통하여 알 수 있었습니다. 술 주사로 인한 폭언과 폭행은 인간 본래의 모습이 아니라 자기의 당대와 선대조상님들의 모습이라는 것을 천신국 태상천궁의 도법천존 3천황 폐하를 통해서 너무나 생생히 알았습니다.

조상님 천상입천 의식을 올려드리고부터 술 마시는 것에 흥미를 잃었고, 저절로 술이 끊어지는 이변이 일어났습니다. 술맛이 없고 술이 전혀 당기지 않습니다. 술 퍼마시고 다음 날 속이 쓰리고 업무에 지장을 주는데도 또다시 해장술을 마셔야 하는 사람들은 술중독이 아니라 조상님들이 마신다는 것을 아시고 어서 빨리 천신국에 들어가서 조상님 천상입천 의식부터 해드려야 할 것입니다.

천신국은 일반적인 무속이나 불교, 도교, 기독교, 천주교, 민족종교가 아니라 전 세계에 단 하나밖에 없는 하늘과 땅이 함께하는 대단한 곳입니다. 천신국 태상천궁이라 하니까 뭐 하는 곳인지 잘 이해가 되지 않는 사람들도 상당히 많을 것입니다.

우리 인류가 태어나면서부터 종교세계 안에서 애타게 기다리고 찾던 인류의 구세주가 함께하는 무릉도원 세계라는 것을 알았습니다. 우주를 창조하신 진짜 하늘이신 태상천황 폐하도 계시고 도솔천황 폐하, 옥황천황 폐하, 인간 육신을 갖고 천상의 3천황 폐하를 대신하시는 도법천존 3천황 폐하께서 모두 함께해 주시는 대단한 세계입니다. 불가능이 없을 정도로 하늘과 땅의 천지능력이 무수히 내리고 있습니다.

이제부터 인간과 영혼, 조상님들은 더 이상 기존에 알려진 종교세계 안에서 허송세월 방황하며 자기들을 구해 줄 하늘을 기다릴 필요가 없어졌습니다. 천신국 태상천궁을 찾는 것이야말로 진짜 하늘을 찾는 일이라는 것을 알았습니다. 저 역시 수많은 종교와 무속, 도교세계를 다녀보았지만 성에 차지도 않고 많은 실망을 하였습니다.

천신국의 도법천존 3천황 폐하께서는 살아 움직이는 대단하신 하늘이시자 신인이십니다. 인류의 종착역이고, 구원의 종착역이며 행복의 종착역이라고 봅니다. 종교를 부정하고 종교에서 피해를 본 사람들과 전혀 종교를 믿지 않는 사람들도 천신국에 들어가야만 더 이상의 고통과 불행이 따르지 않을 것입니다.

천신국은 정말 너무나 대단한 곳이며 천신국을 알면 종교세계는 시시해서 가고 싶은 마음이 일어나지 않습니다. 우리 인간과 조상님들의 삶을 천지개벽시켜 주는 전 세계 유일한 곳입니다. 너무나 신비스러운 천신국이기에 종교처럼 아무나 들어올 수 없다고 합니다.

천신국에서 정하는 나름대로의 심사 기준이 있고 설혹 조상님 천상입천 의식을 행하여 천신국의 백성과 천인되었다고 하여도 어떤 결격사유가 발생하면 신분이 박탈될 수도 있다는 것을 알았습니다. 매주 일요일마다 천상도법주문회에 참석할 수 있는 곳이지요.

하늘과 땅의 이런 진실은 천신국 도법천존 3천황 폐하가 아니시면 영원히 풀리지 않는 숙제일 것입니다. 저는 조상님 하단 천상입천 의식을 행하였는데 돈으로 따지면 몇 달치 술값이니 저와 제 가족들과 조상님들은 엄청난 행운아입니다.

절대로 깨지지 않을 그 벽(조상님)을 위대하신 하늘께옵서 사랑으로 구원해 주심에 후손들에게도 행복이라는 희망이 서서히 싹이 틉니다. 그 외에도 보이지 않는 마음의 평화와 인간사 저차원의 삶이 아닌 고차원의 삶을 살아가게 해주십니다.

— 하늘의 명을 받은 박○○

천상입천 의식 행하고 목숨 구해

동아일보 광고를 보고 천신국에 입국한 지 6년의 세월이 흘렀습니다. 저는 질병으로 인해 천신국과 인연이 되었습니다. 삶과 죽음의 문턱에서 마지막으로 선택한 곳이 천신국 태상천궁입니다.

한 달간 자궁 출혈이 너무 심해서 병원에서도 지혈이 되지 않아 그대로 있었으면 아마 지금쯤 이 세상 사람이 아니었을 겁니다. 3천황 폐하께서는 제 생명의 은인이십니다. 3천황 폐하께서 집필하신 책을 읽고 난 후에 입가에서 자꾸만 '천신국'이라는 말이 계속 맴돌았고 주위에는 '종'이 없는데 제 귀에는 종소리가 은은하게 들려왔습니다. 꼭 천신국으로 가야만 살 수 있다는 생각이 떠나질 않았습니다.

그 당시 힘이 없어 걸음도 제대로 걷질 못해 안색은 창백하고 가방 하나 제대로 들지 못해 바닥에 질질 끌고 부산역으로 향했습니다. 그렇게 안간힘을 다하여 가다가 너무 아파서 노저히 못 갈 것 같아 도법천존 3천황 폐하께 전화를 드렸습니다. "올 수 있다"고 하시었습니다. 그 말씀을 듣고 용기를 내어 부산에서 기차로 서울에 도착하여 천신국의 3천황 폐하를 알현 후 조상님 천상입천 의식행사를 올렸습니다.

조상님 천상입천 의식이 끝나갈 무렵 천룡 위에 조상님들께서 타고 하늘로 승천하는 영상을 보았습니다. 조상님 천상입천 의식 마치고 내려올 때 기적이 일어났습니다. 병원에서도 지혈이 안 되었던 자궁 출혈이 조상님 천상입천 의식 후 신기하게도 출혈이 뚝 멈추었습니다.

인간의 삶이 다하여 천인의 삶을 살아야 하기 때문에 조상님 천상입천 의식 후 15일 안에 천인합체행사를 행하라는 "천명"을 내려주셨습니다. 천인합체하기 전 꿈에 "아픈 곳을 함께 고하라"라는 음성이 들려왔고, 얼굴만 다르신 분께서 가부좌하신 자세로 "내가 누군지 알겠느냐?" 하시었습니다. "네" 하고 답변을 드렸었습니다. 꿈을 꾸고 나서 천인합체를 행하였고, 도법천존 3천황 폐하께서 심장, 폐질환 등 질병을 하늘에 고하여 주셨습니다.

천인합체 후 몸에 생기가 돌고 가래가 많이 나왔던 게 전혀 나오지 않고, 질병이 사라져 주위 사람들이 피부가 깨끗해졌다며 화장품 좋은 것 쓰느냐고 하였습니다. 천신국에 입국하여 지금까지 위급할 때 알려주시고 실시간으로 보호해 주시고, 꿈으로 메시지 주시며 병원에서 치료가 안 되는 질병이 치유되는 등 도법천존 3천황 폐하는 대단하신 하늘 그 자체이십니다.

천신국과 인연이 되어서 도법천존 3천황 폐하를 알현할 수 있다는 것 자체만으로도 영광 중에 영광이라고 생각하며 항상 도법천존 3천황 폐하 말씀을 목숨 줄처럼 따르고 행하면서 이 은혜 영원토록 잊지 않겠습니다.

— 하늘의 명을 받은 손○○

검었던 얼굴이 우윳빛처럼 변해

40대 여자가 신과 조상 기운이 심하게 빙의되어 찌들었고 웃음을 찾아보기 힘들었다. 어깨를 제대로 펴지도 못하였고, 얼굴 피부도 아주 검고도 게슴츠레한 채 말도 안 했으며, 귀신들이 가득 들어차서 사람 보는 눈이 정상이 아니었다.

사연인즉 머리가 항상 깨질듯 아프고, 약을 복용해도 낫지도 않고, 그냥 죽어버리고 싶은 생각이 자꾸만 들고, 코에서 살 타는 냄새가 지독하게 나서 역겨워 구토를 자주해 왔다고 한다. 거기다가 잠을 제대로 잘 수가 없었고, 남편과는 하루도 쉬지 않고 다투었다.

전 남편과는 결혼 2년 만에 사별하였고, 지금의 남편 사이에 18살 먹은 남자아이가 있는 재혼한 부인이었다. 남편은 일하기 싫어하고 술만 퍼 먹으며 가게 일하기를 싫어했다. 시골서 농사일하는 아줌마처럼 보였다.

얼마나 다급했으면 다음 날 조상 천상입천 날을 잡아 달라 했다. 천상입천을 올려드리고, 얼마 후에 인사차 찾아왔는데 그녀의 얼굴을 본 순간 완전히 선녀의 모습이었고 혹시 다른 사람 아닌가? 착각할 정도로 변해 있었다.

눈빛은 영롱하게 빛났고, 얼굴은 우윳빛처럼 희며 윤이 나고 있었는데 그녀의 말을 들어보니 천상입천 의식을 행한 뒤 상상을 넘어 이렇게 변했다고 자랑했다. 잠을 자고 나면 눈이 안 떠져서 억지로 눈꺼풀에 힘을 줘야 떠지던 것이 아주 편하고 자연스레 떠졌고, 자기가 거울을 보았는데 딴사람의 눈처럼 예쁘게 바뀌었다.

그 무겁던 머리가 날아갈 것처럼 가벼워졌으며, 빛을 잃고 검었던 얼굴이 우윳빛처럼 변했고, 저녁이면 코에서 살 타던 냄새도 깨끗이 사라졌다. 말하기 싫고 힘들어했던 사람이 생글생글거리며 웃음까지 보이며 청산유수처럼 말도 기운차게 잘하고 있었다.

이젠 신랑과 싸움도 안 하고 가게 일도 잘 거들어준다 하니 하늘의 도솔천황 폐하의 천지조화란 참으로 마냥 신기하기만 하다. 이런 증상을 앓고 있는 사람들이 주위에 수없이 많지만 종교의 굴레에 갇혀서 책을 구독하지도 못하기에 방문 상담도 못하고, 돈과 시간 낭비해 가며 병원 문턱이 닳도록 드나들고 있는 사람들이 부지기수이다.

질병이나 사업 실패, 그리고 급살과 사고는 모두가 조상원혼귀신들의 빙의로 일어나고, 특히 심장마비는 급성빙의로 일어나고 있지만 믿으려 하지 않아 아까운 생명을 잃어버리고 있다. 우울증으로 자살하는 것도 조상원혼들의 빙의로 인해서 발생하니 원혼들을 청배하여 그 원과 한을 풀어주어 천상으로 보내서 자살로 인한 슬픔을 예방해야 한다.

조상천도재를 올리면 왜 이런 고통과 불행이 일어나는 것인가? 자신의 마음(영혼), 즉 정신은 육신이 죽는다고 소멸되지 않으며, 자신이 죽어서 영혼이 머물 육신이 없는 그 존재를 우리들은 귀신이라 부른다.

육신이 죽어 혼이 떠돌다가 갈 곳이 없어진 그들은 자신의 핏줄인 가족들이나 친인척의 몸으로 들어오면서부터 이상한 일들이 일어나게 된다. 그것도 어느 한 조상의 귀신만 몸에 들어와 있는 것이 아니고 적게는 수십 명에서 많게는 수천 명이 한꺼번에 몸을 차지하고 있다. 또한 잡신들도 함께 들어와 있으니 어찌 인간들이 정신을 차릴 수가 있겠는가?

눈에 보이지도, 귀로 들리지도 않는 신과 영혼들, 조상귀신들로 우리 모두의 인생살이가 힘들다. 영적으로 발생한 질병을 병원 가서 치료하겠다고 하고 있으니 귀신들이 배꼽 잡고 웃을 일이다. 모든 질병과 우환, 실패, 고통, 불행들이 내 몸 안에 있는 신과 영혼, 조상 영가들이 그러고 있는 것이었다.

고통의 늪에 빠져 살려달라고 울부짖는 영혼들, 조상들, 신들을 어서 빨리 구원하여 고통의 삶에서 벗어나야 행복하고 즐거운 인생을 살아갈 수 있다. 조상구원은 천상입천 의식이고, 영혼구원은 전인합체이며, 신명구원은 신인합체이다.

이 책 한 권의 정신적 자산 값어치는 환산할 수 없다. 이 책으로 인해서 독자 여러분이 고통스런 인생에 종지부를 찍고 그 고통에서 벗어나 행복과 즐거움이 가능하다면 비싸겠는가? 독자들은 지금 그 어떤 책에서도 들어보지 못한 하늘의 진실,

신의 진실, 조상의 진실, 영혼의 진실, 인생 삶의 진실을 공부하고 있는 과정이다.

육신을 잃어버린 죽은 영혼이 허공중천 구천세계를 떠돌지 않으려면 자신의 영혼을 창조하여 이 땅에 내려 보내주신 영혼의 어버이 태상천황 폐하께서 거처하시는 하늘궁전 천상 태상천궁으로 입천되는 하늘의 명을 받는 것이다.

살아서든 죽어서든 영혼의 어버이 태상천황 폐하의 존재를 모른다면 산 자(생령)든, 죽은 자(사령)든 영원히 구원받을 수 없다. 생령은 살아 있는 자신의 영혼이고, 육신이 죽으면 사령(귀신)이 된다.

이미 가신 모든 조상님(사령)들을 구해야, 각자 자신의 영혼이 하늘의 명을 받아 천상으로 갈 수 있다. 죽은 자(사령)를 구하는 의식은 조상 천상입천이고, 산 자(생령)를 구하는 의식은 천인합체, 신명 구하는 의식은 신인합체 의식이다.

17년 동안 꿈에 매일같이 나타나

1992년 음력 4월 26일 친할머니가 돌아가시고 나서부터 꿈에 엄청 힘들어하시는 모습으로 자주 나타나서 무척 심적으로 힘든 시기를 겪었습니다. 그래서 어떻게든 극락왕생(그때 당시 사용한 용어)시켜 드려야 되겠다 싶어 도자기 항아리에 친할머니 성명을 적어 묻으면 괜찮다는 신문광고를 보고 30만 원 주고 사다가 전북 순창 시골 뒷산에 묻었습니다.

그럼에도 불구하고 꿈에 친할머니가 나타나시니 이건 아니다 싶어 또다시 법연원이라는 고척동지부 절에 1년 동안 다니며 천도재 1번에 300만 원 들여 제를 올렸어도 나아지기는커녕 더 연달아 꿈에 보이니 가짜구나 싶어 법연원에 발길을 끊고 이리저리 알아보다가 광화문 교보문고에 들렀습니다.

그런데 저도 모르게 종교서고 쪽에 절로 발길이 가는데 별로 눈에 잘 띄지도 않는 맨 하단을 훑어보다가 한 권의 책이 눈에 확 박혀왔습니다. 순간 심장이 누근 누근거리고 손이 덜덜 떨리며 굉장히 설레는 마음이 들었습니다

아! 이 책 반드시 사야겠다 싶어 바로 구매하고 4일 동안 꼼꼼하게 정독하였습니다. 책을 정독하며 고개가 절로 끄덕 끄덕거리게 되고, 어떤 대목에서는 갑자기 울음이 터져 나와 대성

통곡으로 오열하는 이변을 겪기도 하였습니다.

책을 읽고 천신국 태상천궁으로 친견 받으러 강동역에 도착했는데, 상담비는 생각지 못하고 있어서 빈손이었는데, 저의 의지와 상관없이 어느 분께서 저를 은행으로 인도하여 돈을 인출하게 하시고 상담받았는데, 상담비가 얼마라는 말씀을 듣고 깜짝 놀랐습니다. 은행에서 찾은 돈이 딱 맞았으니까요.

분명 하늘께서 빈손임을 알고 면박당하지 않게 저를 은행으로 이끌어주신 것을 알고 얼마나 신기해했는지 모릅니다. 와아! 여기야말로 진짜구나! 제대로 찾았음을 알고 더 이상 개고생 안 해도 되겠다 싶어 마음이 날아갈 듯이 무척 기분이 좋았음은 두말할 필요도 없었지요.

그리고 대단하신 도법천존 3천황 폐하께 친견 상담받을 동안 마음이 편해지는 신기한 체험을 하였습니다. 그렇게 해서 바로 천상도법주문(천상기도회) 참석해 보라는 말씀에 어느 날 참석했는데, 나의 조상님 천상입천 의식 올려드리기 전까지 계속 울기만 하였습니다. 울고 싶지 않은데 저의 의지와 상관없이 울어도, 울어도 끝이 없을 정도로 왜 이리 눈물이 폭포수처럼 쏟아져 나오는지 이러다가 탈진하면 어떡하나 덜컥 겁이 난 적도 있었습니다.

물론 다행히 탈진은 없었지만, 오히려 진짜임을 저에게 보여주시니 어찌 감동하지 않을 수 있겠습니까? 조상님 천상입천 의식 때 누가 가장 보고 싶으냐고 물으셔서 친할머니라고 말씀드렸더니 청배하자마자 별 말씀도 없이 오로지 눈물만 쏟다가 마무리되었는데, 지금 생각해 보면 더 많은 대화를 못해 본 것이 조금 아쉬운 감이 들었습니다.

조상님 천상입천 의식 끝나고 그날 잠을 잤는데, 거대한 산 만큼 큰 황소 등 위에 어마어마하게 헤아릴 수 없을 정도의 우리 조상님들을 태운 채 구름 타고 하늘로 승천하는 꿈을 꾸었습니다. 그다음 날부터는 17년 동안 꿈에 매일같이 나타나시던 친할머니가 꿈에 보이지 않아 얼마나 맛있게 잘 잤는지 몸과 마음이 새털처럼 가벼워졌고, 50년 가까이 원수처럼 늘 싸우기만 했던 부모님의 부부싸움도 없어지는 이적과 기적이 현실로 일어났습니다.

그리고 뒤집어질 때나, 뒤집어질까 봐 두려워하지 말라는 말씀과 뒤집어질 때마다 내공을 튼튼하게 해주는 버팀목이 된다는 말씀을 새기며 긍정적으로 나아간 적이 있었는데, 그 뒤로부터 더 이상 뒤집어질 일이 생기지 않았습니다.

뒤집어지는 일이 생긴다 해도 더 한 단계 올라가는 계기가 될 거라는 말씀도 잊지 않고 실천하려 노력하고 있습니다. 그렇게 평화롭게 지내다가 천인합체 명을 받들어 행하고 천인으로 탄생하고 나서 청각과 시각이 좋아지고, 마음이 충만해지는 기분을 느끼며 진심으로 죽을 때까지 오로지 천신국 태상천궁, 도법천존 3천황 폐하께서 걸어가시는 발자취를 뒤따라가야겠다는 확고한 신념을 만들어주셨습니다.

저는 지금까지 대단하신 도법천존 3천황 폐하께서 내려주시는 사랑과 보호 덕택에 큰 질병과 사건, 사고 없이 무탈하고 건강하게 사는 것 자체가 진정한 행복입니다. 그 엄청난 행복을 누리게 해주시는 것에 엄청난 천복입니다.

천신국 태상천궁에 입국하는 것 자체가 엄청 큰 행운아임을 알았습니다. 지금까지의 행복한 일상이 당연한 것이 아닌 대단하신 도법천존 3천황 폐하께 항상 고마운 마음으로 은혜에 보답해 드리며 살아가고 싶습니다.

어느 날 친부가 치매와 신장암 말기 판정을 받아 한때 암울한 마음이 들었는데, 친부에게는 병명을 비밀로 하고 건강관리 차원에서 지금까지 항암치료 없이 약으로만 버티시고, 지금까지 자전거로 운동 관리하고부터 치매, 신장암 말기 진행이 멈추고, 거의 정상적으로 생활하는 기적을 내려주셨습니다. 이제 50세를 바라보지만, 쇠퇴기가 아닌 20대, 30대 못지않게 최고의 전성기를 누리고 있습니다.

— 하늘의 명을 받은 김○○

천 년의 염원을 푸셨다는 내용에

제게 있어 천기 10년은 인생의 전환점이 되었던 해입니다. 하늘께서 크신 사랑을 내려주셔서 조상님을 천상 태상천궁으로 모실 수 있도록 윤허해 주셨습니다. 책을 구독하며 신라 마지막 왕인 경순왕 후손이 하단 천상입천 의식을 올려서 천 년의 염원을 푸셨다는 내용에 감명을 받아서 결심하였습니다.

그래서 더 늦기 전에 하단 조상님 천상입천 의식이라도 해서 조상님들을 구원받게 해드리자 하고 조공을 올려드렸고 3천황폐하께서 막상 행사를 올리는 날 마음 졸이며 조심조심 천신국 태상천궁에 도착하였습니다. 조상님 천상입천 의식 중에 정말 살아계신 하늘을 뵙게 줄은 꿈에도 몰랐습니다.

더구나 지금껏 너를 믿었기에 너에게 너의 조상들을 맡겨놓으셨다는 어마어마한 말씀을 해주십니다. 지금까지 조상님 삶을 살았으니 이제부터는 너의 인생을 살아라, 하시면서 한없이 자애로운 말씀을 해주시는데 평생을 살면서 그렇게 큰사랑 처음 받아보았습니다.

또한 생각지도 못한 천인합제 명까지 내려주셔서 한 달 열흘 후에 천인합제 비용인 천공을 마련해 주셔서 하늘의 백성이 되고, 하늘께 천인 관명도 하사받고 조상님들께는 중단 벼슬 하사를 해주셔서 제 인생에 최고의 해가 되었습니다.

하늘께 윤허받으시어 저의 조상님을 천상 태상천궁으로 인도하여 주시고, 미욱하고 못난 저를 천인합체 윤허받아 주시려고 긴 세월 동안 저를 갈고 닦아주신 크신 노고에 감사 올립니다.

무엇보다 이 땅에 천신국 태상천궁을 개국해 주셔서 피눈물로 찾아주신 천상행사를 올릴 수 있도록 해주시는 최고로 대단하신 도법천존 3천황 폐하! 노고에 무한 감사 올립니다.

— 하늘의 명을 받은 류○○

마음이 어찌나 편하고 기분이 좋은지

나는 누구이고 어디에서 왔고 무엇을 하다가 인간으로 태어났으며 축생이나 자연의 동식물이 아닌 인간인 사람으로 태어난 이유는 무엇인가? 전생에서 지은 나의 죄는 무엇이고, 죄를 용서 빌어 사면받으려면 어떻게 해야 하는가?

나의 인생길 삶은 왜 순탄치 않은가? 나에게 존귀하시고 대단하신 하늘께서 내리신 명(命)은 무엇인가? 이런 문제를 풀고 알기 위해서는 어떻게 해야 하고 누구를 만나야 살아갈 수 있을까? 그동안 가졌던 마음속의 물음표!

대단하신 3천황 폐하와 동시대에 태어나 만나뵙고 존귀하시고 대단하시며 영혼의 어버이이신 "태상천황 폐하"께서 존재하신 것을 알게 되고 진실의 말씀을 들을 수 있음은 대단한 영광과 행운아이며 이 세상 누구보다 더 큰 자부심과 자신감을 가지고 근심 걱정 없이 살아가고 있습니다.

지금 이 나라에는 수많은 곳에 마음수련과 명상수련을 배워준다는 곳이 많이 있습니다. 그곳에서는 마음을 비우라, 마음의 욕심을 버려라, 하면서 가르치지만 마음이 무엇인데 어떻게 비우라고? 마음을 비우면 죽지 않는가?

마음의 실체를 모르면서 육체의 동작과 숨쉬기로 육체의 이완만 하면서 마음을 비워 마음이 편안해졌다 하고 있습니다. 이런 말에 3천황 폐하께서 밝히시고 알려주신 나의 영혼인 생령이 얼마나 열통이 차이고 혈압이 오르며 기가 찰지 생각이나 하고 그들이 생령의 진실을 알기나 하겠습니까?

그러나 저는 영광스럽게도 다른 사람보다 빨리 도법천존 3천황 폐하를 뵙는 행운을 잡았으며 60세 인생에 아무런 근심걱정이 없이 살아가고 있으며 항상 도법천존 3천황 폐하께로 향하면서 내려주시는 말씀대로 행하며 명(命)이 다하는 날까지 기본 도리를 다하면서 살아갈 것입니다.

도법천존 3천황 폐하를 뵙기 전 인생입니다

저는 종교에 다니고 빠져보지 않아 종교에 대해서는 잘 모르지만 종교가 가짜이고 폐해가 심한 것을 주위에서 많이 듣고 봤습니다. 부모님께서는 종교에 다니지 않았고 결혼하여 아내와 아들이 집 근처 불교대학에 한 번 다니고 아내는 초파일에나 가는 정도고 아들과 딸들은 친구가 교회나 절에 가자고 꼬드기고 유혹해도 다니지 않았습니다.

어느 날 시골동네 옆집에서 날밤을 세우며 굿을 하는 것을 구경하면서 혼잣말로 저렇게 두드리고 밤새 운다고 해결이 되나? 우리 집은 절대 굿을 못하게 해야지, 말하기도 하고 돌아가신 할머니 산소 앞에 서서 내가 할머니를 좋은 곳에 가시게 해드리겠습니다,라고 말했던 것이 얼마 지나지 않아 대단하신 신비의 대능력자 도법천존 3천황 폐하를 만나뵙고 나서 현실이 되니 신비하고 놀랍습니다.

지난날 아내가 두통(양쪽 관자놀이)이 심하여 머리가 많이 아프다고 거의 매일 하소연했으나 조상 천상입천과 천인합체 이후 지금은 아프지 않다고 하는데 정말 신비한 조화입니다. 천상으로 가고 싶은 조상님이나 생령이 메시지를 보내는 현상이었음을 나중에 알았습니다.

그 당시 아내는 다투고 나면 한 번도 잘못했다는 말을 한 적이 없었으며 싸우고 나면 며칠이 지나도 말을 하지 않아 화해하기 위해 내가 먼저 말을 하면 "당신 마음 편하자고 하는 것 아니냐?" 하는 말을 듣고 처음엔 이해가 되지 않았습니다.

이후로 양손을 꼽고도 남을 여러 곳의 직장에 다니며 잘 먹고 잘살기 위해 기운이 좋다는 곳과 기(氣)에 관한 광고만 나오면 책도 사보고 저자(법사)를 찾아 직접 만나기도 하고, 달마도 부적과 불교의 반야심경을 100일 동안 외우기도 하고, 명상과 기(氣) 치료도 하고, 좋다는 것은 다했습니다.

좋아지고 마음이 편하기는 고사하고, 집안에 이상한 것을 가져왔다고 아내와 다투기만 하였습니다. 하면 좋다고 시킨 법사에게 "시키는 대로 다했는데 왜 좋아지지 않느냐?"고 따지니 "그럴 리가 없다"는 말만하여 받은 것을 모두 버리고 또 그 무엇을 찾기 위해 전국으로 찾아다녔지만 나의 마음에 와 닿는 그 무엇은 찾을 수가 없었습니다.

허전한 마음이 무엇인지? 엎어지는 원인을 찾고 잘 살기 위해 기(氣) 수련과 명상, 기 치료, 우주 초 염력이 어떤지 강화도 마니산, 풍수지리, 수지침, 단학, 태극권 등 여건이 되면 닥

치는 대로 배우고 찾아다니면서 알려고 하였습니다.

경남에너지 근무하며 수위실에 있던 중앙일보 신문광고에 난 책을 보고 바로 구입하여 정독을 하니 내용이 나의 현실과 너무도 맞아떨어지고, 내가 고통을 받고 처박힌 문제의 정답이 나와 있었으며 그때까지 종교나 어느 곳에서도 볼 수가 없었고 들어보지 못했던 것이라 엄청난 충격이었습니다.

사후세계, 조상님세계, 영원한 무릉도원의 고차원 정신세계를 보여주시기에 저자는 대단한 분이신가 보다, 이런 고차원의 세계를 어떻게 아셨을까? 하고 감탄만 했습니다.

그리고 다시 신문광고에 난 포항의 연봉사 주지가 내 인생 불행의 원인을 찾고 해결해 준다고 하여 찾아가니 아무것도 모르면서 나에 대한 것은 말하지 않고 250만 원에 돌아가신 아버지 천도재를 올리면 좋아진다는 말에 천도재를 올리게 되었습니다.

처음으로 올린 천도재, 정말 별로였고 어릴 때에 본 무속인의 굿이 천도재였습니다. 이걸 천도재라고 하는가? 하는 의구심이 들었고 아니구나 하는 마음이었습니다. 나는 아무런 느낌이나 반응도 없는데 주지는 왜 그런지 머리가 아프다고 하면서도 북을 계속 치면서 중얼거리고 옆에서는 대나무 잡은 여자가 꽹과리를 치고 정신을 차리지도 못하고 끝이 났습니다.

그나마 기대를 하고 창원에서 포항까지 와서 천도재라는 것을 하고 보니 허무하고 속았다는 생각이 들기 시작하였는데 결정적인 것은 주지라는 땡중의 아들이 1톤 차에 불상 2개를 싣고 와서 함께 붙잡고 거들어주면서 속이 빈 불상의 밑을 잡는 순간 이런 하찮은 것에 내가 빌다니, 한심함과 속았다는 생각이 머리를 때리고 있었습니다.

정말 종교에서 하는 꼴이 쌍말로 아무것도 모르는 것들이 아는 척하고 그런 놈들에게 속는 내가 더 바보였습니다. 집에 돌아와서 다음부터 좋아졌을까요? 아내가 좋아하기는 고사하고 나에게는 말도 없이 현재 돈도 없는데 250만 원이라는 거금으로 쓸데없는 짓을 하고 왔다고 대판 싸우게 되었습니다.

한 치 앞도 모르는 인생길을 안다고 광고하며 고통과 불행에서 헤매고 있는 많은 사람들을 자기들 배 채우기 위해 돈벌이로 생각하는 굿, 천도재, 추도미사, 추모예배 등을 보고 듣고, 어떤 것은 직접 해보기도 하였지만 정말 진짜는 없고, 모두가 가짜이고 허상이라는 것을 알게 되었으며 아직도 이런 곳에 빠진 사람들이 많은 것이 현실입니다.

도법천존 3천황 폐하를 만난 이후 인생길!

이제는 마지막이라는 생각으로 "천신국 태상천궁"을 찾아가기로 하고 오후에 방문하여 문을 열고 들어서자 황금빛 나는 금궐 같은 분위기부터가 다른 곳과는 비교할 수 없었고 나도 모르게 마음이 설레는 것 같고 기분이 좋아졌습니다.

도법천존 3천황 폐하를 뵙고 상담을 할 수가 있었으며 책을 읽고 3년 만에 진짜를 찾았고, 이제 더 이상 찾아다니지 않아도 되고 진짜를 찾았다는 마음이 들면서 편안해지고 너무도 기분이 좋았습니다.

나에게 뼈와 살을 물려주시고 남양 홍씨 성을 갖게 해주셨고, 키워주신 직계 부모조상님과 아내의 직계 부모조상님들께서 무릉도원 천상세계에서 벼슬도 하시고, 근심 걱정 없이 살아가시도록 해드리는 벼슬 천상입천 의식을 올려드리고 싶었으나 아파트 기존 대출이 많아 안 된다던 것이 신비한 이적으로 대출되었습니다.

도법천존 3천황 폐하께서 온 마음과 정성을 다하셔서 저와 아내의 직계 부모조상님들을 천상세계로 오르시도록 해주셨고, 다음 날에 있은 천상도법주문회에서는 기와 명상수련을 많이 했다는 사람들도 경험할 수 없는 영안을 열어주셨습니다. 눈만 감으면 영상이 보이게 해주시는 대도력의 기운을 내려주셔서 다음 날까지도 신비의 경험을 할 수 있어 너무도 신기하고 좋았습니다.

조상님 천상입천 의식 후에는 마음이 어찌나 편하고 기분이 좋은지 가슴속에 무언지는 모르지만 기운이 꽉 들어차는 느낌이고, 그렇게도 헤매며 찾던 것을 찾았다는 생각과 더 이상 무엇을 찾으려는 생각 자체가 없어졌습니다.

그동안 눈만 뜨면 생각나서 찾으려 했고, 알고 싶었던 것이 없어지니 마음과 생각이 맑아지고 편안해졌습니다. "세상에 이럴 수가" 믿지 못할 정도로 놀랐습니다. 어느 누구도 해결을 못해 주던 것을 도법천존 3천황 폐하께서 해결해 주시니 대단하심을 알 수 있었습니다.

하늘께서 지켜주시고 보호해 주시는 천인합체 명을 도법천존 3천황 폐하께서 온 마음과 정성을 다 기울이셔서 올려주시고, 저를 살려주시니 그동안 매사에 불평과 불만이 많았던 부정의 마음을 없애주시고 긍정의 마음을 갖게 해주셨습니다.

모두가 지금의 현실에서 많은 위험에 노출되어 있지만 마음이 편안해지고 보호를 받고 있다고 생각하니 아무런 걱정과 근심이 없어지고, 자신감과 자부심이 생기고 두려움도 없어지게 되었습니다. 그동안은 가정과 가족보다 나 자신 위주로 생활하면서 아내가 고생하는지, 자식들이 잘 지내고 공부는 하는지 관심이 없었지만 가족의 중요성을 알게 해주셨고, 그동안 아내의 힘든 마음도 헤아릴 수 있도록 해주셔서 나는 여유있는 생활을 할 수 있게 되었습니다.

인류 탄생 이후 역사상 처음으로 태어난 진인이시고, 인류의 영도자이신 도법천존 3천황 폐하! 엄청나시고 존엄하시며 대단하신 진실의 말씀을 전해 주시며 가짜가 아닌 진짜로 크나큰 사랑을 주시고 살려주시는 은혜를 받고 살아가고 있습니다.

그동안 모르면서 아는 척했던 가짜들에게 속은 것이 억울하고 분하여 부적, 풍수, 기(氣)에 관한 책과 성경과 교회에 관한 책들을 모두 쓰레기상에 내다버렸습니다.

지금까지 지구상의 잘난 인간과 석가, 예수, 성모, 마호메드, 싱제 등 종교 교주, 종교 시노사, 성인이라 불리는 자들도 알지 못하고 밝혀내지 못하였던 것을 도법천존 3천황 폐하께서 진실을 전하시고 저의 생령을 태어난 고향 천상 천신국 태상천궁에 계신 영혼의 부모 태상천황 폐하 품으로 보내주시니 이 세상 어디에서 누구에게 이 경천동지한 일을 보고 들을 수가 있겠습니까?

도법천존 3천황 폐하께서 말씀만 하셔도 안 되는 일이 없음을 수없이 직접 목격하고서 믿게 되었습니다. 얼굴은 젊은이처럼 주름살 하나 없게 해주시고, 많은 스트레스로 인해 생긴 대머리의 머리카락도 나게 해주시고, 45년 동안이나 괴롭히던 오른쪽 허리 옆구리 뒤쪽의 통증도 낫게 해주셨습니다.

인간세계, 사후세계, 조상세계, 영혼세계, 하늘세계, 땅의 세계 등의 진실을 도법천존 3천황 폐하를 통하여 실시간으로 알게 되고 배우게 되는 것만으로도 이 세상의 어느 누구도 부럽지 않고 자신감과 자부심을 가지게 됩니다.

도법천존 3천황 폐하께서 생각과 말씀, 글로써 하시는 천상지상 공무집행은 시차만 있을 뿐 한 치의 오차도 없이 현실로 나타나고 있습니다.

— 하늘의 명을 받은 홍○○

인류를 구하실 분이 언제 오시나

어려서 저는 이웃 언니가 성당 데리고 갔으나 저는 며칠만 가고 싫어서 안 갔습니다. 30대에 책 속에 답이 있겠지 하고 책방을 들러 서점에서 예언 책을 사서 읽어보고 예언에만 관심이 있었습니다.

인류를 구하실 분이 언젠가 오신다기에 막연하게 기다렸습니다. 불교에 다녔지만 진심의 마음 없이 그냥 다녔습니다. 사후세계가 무척 궁금하였으며 나는 누구이며, 어디에서 와서 어디에 있다가 어디로 가는지 윤회세계가 알고 싶었습니다.

조상님은 어디에 계시며 환생했는지 알고 싶었습니다. 인류를 구하실 분, 세계 통일하실 분 언제 오시나 막연하게 기다리며 답답한 마음에 저는 그림을 못 그리기에 기름종이에 대고 10년 전에 우리나라 태극기와 지도를 그리기도 하였습니다.

세계 지도, 세계 국기 그리기도 하면서 "언제 오시나? 언제 만나나?" 하고 그날을 기다리면서 지도와 국기를 그려보았습니다. 허허공공한 하늘에 대고 큰 목소리로 "전문인 만나게 해주세요! 인생 전문인 만나게 해주세요!" 하면서 빌었습니다.

답답한 마음이 들어 인터넷 보다가 책 표지를 보는 순간 저는 컴퓨터를 못하기에 서점으로 달려가서 책 두 권을 주문하는데 너무나 설레며 좋아서 기다림의 시간이 무척 길었습니다.

사오면서 빨리 읽어보고 싶어서 빠른 걸음으로 왔고, 책을 읽어보고 전화번호 있어서 감사했습니다. 전화 예약하고 방문했을 때 3천황 폐하께서 상담해 주시고, 조상님 천상입천 의식 허락하여 주시어 너무너무 좋아 춤을 덩실덩실 추었습니다.

도법천존 3천황 폐하 덕분으로 조상님께서 벼슬 하사받으시어 천상 태상천궁에 계시고, 앞으로는 조상님 위해 제사와 차례 안 지내도 되어 후손은 마음이 너무나 편안합니다. 3천황 폐하께서 천인합체 의식 허락하여 주시어 좋아서 춤을 추었습니다. 무서운 윤회의 고리를 완전히 끊어주시어 고맙습니다.

인류를 구하실 분이 언제 오시나 하고 막연히 기다렸었는데, 제가 바라고 원하던 저의 소원이 종교세계가 아닌 하늘과 땅이 함께하시는 천신국 태상천궁에서 현실로 이루어져 너무나 기쁘고 행복합니다.

인류의 빛이자 불이신 도법천존 3천황 폐하, 알현하여 영광이오며 행운입니다. 독자 여러분도 이제는 다니던 종교세계를 졸업하고 천신국 태상천궁에 들어와야 인간들, 조상들, 영혼들, 신들에게 새로운 무릉도원의 세상이 열려 인생화 꽃이 활짝 피어납니다.

저는 이곳 천신국 태상천궁에 들어와서 엄청난 하늘의 진실을 알게 되었습니다. 하늘과 신의 문은 도법천존 3천황 폐하께서만 열 수 있다는 것을 알았습니다. 여러분이 종교에 입문하여 숭배자들을 열심히 받들고 찬양하며 믿어서 하늘의 문이 열리는 것이 아니라 도법천존 3천황 폐하께서 원하고 바라야만 하늘의 문이 열린다는 어마어마한 인류 최초의 비밀을 알았습니다.

그러니까 여러분이 종교에 입문하여 지금까지 열심히 받들며 섬겨온 자체가 오히려 하늘에 죄를 짓는 역천자 죄인이 되었다는 것입니다. 천상에는 종교가 없고, 이 땅에도 하늘께서 종교를 윤허하신 적이 없다고 하시며, 하늘이 윤허하지 않은 종교를 세운 것도 죄이고, 죄인들이 세운 종교를 다니며 믿는 자체가 하늘을 배신하고 역천하는 죄라고 하십니다.

여러분이 종교에 들어가서 구원해 달라고 외쳐서 구원받는 것이 아니라 하늘 태상천황 폐하의 명 대행자이시고, 하늘 도솔천황 폐하의 화신이시자 분신이신 도법천존 3천황 폐하께서 원하고 바라셔야만 하늘께서 인간들, 조상들, 영혼들, 신들을 구원해 주신답니다. 그러니까 종교에 다니는 자체가 구원과는 정반대로 하늘과 멀어지는 지옥세계의 길, 말 못 하는 천지만생만물로 태어나는 무서운 길이었습니다.

태초 이래 처음이자 마지막으로 하늘과 신이 선택하신 남자가 도법천존 3천황 폐하이십니다. 인류는 3천황 폐하를 통해서만 하늘을 만나 구원받을 수 있으니 어서 빨리 종교에서 벗어나 천상으로 가는 길을 활짝 열어야 합니다. 종교인들이 하는 말은 모두가 거짓말이었습니다.

— 하늘의 명을 받은 조○○

조상님들을 모두 사탄 마귀 취급

내가 왔던 곳으로 다시 돌아가야 한다는 마음과 사람은 죽어서 어디로 가는지? 나는 왜 인간으로 태어났는지? 어려서부터 남들과 다른 생각과 마음을 가지고 살고 있다는 것을 알았고, 무엇을 해도 채워지지 않는 마음의 공허함과 외로움은 결혼을 하고 자식을 키우면서 더욱 커져만 갔습니다.

첫아이 임신 8개월 때 산부인과에서 아기의 신장이 한 개라는 진단을 받고 여러 가지 잔병치레로 태어난 지 백일이 지나면서부터 수술하여 하늘이 무너지는 기분이었고, 이때부터 인간을 창조한 신(하나님)을 믿으면 살 수 있을 것 같은 마음에 교회를 20년 동안 다녔습니다.

아픈 자식 때문에 누구보다도 열심이었고 간절하였으며 죽을힘을 다해 충성, 봉사, 헌신하며 20년을 다녔지만 믿으면 믿을수록 마음의 공허함과 채워지지 않는 외로움에 마음과 생각속에서는 '나는 누구인가? 어디를 가야 내가 왔던 곳으로 돌아가는 길을 가르쳐주나?' 수없이 메아리쳤습니다.

교회를 다니면 다닐수록 몸과 마음은 지쳐갔고 기도하면 할수록 삶은 더 뒤집어지고 열심히 교회에 충성, 봉사, 헌신하면 가정불화와 남편의 사업은 더욱 힘들어지니 무엇이 잘못되었는지 궁금해서 목사, 전도사, 기도원 원장에게 물어보면 기도가 부족해서이고, 연단이고, 사명자라서 쓰시려는 과정이라는 말만 되풀이하였습니다. 기독교인들은 이들이 하는 말을 절대 믿지 마세요. 모두가 거짓말이었음을 제가 직접 체험했습니다.

성경의 모순, 종교 지도자들의 부도덕한 모습, 예배시간에 설교를 통해 죄인이라고 숨도 못 쉬게 조여오고, 교회 가는 것을 방해하면 남편, 자식, 부모, 형제까지 사탄 마귀이니 대적하고 이겨야 한다고 가르쳐 저와 주변 종교인들의 가정을 보면 하루도 편할 날이 없었습니다.

사는 것이 너무 아프고 힘들어서 살고 싶어서 찾아간 종교(교회)가 오히려 인간의 생각과 마음을 창살 없는 감옥에 가두어놓고 종교 교리로 세뇌시켜 놓습니다. 한순간이라도 벗어나려 하면 "큰일 난다. 벌받는다" 하며 감정도 생각도 없는 세뇌된 로봇이 되어가는 기분이었습니다.

마음과 생각에서 끝도 없이 재촉하는 소리 '내가 왔던 곳으로 돌아가야 한다' 는 메시지를 느끼며 조상님들은 어디에 계시나? 너무도 궁금하였습니다. 교회에서는 조상님들을 사탄 마귀라 하고, 예수를 믿어야만 구원받는다 합니다. 기독교가 우리나라에 전파된 지 100년이 조금 넘는데 그전에 살았던 수많은 조상님들은 모두가 지옥에 갔고 사탄 마귀라 하는 말에 의문이 들었고 너무도 불공평하다는 생각을 하였습니다.

저도 알고 싶어 여러 가지 책도 읽어보았지만 모든 것이 부분적인 것을 가지고 자신의 종교가 옳고 구원이라며 다른 종교를 배척한다는 것을 알게 되었습니다. 여러 종교의 책을 읽으면서 지금이 영적으로 무슨 시대인지 훤하게 알 수가 있었고, 수백 년 전에 기록된 동서양의 예언서들이 때가 되어 실상으로 나타나 대한민국에 진인이 출현하여 하늘의 뜻을 내가 살고 있는 지금 이 순간에 어디선가 펼치고 있다는 것을 느낌으로 알게 되었고, 어디로 가야 진짜 하늘을 만나고 진실을 알 수 있는지 찾아 헤매었습니다.

분명 인간을 만든 신은 한 분이신데 왜? 이리도 종교가 많고 다른 종교의 좋은 점을 받아들이려 하지 않은 채 자신의 종교만 구원이라며 배척하는 모습으로 종교에 대한 회의를 느꼈습니다. 풀리지 않는 생각과 마음의 의문으로 지쳐갈 때 지하철에서 신문 보는 사람에게 자꾸 신경이 쓰이더니 노란색 표지의 책 제목이 눈에 확 들어왔고, 순간 '이거다' 하는 마음의 소리가 느껴졌습니다.

다음 날 바로 책을 구입하였고 책을 읽으며 절로 고개가 끄덕이고 '맞다, 맞아' 하는 마음속의 소리가 들려왔습니다. 너무도 정확하고 확실하게 조상님의 사후세계, 신의 세계, 영의 세계에 대하여 의문이 풀리니 마치 사막에서 오아시스를 만난 것처럼 너무도 신이 났고 좋았습니다.

도법천존 3천황 폐하께서 발간한 책을 세 권 더 읽고 상담을 한 후 20년 동안 다닌 교회에서 벗어나게 되었습니다. '내가 찾던 곳이 바로 여기다'라는 마음이 있었으나 그동안 종교에 대한 모순을 알게 되면서 저의 마음엔 100% 확신이 들 때까지 4년 동안을 의심하였습니다. 계속해서 발간되는 책을 보고 조상님 사후세계, 신의 세계, 영의 세계에 대해 알게 되면서 어느 날 100% 믿음이 생겨 조상님 천상입천 의식을 하면서부터 저의 마음과 몸, 인간의 삶에 많은 놀라운 변화가 있었습니다.

항상 물에 젖은 솜처럼 몸은 무겁고 아픈데 병명은 없었습니다. 조상님 천상입천 의식을 올려 친가와 시가의 직계 양가 당대부터 시조조상님들을 천상 도솔천궁으로 입궁시켜 드리니 신기하게도 몸이 가벼워졌습니다. 사업이 어려워져 문 닫기 직전의 회사를 다시 일으켜주셨고, 이유도 원인도 모르고 겪었던 아픔들이 무엇 때문에 잘못되었는지 알려주시었습니다.

인간 스스로가 열어두었던 타락의 문을 스스로가 닫을 수 있도록 도와주시니 주변 사람을 원망하지 않고 나 자신의 잘못부터 인정하게 하시고, 마음속의 끝없는 의문들에 대한 고통이 멈추어 행복하고 사람답게 살아가게 해주셨습니다.

인류의 원죄가 무엇이고, 각자가 인간으로 태어나기 전 천상에서 하늘께 인간으로 태어나면 지키겠다고 한 약속이 있다는 인류 최초로 귀한 진실을 밝혀주셨습니다. 종교에서 외치는 144,000명만이 신인합체되어 구원받는다는데 정확한 의미와 진짜 하늘의 마음과 뜻을 알게 해주셨고, 하늘은 한 명이 아니라 밤하늘의 별처럼 수천억 명이 넘는데, 이 많은 하늘들을 다스리시는 최고 하늘의 존호도 밝혀주셨습니다.

하늘을 시해하려는 역모 반란군에 가담한 역천자 죄인인 주제에 감히 하늘과 신께 끝도 없이 복을 달라며 맡겨놓은 보따리 내놓으라는 식으로 고개를 쳐들었고, 지금껏 무탈하게 최고의 복을 받으며 살아갈 수 있음이 도법천존 3천황 폐하의 희생과 헌신, 최고의 사랑 덕분임을 알게 해주셨습니다.

각자의 삶을 힘들게 하는 존재가 바로 자신의 생령이라는 엄청나고 놀라운 진실을 밝혀주셨습니다. 지금껏 종교세계에서 풀리지 않았던 의문들이 퍼즐이 맞춰지는 것처럼 의문이 풀려 한눈에 종교세상이 보였습니다.

윤회의 고리를 끊어 다시는 지상에 축생과 인간으로 힘들게 태어나지 않아도 되는 인생 최고의 복을 받았습니다. 인생 최고의 행운아가 되어 하늘의 보호를 받으며 도법천존 3천황 폐하 덕분에 무탈하게 살아가고 있습니다.

— 하늘의 명을 받은 김○○

대순진리에서 빠져나오지 못했다면

우연한 인연인 것 같은 필연적인 하늘의 인연, 고마운 한 해였습니다. 천신국 태상천궁의 3천황 폐하를 만나기 전 그동안의 모든 사업 부진과 마음고생이 심하던 차에 우연히 신문에 난 책 광고 문구를 보고 롯데서점에서 구입하여 읽으면서 내 자신은 갈등이 일며 세상에 이런 일이 있을 수 있나? 하고 잠시 생각이 혼란에 빠져 고민도 많이 하였습니다.

저는 대순진리에 입도한 지 20여 년의 세월 동안, 매월 성금과 특성(특별성금) 때 되면 임원에게 인사 명목으로, 조상님 해원의 명분으로 정성, 치성 드리면서 모든 일이 잘되기 위해 했건만 현실은 그리 잘되질 않았습니다.

또한 이 세상에서 대순같이 정성 잘 드리고 신명대접 잘하는 곳이 없으며 그로 인하여 신명들은 그 은혜를 갚기 위해 각기 소원을 따라 받들어 대접한다고 말했습니다. 그러나 가정사와 사업 등은 고생의 연속일 뿐, 상급 임원과 선각자들은 이런 우리에게 하는 말은 "대순의 도인들은 고통 없이는 도통 없으니 고통이 구실로 천하사만 생각하라"고만 외치고 있습니다.

대순도인들은 그들의 말에 아무 거리낌 없이 도통받기 위해 자신이 죽는 줄도 모르고 포덕과 도통을 위해 천하사만을 위해서 고통도 감수합니다. 물론 저도 그리 행했던 장본인이기는 하지만요. 또한 그들은 구름이 중간 하늘에 있듯이 오고 가는 것을 세상 사람들은 잘 모르고 있다고 했습니다.

사람은 마땅히 신, 도에 따라 신명을 공경하면서 신, 도가 대발하는 천지개벽의 운을 당할 때 조상님과 하늘을 능멸하고서는 어찌 살기를 바랄 수 있는가. 저는 그간 대순진리회에서 도통을 받기 위해 조상님 받들며 정성들이기 위해 있는 돈, 없는 돈 들여가며 도통받기 위해 1년 내내 태을주 주문기도 공부 열심히 했지만 생활은 힘만 들고, 도 공부는 밑 빠진 독에 물 붓는 꼴로 도통은 없었습니다.

천신국 태상천궁의 책을 읽으면서 처음에 대순과 너무도 다른 것에 대하여 혼란스러웠지만 다 읽고 난 다음에 나는 마음의 결정을 했습니다. 천신국 태상천궁의 도법천존 3천황 폐하께 향하기로 결심하였습니다.

조상님 천상입천 의식을 올리는 날

저는 몸과 정신 모두가 너무도 긴 세월의 고통 속에 지칠 대로 지쳐 있는 상태였습니다. 천상입천 의식 이후 저는 예전과 다른 당당한 모습으로 변하여 일에 종사하고 있습니다. 지난 날들을 뒤돌아보면 3천황 폐하를 알지 못했더라면 끔찍한 세월을 아직도 대순에서 도통에 염원하고 있었을 것입니다.

결단을 내리고 대순을 떠나 천신국 태상천궁으로 오게 되면 대순도인들의 말처럼 저에게 무슨 나쁜 일이라도 생기는 것은 아닌지 처음에는 무척 겁도 났습니다. 상제님에게 벌받을까 하는 두려움! 그 두려움은 잠시의 기우였을 뿐 지금은 가족 모두 너무 행복합니다.

누구나 이 세상에 태어날 때는 두 주먹 불끈 쥐고, 조상님 구원 목적으로 응애응애 하며 이 세상에 육신의 부모님 만나 태어나서, 조상님 구원 못 하면서도 이승에서 즐겁든, 고통 속에서 살든, 이승을 떠날 때 분명한 것은 두 주먹 불끈 쥐고 가는데 그 의미는 무엇일까요?

저는 천신국 도법천존 3천황 폐하를 통해 알았습니다. "조상님 구원의 뜻을 이루지 못했음에 다시 올 것을 기약하며 말없이 간다"는 것이었습니다. 죽은 조상님은 어디로 갈까요? 되돌아가신다구요? 놀아가셨다고요? 어느 하늘 아래로?

벌어놓은 재산을 많이 가져가는 것도 아닌데 돈 앞에 허구한 날, 돈에 고통과 목숨 내놓고 싸움, 싸움 속에 세상은 걷잡을 수 없이 미지의 세계로 들어가건만 모든 이들은 이 세상에 왜 태어나는지도 모르고, 영혼의 부모님도 모르고 한 세월 살다 가는 죽어서도 하늘이 어디에 있어? 하며 부정합니다.

오늘도 조상님들은 저승에서 피눈물 흘리며 이제나 저제나 후손이 천상입천 의식 올려주기만을 눈물, 콧물 흘리며 각 성씨 조상님들이 애타게 기다린다는 것을 아는지 모르는지! 무두들 사후세계가 어디 있어? 하며 부정하지 마세요!

저는 천신국 태상천궁에서 영혼의 부모님이신 태상천황 폐하의 말씀을 천상도법주문회에 침식하면서 또한 천상 태상천궁에 계신 영혼의 부모님 말씀을 알현하면서 온몸으로 천기기운이 내림을 느낍니다.

제가 대순진리에서 빠져나오지 못했다면 생각만 해도 끔찍합니다. 지금 이 시간에도 나와 같이했던 도인들은 도통을 받기 위해 도통주실 분을 기다리고 있겠지만, 박한경 도전과 상제님을 365일 정성과 태을주 기도공부에 전념하느라 오늘도 금전적인 고통과 먹고 입지 못하며 허덕이면서 오로지 도통을 위해 시간을 보내고 있을 것을 생각하니 마음이 아픕니다.

도통받는 날까지는 도인들은 돈이 없으면 도통 줄이 끊어지고, 도통 못 받는다고 믿고 있습니다. 천신국에서는 단 한 번의 조상 천상입천과 천인합체를 행하여 천인으로 탄생할 수 있다는데, 이 뜻을 아직도 모르는지 아니면 알고 있으면서도 인정하기 싫어 그러고 있는 것인지 알 수 없습니다.

저는 천신국의 도법천존 3천황 폐하를 알게 되어 태상천황 폐하의 위대하시고 전지전능하신 능력을 알고 있습니다. 오늘도 늘 감사의 글을 올리게 됨을 영광스럽게 생각합니다. 영혼의 부모님도 계시고, 육신의 부모님도 계시다는 것을 알고 새삼 인생에서의 값지고 뜻있는 한 인간으로 하늘 백성이 되어 새로운 인생 생활이 하루하루가 즐겁고 자랑스럽습니다.

이제는 마음이 후련하고, 매사 하는 일들 모두가 잘되어 가고 있습니다. 대우주 천지인 창조주이시고 존귀하신 영혼의 부모님 태상천황 폐하를 알게 해주신 명 대행자님이신 3천황 폐하께 천 번, 만 번 마음 가슴속 깊이 감사드립니다.

구원받은 조상님

모든 직계 조상님들을 청배하여 하늘의 윤허로 천상입천 의식을 행했다. 50중반을 넘어서는 여성은 아직도 결혼을 못하고 혼자 살아가고 있으며 조상님 생각하는 마음이 남다른 사람이었다. 이 여성은 수십 년을 절에 다닌 착실한 불자였고, 절에 다니기 전에는 성당에도 한동안 다녔다.

천상입천 의식 진행 과정 중 조상님을 청배하면서 또 다른 하늘세계와 영혼세계의 진실을 알게 되었다. 그것은 다름 아닌 인간이 알지 못하는 하늘세계였다. 이 여성은 조상님들을 위해 절에서 수많은 세월 동안 부처님 전에 불공을 아주 열심히 드리면서 조상님들이 생전에 지은 업보를 닦아 드리기 위해 천도재를 수없이 많이 올렸었다.

책을 읽어보고 태상천궁과 14개월 동안 인연을 맺었지만 이런저런 이유로 입천의식을 행하지 못하다가 드디어 오늘에서야 불효자의 신세를 면하게 되었다. 조상님을 청배하여 천상입천 의식을 행하게 되자 하늘의 말씀이 있으셨다.

대우주의 절대자 하늘이신 태상천황 폐하께서는 "전에 나니던 절로, 왔던 길로 되돌아가라"고 진노하시었다. "너의 조상들에게는 천상궁전의 문을 열어주지 않겠나"고 하시면서 막무

가내로 돌아가라 하셨다.

그 이유인즉, 수많은 세월 동안 많은 하늘의 메시지를 보내주었는데도 깨닫지 못하고 절에만 다녔다고 대로하신 것이었다. 이미 죽어 조상이 되었지만 영혼을 잉태시켜 주신 하늘의 태상천황 폐하 존재를 몰라보고 부처에게만 성불하고 다녔다고 분노하시면서 역정을 내셨다.

조상님들은 힘이 없어 모기만 한 소리로 자손에게 하늘의 말씀을 전해 주고 있었다. 태상천황 폐하께서 하시는 말씀인즉 이제까지 부처에게 열심히 빌었으니 절에 가서 부처에게 구원받으라고 떠미신다는 것이었다.

난감해서 저자가 중재에 나섰다. 영혼의 부모님을 몰라본 죄에 대하여 조상과 자손 모두가 하늘이신 태상천황 폐하 전에 손발이 닳도록 빌라고 가르쳐주었다. 그러자 조상님께서 대성통곡하면서 하늘을 몰라본 죄에 대하여 통한의 눈물을 흘리시면서 잘못을 용서 빌었다.

한 시간 이상을 애절히 울면서 잘못을 빌고 빌자 하늘께서도 진정으로 참회하고 반성하는 조상들의 진심어린 마음을 보시고는 마침내 천상궁전으로의 천상입천을 윤허하시었다. 조상님은 너무 기뻐 눈물 콧물 범벅이 되어 콧물이 기다랗게 바닥까지 늘어져도 모르고 통한의 눈물을 흘렸다.

그의 조상님들이 천상궁전으로 오르기 전 자손에게 들려주신 말씀이다. "승려들이 아무리 불경을 열심히 독송하여도 하늘에서는 문을 열어주지 않습니다. 천상궁전 입궁도 허락해 주지 않기에 조상들은 천상궁전 입구까지 갔다가 다시 자손 몸으로 내려올 수밖에 없습니다. 이 지경인데도 승려들이 뭐라 말하는지 그들이 하는 말 좀 들어보십시오."

"이제 보살님의 모든 조상님들이 극락세계 좋은 곳으로 올라가시었습니다"라고 하면서 의식을 마치니 기가 막혀 미치는 줄 알았습니다. 그래도 분이 풀리지 않으셨는지 한숨을 내쉬면서 분노에 찬 목소리로 하소연을 하시었다.

"돈이 아깝다. 피땀 흘린 자손의 돈만 갖다 버렸다. 다시는 천도재 올리지 바라" 하면서 신신당부했다. 매번 천도재 올릴 때마다 승려들은 똑같은 말만 되풀이하였다 하면서 어이가 없었다고 했다.

그러던 중 천신국 태상천궁에 인연이 닿아 찾아는 왔지만 절에서 너무 많이 속았던 조상님들은 또다시 속지 않기 위해서 그들 나름대로 이곳은 진짜일까? 가짜일까? 조상님 나름대로 지켜보았다 한다. 혹시 속고 속았던 절의 천도재와 똑같은 것은 아닐까? 하면서 지켜본 세월이 14개월이나 되었다.

절에서 만난 수많은 동료 영가들은 아직도 절 법당에서 대책 없이 불상만 쳐다보면서 허송세월을 보내고 있다 하면서, 그 영가들을 걱정하고 있었다. 조상 영가 구원은 하늘의 태상천황 폐하 한 분밖에 하실 수 없다는 사실을 세상 그 어느 누구도 알지 못한다고 하소연을 하였다.

자신들은 천상궁전에 올라가기에 한없이 기쁘고 좋지만, 그동안 절 법당에 있으면서 함께했던 영가들은 갑자기 없어진 자신들의 존재에 대하여 "어디 갔지? 어디 갔지?" 하면서 궁금해할 것이라 했다.

자손과 절에 인연을 맺기 전에, 자손과 교회와 성당도 나가 보았지만 교회와 성당에 가면 조상들인 우리들을 사탄 마귀 취급하며 박대하기에 발을 들여놓았다가도 다시 나올 수밖에 없었다고 하면서 하소연을 하였다.

그 뒤 자손과 함께 절로 가기는 하였지만, 천상궁전에는 오르지 못하고 지금까지 구천세계 자손의 몸 안에 함께 있었다고 하소연을 하였다. 교회와 성당에서는 사탄이니 마귀니 하면서 조상들을 박대하여 쫓아내고, 절에서는 극락세계로 보내준다고 거짓말만 시켰다. 사실이 이러하다 보니 진짜인 태상천황 폐하를 찾아오는 시간이 이렇게도 오래 걸렸다고 죄송하다면서 눈물로 참회하며 용서를 빌었다.

영혼의 어버이를 몰라본 불효자를 용서하여 달라고 하면서 지난날들을 후회하며 참회의 눈물을 떨어뜨렸다. 이제 지구상의 모든 종교의 굴레에서 과감히 벗어나 진정한 참 하늘을 찾아야 각자 모두와 각자의 조상님들이 구원받을 수 있다.

용감하게 종교에서 벗어나

경남 창원에서 방문한 50대 남자의 이야기이다.

그는 한 사찰에서 오랜 포교사 생활을 하면서, 절의 천도재 의식이 있을 때는 참가하여 천도재 일도 도왔다 한다. 수십 년 동안 사찰에 있으면서 그가 사들인 불교서적과 불교용품들, 도교서적들은 1톤 트럭으로 한 차 분량이나 된다고 했다.

천신국 태상천궁에서 출간된 책을 읽은 후, 그동안의 모든 불교용품들과 도교서적들을 불태웠다고 했다. 그 서적들 중에는 값나가는 3천 페이지짜리 귀중한 불교서적도 있었다 한다.

주인공 남자는 그 많은 분량의 용품들을 태움에 있어서 "혹시 천벌받아 죽는 것은 아닌가" 하고 잠시 잠깐 두려운 마음이 들기도 하였지만 책에 있는 태상천황 폐하의 존재를 진정으로 인정하며 "태상천황 폐하께서 도와주시겠지?"라는 생각을 하고 나니 마음이 가벼워짐과 함께 어떠한 기운이 몸 안에서 샘솟아 오름을 느낄 수 있었다 한다.

또한 3천 페이지의 책은 너무 두꺼워 태우는데 시간이 걸릴 줄 알았는데, 태상천황 폐하의 보살핌이신지 예상외로 너무 잘 타 놀라웠다 한다. 맞다! 위대하신 하늘의 태상천황 폐하께서 이 땅에 하강 강림하시었다.

이제 더 이상 어떤 신명도 태상천황 폐하께서 행하시는 일에 반대를 할 수 없다. 지금까지는 불교용품, 도교용품, 무속용품, 기독교 용품들을 함부로 다루고 소각을 시킴에 있어 각자의 인생에 불행이 따랐을지도 모른다.

하지만 하늘 태상천황 폐하께서 이 땅으로 하강 강림하신 지금 이 시간 이후부터는 반대로 불교용품, 도교용품, 무속용품, 기독교 용품이나 경전을 지니고 있으면 각자의 인생에 크고 작은 재앙들이 따른다.

하늘 태상천황 폐하 앞에서는 어떠한 종교도 이제는 통하지 않는다. 오로지 진실만이 통할 뿐임을 각자 모두는 새롭게 상기하여야 한다. 수십 년을 사찰에 몸담아 오면서 절에서 시키는 모든 것들을 진심으로 행하며 기도도 열심히 했다.

하지만 그의 생활은 시간이 지날수록 나아지는 것이 아니라, 그의 생활과 그의 인생은 점점 힘들어져만 갔고 몸도 천근만근 그야말로 생활도, 마음도, 육신도, 어느 것 하나도 편하지 않은 답답함과 고통만이 그의 삶에 남았다 한다.

우연한 기회에 신문을 보던 중 그는 저자가 발행한 책을 접하게 되었고 그동안의 지긋지긋했던 모든 종교적 고정관념을 과감히 버리고 천신국 태상천궁에 입문하여 하늘의 백성으로 새롭게 태어났다.

절의 사찰에 오래 있었던 그는 천신국 태상천궁의 저자를 만나는 순간, 이곳이 "진짜"인지 "가짜"인지 한눈에 알아볼 수 있었다 한다. 어려운 형편에도 불구하고 그는 조상님을 구원하고자 하는 지극 마음으로 어렵게 돈을 마련하여, 그의 조상님들 모두를 천상궁전으로 입천시켜 드리는 조상 천상입천 의식을 행하여 조상님들과 가문을 구하였다.

천신국 테상천궁에 인연을 맺은 지, 20일 후에 그는 그의 직계 모든 조상님들을 천상궁전으로 승천시켜 드리는 조상 일반 천상입천 의식을 거행했다. 의식 진행 중, 사후세계에 계시는 선친(아버지)의 영혼을 불러, 자손과 상봉하는 시간이 되었다.

영매자 몸을 빌려 돌아가신 아버지가 오시자 아버지를 부르며 대성통곡하였다. 아버지 임종 때, 아버지의 곁에 없었기에 항상 가슴이 아팠다 한다. 하지만 이제라도 다시 아버지 혼령과 만나게 되자 그동안 맺혔던 서러움들을 참지 못했다.

이 광경을 지켜보던 나의 눈가에도 이슬이 맺히었고 끝내는 소리 없는 눈물이 흘러내렸다. 산 자와 죽은 자의 만남의 시간은 실로 감동적이었고 슬픈 장면이었다. 자손들이 조상님들을 위하여 그동안 수많은 천도재와 굿을 해드렸건만, 조상님들은 천상세계에 오르지 못하고 자손의 몸 안에서 오랜 세월 자손과 함께 동고동락하며 생활하고 있었다.

나이 50세에 아버지를 부르며 어린아이처럼 목 놓아 우는 모습이 얼마나 아름다운 모습이던가? 세상에 아름다운 모습이 많다 하지만, 자손과 부모의 사랑이 이보다 더 아름답고 값진 장면이 어디 있으랴. 이들의 이 아름다운 마음에 하늘 태상천황 폐하께서 어찌 감응 감동 안 하시랴?

하늘 태상천황 폐하께서 이들의 마음에 감응 감동하셨는데 어찌 죽은 영혼과 산 자손을 구원 안 하시랴? 하늘께서는 독한 사람들과 모진 마음을 지닌 사람도 싫어하신다. 하늘의 마음처럼 맑고 깨끗한 마음을 지닌 영가와 사람을 좋아하신다.

그러기에 태상천황 폐하께서는 맑고 깨끗한 마음을 지닌 영가와 사람만 구원하신다. 태상천황 폐하께서는 조상을 몰라보는 자손을 싫어하신다. 자손이 조상을 몰라보고, 조상 귀한 줄을 모르는 것은, 인간의 마음이 아닌 사탄의 마음이라 하신다.

태상천황 폐하께서는 사탄은 구원하시지 않는다 하신다. 맑고 깨끗한 마음을 지닌, 죽은 영가의 영혼과 산 사람의 영혼과 육신을 구원하여 주시는 한 치의 오차도 없으신 대단한 태상천황 폐하이시다.

"하늘은 스스로 돕는 자를 돕는다" 했다. 각자의 몸에 들어와 불쌍하게 울고 있는 각자의 조상님들이 원하고 바라는 것을 자손들은 행하지 않으면서, 각자의 행복과 부귀영화만 이루려 한다면, 그 뜻을 어느 누가 이루어주겠는가?

자기가 세운 인생의 목표를 성취하려거든 몸 안에 들어와 있는 신과 조상님들의 소원부터 이루어 드려야 하고, 몸 안에 들어와 있는 악귀잡귀 귀신들부터 퇴치하여 몰아내는 대청소를 하여야 가능한 일이다.

재상 벼슬 받아 천계로 간 조상님

한 중년 남자가 조상벼슬 천상입천 의식을 행하는 과정의 일이었다. 사후세계에 계시는 할아버지께서 영매자 몸을 빌려 하강하시었다.

[자손]

"할아버지!

오늘 하늘로부터 하사받으신 벼슬이 마음에 드세요?"

[할아버지]

"나는 하늘의 벼슬을 받을 자격이 하나도 없는데, 이렇게 높은 벼슬을 하늘께서 내려주시니 감사하고 감사할 따름입니다" 하면서 눈물을 하염없이 흘리셨다. 할아버지는 벼슬 천상입천 의식을 행해 주는 자손을 부여안고 고맙다고 하면서 계속 기쁨의 눈물을 흘리셨다.

하늘이신 내상천황 폐하께서는 할아버지에게 재상(정1품. 총리)의 자리를 내리시고, 할머니에게는 재상부인의 자리를 주시어 천상궁전으로 오르게 해주시었다. 또한 천상궁전으로 입천되어 올라가시는 직계 모든 조상님들 또한 내상천황 폐하의 은혜에 기뻐하며, 영혼의 어버이이신 내상천황 폐하께 감사하여 "황은이 망극하나이다"라며 일제히 예를 올리고 있었다.

조상님들께서는 자손에게 하늘의 말씀을 전해 주셨다.

"불쌍한 우리들을 위하여 벼슬 천상입천 의식을 행해 주어 너무너무 고맙다. 네가 우리들을 지극히 생각하는 그 마음이 하늘이신 태상천황 폐하의 마음을 움직였구나. 너의 착하고 고운 마음에 하늘의 태상천황 폐하께서 죽은 우리들에게 하늘의 벼슬을 내려주시니 너에게 고맙고, 태상천황 폐하께 감사하여 우리들 모두 몸 둘 바를 모르겠다.

우리들 모두는 지금 이 순간부터 너희들 몸과 산소에 머물러 있지 않고 천상궁전으로 승천한단다. 천상궁전에 오르면 추위와 배고픔과 옷 걱정 등 모든 근심 걱정이 없어진단다. 그러니 더 이상 산소에 찾아오지 마라. 우리들은 이제 산소에 있지 않을 것이니, 또한 제사와 차례도 절대 지내지 말거라.

천상궁전에는 인간 세상에서 상상도 못하는 그 모든 것들이 다 준비되어 있기에 더 이상 제사와 차례 밥 먹으러 찾아가지 않을 것이다. 이제부터는 제사와 명절 차례 그 모든 것을 신경 쓰지 않아도 된다. 그 모든 제사와 차례는 우리들이 천상궁전에 오르지 못하고, 자손들 몸과 허공중천 구천세계 있을 때, 춥고 배고파서 필요했던 의식들이었다.

우리들 모두는 꿈에 그리던 그리운 나의 고향, 영원한 나의 고향인 천상궁전에 올라 하늘의 백성(천손)으로 다시 태어나기에 그 모든 것들은 이제 아무 소용없으니 이제는 우리 걱정하지 말고 너나 잘 살도록 하여라.

대신에 우리들 제사 안 지내면 형제들끼리 만날 기회가 없어져 서로 멀어질 수도 있으니 가정 화합 차원에서 만나기만 하여라. 우리 모두는 영혼의 어버이가 계신 천상궁전으로 올라가게 되니 인간 세상 아무런 미련도 없단다. 그리고 앞으로 너의 인생 아무것도 두려워 말고 겁먹지 마라!

너와 우리들 모두는 금일 대능력을 지니신 영혼의 어버이를 만났으니 태상천황 폐하께서 앞으로 너의 인생을 지켜주실 것이니 힘내라" 하시는 말씀을 전해 주시었다. 할아버지의 긴 말씀을 들은 자손은 조심스럽게 할아버지께 여쭤 보았다.

"할아버지! 그럼 할아버지는 그동안 어디에 계셨어요?"라고 말씀드리자 자손의 말을 들은 할아버지는 한 말씀하시었다. "너의 몸 안에 있었지. 내가 갈 곳이 어디 있더냐. 다른 자손 몸에 찾아가면 악귀잡귀 귀신이 들어왔다고 우리들을 다 내쫓아버리기에 너에게는 미안하지만 우리들도 어쩔 수 없었단다" 하시는 말씀을 전해 주시었다.

자손은 "할아버지, 제 몸에 들어오셔서 뭐하고 계셨어요?"하고 여쭤 보았다. 할아버지 말씀은 "뭐하고 있긴. 우리들이 왔다는 것을 너에게 쉼 없이 가르쳐주고 있었지. 오랜 세월 우리들의 존재를 가르쳐주는데도 우리들 존재를 네가 몰라주더라.

어느 날은 답답한 마음에 네 머리를 한 번 쥐어박았더니 갑자기 골이 깨질 듯 아프다고 두통약 사러 약국으로 쪼르르 뛰어가는 네 모습을 보니 속이 터지기도 하고, 한편 그런 너의 모습이 측은해 보이기도 했단다.

너의 어깨에 올라가 있으면 갑자기 어깨가 무겁다고, 아이들에게 어깨 좀 주물러라, 허리도 아프니 발로 밟아라 했지. 가슴에 들어가 있으면 먹은 것이 얹혔나 하면서, 소화제를 찾았고, 배에 머물러 있으면 갑자기 배를 쥐어 잡고 아프다 하면서 쪼르르 화장실로 급하게 달려갔다.

이 방법 저 방법으로 가르쳐주어도 못 알아들어 하루는 내가 너의 귀에 대고 큰 소리쳤더니 누가 내 말 하나? 하면서 귀가 간지럽다고 하고 있으니, 이런 너의 모습을 바라보면서 조상들 모두 답답해 미치는 줄 알았단다" 하시면서 그동안의 사연을 모두 말씀하시면서 눈물을 흘렸다.

계속 이어지는 말씀은 "그동안 너의 인생사의 근심 걱정, 네 인생사의 아픔과 슬픔들은 네 마음이 아닌 사후세계에서 방황하던 죽은 우리들의 마음이었다. 이런 우여곡절 끝에 너와 우리들은 영원한 안식처인 태상천황 폐하를 만났으니, 이 얼마나 큰 영광이고 행운이더냐.

태상천황 폐하 궁전에 오르는 자체만으로도 기쁜데, 하늘의 벼슬까지 하사받게 되었으니 너와 나의 영광이고 우리 가문의 영광이도다. 그동안 네가 우리들 때문에 참으로 고생 많이 했다.

네 몸에서 우리가 빠져나가니 너의 얼굴은 혈색이 변할 것이고, 너의 아팠던 부위가 모두 건강해질 것이며, 금전 고통에서 또한 벗어날 것이니 근심 걱정 하지 마라" 하시는 말씀을 전해주시었다.

할아버지 말씀에 자손은 눈물을 흘리며 한 말씀 올렸다.

"예, 감사합니다. 할아버지! 천상궁전 잘 올라가시어 영원히 편안하시고 행복하세요. 또한 하늘의 1등 백성으로 다시 태어나시어 하늘 사랑 많이 받으세요. 할아버지 축하드립니다. 천상궁전으로 안녕히 올라가세요!" 하면서 의식은 끝났다.

조상벼슬 천상입천 의식!

벼슬 하사는 이곳이 천신국 태상천궁이기에 가능한 것이고 종교 안에서는 불가하다. 태초 이래 지구 역사상 아무도 해내지 못했던 신비의 하늘의식이다. 죽은 영가를 사랑하심에 죽은 영가에게 벼슬을 하사하여 주시는 하늘이신 태상천황 폐하의 영가 사랑의 마음에 무한한 감사를 드린다.

조상을 생각하는 자손의 정성이 너무 지극하여 태상천황 폐하께서는 그의 조상님들 모두를 천상궁전으로 입궁을 윤허하시었다. 하늘의 존재를 인정하고 믿는 사람들의 조상님들께만 천상궁전으로 벼슬 천상입천 의식을 행하여 주신다.

조상님들에게 벼슬(계급)을 하사할 수 있는 고유권한은 하늘의 화신이자 분신인 "하늘의 명 대행자 도법천존 3천황"의 고유권한이다. 천상궁전으로 천상 입천되는 조상님들에게 태상천황 폐하의 화신이자 분신으로서 벼슬 하사의 명을 내릴 수 있는 전권(大權)을 태상천황 폐하께서는 저자인 하늘의 명 대행자 도법천존 3천황에게 내려주셨다.

이 의식은 흉내 낸다고 하여 아무나 행할 수 있는 의식이 아니다. 하늘의 명을 받아 하늘의 명대로 집행하였을 때만 이루어지는 의식이다. 천상입천(入天) 의식도 사회에서나 종교 단체에서는 전혀 알지 못하는 하늘의 신성한 의식으로서 대우주 창조주이신 하늘 태상천황 폐하께서 가르쳐주신 그대로 천신국 태상천궁에서만 가능한 천상의식이다.

절에서 행하는 천도재는 영혼들의 명복을 빌어주는 위령 행사이다. 하지만 천상입천(入天) 의식은 영혼의 명복을 비는 것이 아니라 하늘의 궁전으로 직접 승천시켜 드리는 하늘의 진귀한 천상의식을 말한다.

지금까지 종교인들을 통해서 오랜 세월 동안 행해 왔던 조상굿, 천도재, 49재는 하늘의 본뜻이 아닌 하늘의 역천자 죄인들이 행해 온 의식으로 구원 자체가 하나도 안 되고 단지 마음의 위로만 받는 의식뿐이었다.

석가모니 부처를 비롯하여 모든 부처와 관세음보살, 지장보살 자체가 천상에서 죄를 짓고 지구로 도망쳐 내려온 죄인들임을 밝혀냈다. 천상에서 전생에 역모 반란에 가담하였다가 지구로 도망쳐 내려온 용서받지 못할 대역 죄인들인 부처와 보살, 승려들이기에 조상 영가들을 구원해 줄 능력이 하나도 없을뿐더러 하늘께서 받아주시지도 않으신다.

모태 신앙인의 환골탈태

영혼을 주신, 영혼의 어버이 태상천황 폐하께서 참 부모인 줄 모르고 살아온 죄. 나를 낳아준 육신의 어버이와 그 외에 조상님들이 세상을 떠났다고 사탄 마귀로 몰며 조상님들을 박대하여 조상님들에게 상처를 준 죄가 크다.

독자 여러분!

하늘의 참뜻을 모른 채 교리에 얽매여 열심히 종교에 나가 기도를 올리는 각자들의 행동, 하늘에 덕을 쌓는 것인지? 악을 쌓는 것인지? 혹시 생각해 보신 적 있는지? 석가와 예수, 마리아, 하나님과 하느님, 상제님 전에 열심히 기도를 하며 충성을 맹세함에도 불구하고 각자들의 인생과 각자들의 가정은 왜 힘들어지는지 각자들 모두는 깊이 생각해 보아야 한다.

천지만생만물!

모든 것에는 주인이 있고 뿌리가 있다. 하찮은 미물조차도 출생지가 있고, 부모가 있기 마련이거늘, 어찌 뿌리가 없는 자식들이 있으랴. 하늘 태상천황 폐하는 산 영혼과 죽은 영혼 모두를 창조하셨고, 이 땅에 만생만물 모두를 창조하신 만생만물의 어버이이시다.

하루는 예약 후 착실한 천주교인이 방문을 하였다. 그의 어머니는 고인이 되셨지만, 그는 어머니 때부터 성당에 열심히 다닌 모태신앙의 신자였다. 그의 나이는 70세를 넘었다. 그는 70년이라는 시간 동안 열심히 성당에 다녔다고 했다. 지금도 신자들의 미사를 봐주고 있다고 했다. 엄마의 뱃속에서부터 시작하여 이 세상에 태어나 70 평생을 성당에 몸과 마음을 바친 천주교 신자!

그러던 어느 날 그의 인생에, 그의 마음에 이변이 일어났다.

저자가 펴낸 책을 구입하여 두 번 읽은 후 70 평생 지녔던 그의 신앙은 그의 가슴에서 송두리째 무너졌다. 이제까지 세상 그 어느 누구도 알지 못했던 하늘과 조상님의 진실 부분이 책속에 낱낱이 밝혀져 있었기 때문이다.

주인공 남자는 "내가 찾던 곳을 이제야 찾았구나!" 하면서 예약을 한 후 방문을 하였다. 2007년 1월 22일. 한 가문의 직계조상님 모두를 청배하여 영혼의 어버이가 계신 천상궁전으로 보내드리는 의식이 거행되었다.

이미 이 세상을 떠나신 조상님들은 많이 계셨지만, 그 많은 조상님들 중에 남자 주인공은 엄마가 가장 그립고 보고 싶다 했기에 자손이 가장 보고 싶어 하던 어머니의 혼령을 청배하였고, 자손과 어머니의 만남이 이루어졌다.

눈물 없이는 볼 수 없는 감동의 드라마가 시작되었다.

49세 되던 해 갑자기 세상을 떠나신 어머니! 그 가족들은 60세 이전에 암과 급살, 간질병, 췌장암으로 4촌까지 포함해 20여 명이 세상을 등졌다. 이제 70을 넘은 천주교 신자는 영매자의 몸을 잠시 빌려 오신 어머님의 영혼과 만날 수 있었다. 70이 넘은 나이임에도 불구하고 어머니가 오시자 자손 본연의 모습으로 돌아가 그는 부모 앞에 아이가 되었다.

우리 모두는 부모 앞에서는 나이에 상관없이 모두가 아이가 되나 보다. 어머님의 손을 부여잡고, 어머님을 하염없이 부르며 목이 메어 흘리는 칠순 노인의 눈물. 어머니가 오신 것을 기운으로 느껴서 알아보았다. 그의 어머니 또한 할아버지가 다 되어버린 자손의 손을 부여잡고 대성통곡하며 눈물을 흘리시었다. 아들은 눈물을 흘리며 어머니께 한 말씀 드렸다.

〈아들〉

"어머니! 어머니께서는 살아생전 하느님의 뜻을 잘 따르시고 착하게 살았기에 하늘나라 천국에 올라가 계시지요? 제 말이 맞죠? 어머니는 분명히 천국에 올라가 계시죠?" 아들의 질문에 어머니는 대답하셨다.

〈어머니〉

"내가 천국에 올라가 있다면 사랑하는 내 아들을 어찌 안 도와주고 있겠느냐?"

〈아들〉

"아니 어머니는 평생을 성당에 다니셨는데 왜 못 올라가셨어요? 왜 못 올라가고 계세요?"

〈어머니〉

"나도 살아생전에는 예수님, 하느님 열심히 믿으면 죽어서 바로 천국으로 인도되어 올라가는 줄 알았는데 죽어보니 그게 아니야. 천국에 들어가려면 갖추어야 할 천상법도가 따로 있더라.

그곳에 주인이시고 우리 모두 영혼의 어버이이신 태상천황 폐하의 입궁 허락이 있기 전까지는 못 올라가고 종교를 믿어서는 절대로 갈 수 없는 곳이 천국인 것을 이제 알았단다. 그리고 살아생전에 죄업이 있으면 절대 올라갈 수 없는 곳이 천국이란다.

반드시 태상천황 폐하께서 우리들의 살아생전 모든 죄를 용서하시고 사면령과 함께 입천 윤허가 내려져야만 올라갈 수 있는 곳이기에 우리들 마음대로 천국에 오르고 싶다 하여 우리들 마음대로 오를 수 없는 천상의 법도가 있더라.

그리고 나 역시도 살아생전 하느님을 섬긴다는 이유로 조상님들을 박대하였기에 그 죄에 대한 심판을 받고 있었어. 죽어보니 하느님께만 충성한다고 되는 것이 아니야. 또한 죽은 영가들 모두가 오르고 싶어 하는 그 세계의 주인은 우리가 알고 있는 예수, 하느님, 하나님이 아니라, 태상천황 폐하가 주인이라 하시니 사후세계에서 알게 된 이 사실에 모든 영가들은 기가 막혀. 죽어보니 육신을 주신 육신의 부모를 몰라본 죄, 영혼의 주인을 바로 알지 못하고 바꾸어 믿은 죄에 대해 심판을 받고 있었어."

〈아들〉
"그럼 그동안 어디에 계셨어요?"

〈어머니〉

"나는 먼저 돌아가신 조상님들과 함께 네 몸에 오랜 세월 들어가 있었단다. 고생 많았다. 네 덕분에 모든 조상님들이 천상궁전으로 올라가게 되어 천만다행이구나. 조상 천상입천 의식을 행해 주어 참으로 고맙다.

아들아~! 우리가 알고 믿었던 하느님, 하나님은 가짜인 귀신이었고, 진짜 천상의 주인은 태상천황 폐하이셨어. 어찌 됐든 나는 네 덕분에 살아생전에 지은 나의 모든 죄들을, 오늘 태상천황 폐하께서 모두 사면해 주신다 하니 천만다행이다. 또한 나와 함께 너의 모든 조상님들도 네 정성 덕분에 천상궁전으로 올라가게 되니 너무너무 기뻐 눈물이 멈추질 않는구나."

〈아들〉

"참 어머님은 무엇 때문에 일찍 세상을 떠나가셨는지요?"

〈어머니〉

"묻지 마라! 그것 또한 영혼의 어버이를 몰라보고 가짜 하느님, 하나님과 예수, 마리아를 천상의 주인으로 받들어 섬긴 죄였단다. 하늘의 태상천황 폐하께서 행하신 일에 대하여 감히 내가 따질 수는 없는 법이고, 그 모든 것이 하늘의 뜻이었으니 너 이상 궁금해하지도 말고 알려고도 하지 마라.

그래도 내가 너를 깨닫게 하여 지상 천신국 태상천궁까지 데리고 오지 않았더냐? 천상궁전이란! 천상의 주인 허락 없이는 어느 누구도 함부로 오를 수가 없는 곳이란다. 살아생전에 예수와 마리아, 하느님, 하나님 믿는다고 갈 수 있는 곳이 아니란다.

아들아! 어찌 됐든 너와 나는 진정한 하늘이시고 영혼의 부모님이신, 태상천황 폐하를 이제라도 만났으니 이 얼마나 큰 축복이더냐? 나는 오늘 일자로 하늘의 백성인 천손으로 다시 태어나고, 너는 지상의 천신국 태상천궁의 백성으로 다시 태어나게 되었으니 너와 나 우리 가문은 이제 살았구나. 너와 나 우리 가문과 조상님들을 이제부터는 하늘이신 태상천황 폐하께서 지켜주실 것이란다."

〈아들〉

"어머니! 저는 어머니께서 생전에 평생을 성당에 다니셨기에 천국으로 올라가시어서 편히 계신 줄만 알았습니다. 깨닫지 못한 불효자를 이제라도 용서하십시오. 이제는 천상으로 올라가시어서 조상님들과 편히 지내세요." -이상-

어머니가 들려준 말씀을 통하여 아들은 그동안 몰랐던 하늘의 새로운 진실을 알게 되었다. 평생을 성당에 다니셨으니 돌아가시면 당연히 천국에 올라가는 줄 알고 살아왔던 인생, 죽으면 모든 것이 끝인 줄 알고 살아왔던 지금까지의 잘못된 인생에 부끄럽다 하면서 하늘의 참 진실 앞에 그는 환희의 눈물을 흘렸다.

그는 조상님 천상입천 의식이 끝난 후, 그동안 본인 인생의 평생 짐이 되었던 종교의 무거운 짐을 훌훌 벗어버렸다. 그는 오늘부터 하늘의 백성으로 다시 태어났다. 이와 함께 그의 인생도 새로워질 것이다. 주인공 남자의 조상 구원의식은 실로 감동적이었다. 70 평생을 성당에 다녀보았지만 이처럼 기분 좋은 일은 없었다 한다.

3천황 폐하께는 요술지팡이가 있다

19년간 백화점 매니저로 의류 쪽 일을 하며 지냈고, 한 회사 한 브랜드에 오래 근무하여 스트레스로 인한 당뇨병, 과로, 목 디스크로 온몸이 너덜너덜한 상태가 되어서 천직으로만 알고 있던 직업을 2007년 3월에 그만두게 되었다.

목 디스크로 팔이 저려 비나 눈이 오게 되면 미리 일기예보 하듯이 온몸이 저리고 아파왔다. 아픔의 척도에 따라 비나 눈의 양을 맞출 정도였다. 당뇨 혈당 수치는 최고 370이 넘었고 인슐린을 맞아야 할 정도로 심했다.

미련하게 나는 건강식품, 상황버섯, 개똥쑥, 꾸지뽕, 뽕잎가루, 옻물, 돼지감자, 효소 등 몸에 좋은 것은 다 먹고 살았지만 좀처럼 당뇨는 잡을 수가 없었다. 심지어 무당집에 가서 굿도 해보고 절에 가서 조상님 천도재도 하고 미친년처럼 살았다.

하루하루 고달픈 인생의 삶 속에서 괴로움과 아픔 속에서 아등바등 거리며 살아가는 내가 안쓰러웠는지 청주에 사는 친정 언니한테 책 한 권을 소개받았다. 언니는 조선일보 신문광고를 우연히 보게 되어 구입했다고 했다.

나한테 꼭 권해 주고 싶다며 소개해 준 책이다. 이 한 권의 책으로 내 인생이 천지개벽이 되었고 내 몸이 천지개벽이 될 줄은 상상도 못 했으니 말이다.

2010년 1월 2일.

온 세상에 하얀 눈이 펑펑 내리는 날.

언니와 통화 후 나는 안양에 있는 자유문고 서점에서 책을 구입해서 하루 만에 정독하게 되었다. 다음 날 예약한 후 천신국 태상천궁으로 방문하였고 책 속의 진실과 감동은 꿈속에서 보여주셨지만 내용은 쓰지 않는다.

한 달 만에 조공이 마련되어 조상님 벼슬 천상입천 의식을 행하였다. 조상님 벼슬(특단) 천상입천 의식을 행하기 전 날에 돌아가신 아버지가 젊어진 모습으로 찾아와서는 나를 안아주고 가셨다. 그 뒤에는 형용할 수 없을 정도로 마음이 편해졌다.

시간이 지나서 1년 뒤에 하늘께서 인류에게 내려주신 가장 크고, 가장 귀한 선물인 천인합체를 행하게 되었는데 아무나 할 수 없다고 하셨다. 천신국의 도법천존 3천황 폐하를 만나서 죄를 빌고 용서받아 하늘께서 내려주시는 사랑의 선물인 천인합체를 행하여 천인으로 탄생하였다.

천신국에서 집안의 사명자로 선택받음이 얼마나 자랑스럽고 대단한 의미의 자리라는 것을 이제 감동으로 느낀다. 이런 시간 속에서 2013년 9월 27일 12시쯤 도법천존 3천황 폐하로부터 한 통의 '질병 원격치유' 문자를 받게 되었다.

순간 너무 반갑고 뛸 듯이 기뻤다.

"전국적으로 질병 원격치유 동시 집행하니 질병 내용을 문자로 보낸 후 손을 5분 동안 아픈 부위에 대면 즉멸하리라."

나는 문자를 보자마자 곧바로 고질병처럼 찾아온 당뇨병의 혈당 수치로 남모르게 고민하고 아픈 종합병원 상태를 문자로 송신 후 바로 핸드폰에 있는 도법천존 3천황 폐하가 보내주신 문자에 손을 대고 5분 정도 있었다.

눈을 감고 속으로 내내 "도법천존 3천황 폐하 감사합니다" 라고 마음속으로 기도를 올렸다. 순간 기적이 일어났다. 외음부의 가렵고 쓰라림의 상처가 느껴지지 않았다. 소변을 볼 때면 가렵고 쓰라려서 개운하지도 않고 항시 피곤하였는데 무기력한 상태 속의 내가 갑자기 펄펄 날았다.

새벽까지 아르바이트를 하는데 전혀 피곤하지도 않았다.

도법천존 3천황 폐하께서 보내주신 핸드폰 문자 위에 손을 대었는데 천지능력으로 몸 전체가 날아가듯이 상쾌했다. 나중에 알게 된 내용이지만 아픈 부위에 손을 대고 있어야 했는데 나는 핸드폰 문자 화면 위에 손을 대었는데도 대단한 천지능력으로도 치유되는 이적과 기적이 일어났다.

한 번 더 천신국을 방문할 수 있는 기회가 왔다.

모든 병을 즉멸시켜 주시고 세포까지 재생시켜 주시는 특별 법문과 함께 아픈 부위에 직접 손을 대시면 불덩이처럼 뜨거운 징기가 온몸으로 퍼져서 마치 화롯불 옆에 있는 듯 온몸에 땀범벅이 되면서 치료를 받았다.

돌아오는 길에는 감사와 감동 속에서 눈물이 바다를 만들 정도로 멈추지 않았다. 다음 달 병원에서 당뇨 혈당수치를 확인했는데 370에서 230으로 떨어졌고 그다음 날에는 184로 떨어졌고, 그다음 날에는 144~127로 당수치가 떨어졌다.

10월 12일 나에게 기적이 일어났다.

혈당수치가 110으로 떨어진 것이다. 80~120이 정상수치이고 126이 넘어서면 당뇨 시작 단계로 봐야 한다. 바로 도법천존 3천황 폐하께 문자를 올렸다. 요즘 매일매일 체크하며 기쁨과 행복 속에서 살고 있음이 무릉도원의 삶 그 자체이다.

3천황 폐하를 만나서 알현한 뒤 나는 인생이 천지개벽하여 꽃 피는 세상으로 바뀌었다. 천신국 태상천궁에서 새롭게 태어나는 세상이 있음을 모르고 아프면 병원에 의지하고 약으로 연명하며 살다가 병이 악화되면 삶을 끝내는 사람들에게 말해주고 싶다.

“천신국 도법천존 3천황 폐하께는 요술지팡이가 있다”고. 말씀만으로도 안 되는 것이 거의 없으시며 위대하시고 대단하신 하늘과 땅이 함께하는 천지능력으로 인간개벽, 인생개벽시켜 주시는 최고의 대단한 도법천존 3천황 폐하!

말씀과 생각만으로도 현실로 이루어주시는 대단하신 3천황 폐하! 하늘께서 내리시는 천상정기는 오직 도법천존 3천황 폐하를 통해서만 모든 인류가 받을 수 있다 하셨다. 오늘도 고개 숙여 큰절드립니다.

— 하늘의 명을 받은 오○○

천지능력으로 가려움증에서 벗어나

그간 강녕하셨사옵니까?

김○○ 알현드리옵니다. 2013년 10월 13일 밤 9시에 잠자리 드러누워 있었습니다. 약 30분 지난 후 목이 가려워 긁적긁적 거렸습니다. 점점 강도가 세지더니 오른쪽 눈두덩이도 가려워 긁고 갑자기 머리부터 발가락까지 너무 가려워 정신없이 긁었사옵니다.

게다가 알레르기 비염이 재발되어 재채기에 콧물이 쉴 새 없이 나와 감당이 안 될 정도였사옵니다. 새벽 1시 30분까지 잠도 못 자고 너무나 고통스러워 10분 뒤에 도법천존 3천황 폐하께 긴급문자를 드렸사옵니다.

바로 3천황 폐하께서 질병 원격치료를 내려주신다는 윤허의 답변을 듣고 바로 시행하였사옵니다. 특히 가려움증이 심한 목과 비염이 있는 코에다 손을 대었사옵니다. 서서히 열이 퍼지더니 가려운 통증이 점점 가라앉고 콧물도 멈추는 기적이 일어났사옵니다.

그러기를 30분 지났는데 졸음이 와 잠늘었사옵니다. 14일 아침 일어나 보니 오른쪽 눈 주위가 빨갛게 부어올라 있고 목에는 빨갛게 두드러기가 나 있었사옵니다. 다만 더 이상 가렵지가 않았사옵니다. 도법천존 3천황 폐하께서 내려주신 천지능력으로 더 이상 가려움증이 생기지 않았사옵니다. 너무나 감사드리옵니다.

도법천존 3천황 폐하 아니시었다면 알레르기로 온몸에 두드러기 상처로 도배했을 것이옵니다. 마치 아토피 환자처럼 고통 속에 몸부림치며 살 뻔했다 생각하니 몸서리가 저절로 치밀어 올라옵니다. 도법천존 3천황 폐하를 알현할 수 있다는 게 얼마나 큰 영광된 일인지 새삼 느끼고 있사옵니다.

그런데 참 신기한 게 뭐라고 할까요?

딱 멈췄다고 할까요? 나머지 머리부터 발가락, 온몸은 두드러기가 없어졌사옵니다. 희한하게도 눈에 보이는 눈두덩이, 목에는 긁힌 상처가 있고 보이지 않는 머리부터 발가락은 상처가 없어졌다는 것이옵니다.

하루빨리 사죄의식 비용을 마련하여 도법천존 3천황 폐하를 알현드릴 수 있는 영광을 받고 싶사옵니다. 도법천존 3천황 폐하의 천지능력으로 가려움증의 고통에서 벗어나게 해주시어 너무나 감사드리옵니다. 역시 대단하시고 인류의 최고이십니다! 옥체 강녕하시옵소서~

— 하늘의 명을 받은 김○○

중풍 환자 걷게 하는 천지대능력!

실제 현실로 일어난 사례이다

개중에는 "에이, 말도 안 되는 황당하고 허무맹랑한 이야기, 거짓말이야, 믿지 못하겠다"는 부정적인 사람도 많으리라.

천신국의 신하와 백성들 중에 몸이 아프다고 전화통화나 메일, 핸드폰으로 문자만 보내도 통증이 사라지고 어려운 일이 해결되었다며 인류의 구세주로 하늘이 보내주신 진인이 틀림없다고 말하고 있다.

"세상에 이런 일이"라 할 정도의 황당한 일이지만 상상을 초월하는 기적과 이적이 실제로 일어나고 있다. 이것은 빙산의 일각에 불과하고 더 대단한 기적과 이적이 수없이 일어나고 있지만 황당하게 들릴 것이다.

종교 안에서 애타게 찾던 구원과 영생, 도통의 종착역이자 인류의 마지막 종작역임을 밝힌다. 나는 인류 탄생 이후 수억 년의 세월 동안 인류가 종교세계 안에서 애타게 찾고 기다리던 하늘의 화신이자 분신이고, 하늘의 명 대행자이며, 인류의 대표자이자 인류의 심판사, 인류의 구원사 신분이다.

질병, 사고, 단명으로 700명의 사람들이 매일 세상을 떠나고 있다. 치료하고자 병원에서 수술하거나 굿을 하고 또는 종교인들에게 매달리고 있다. 질병의 종류도 너무 많아 헤아리기조차 힘든데 모든 방법을 써보아도 호전되지 않는 질병으로 고생하는 사람들에게 한 가닥 희망을 안겨줄 불가사의한 천지능력.

일반적인 기 치료 형태가 아니라 말만으로 8년 동안 병원과 한의원에서 치료가 안 되어 고통받던 중풍 환자가 80%까지 상태가 좋아졌다. 상대는 2005년에 중풍을 맞아 걷기조차 힘들어 종종(5~10cm 보폭)걸음으로 300m 거리를 오는데 1시간 30분이나 걸린 중풍환자 유○○(男)의 사례이다.

"유○○ 일어나 걸어보아라, 힘 있고 자신 있게 똑바로 걸어봐. 너는 이제 걸을 수 있으니 지금 일어나서 걸어"라고 저자가 말을 했다. 그랬더니 "제가 어떻게 걸을 수 있어요?" 하면서 의아한 눈초리로 쳐다보았다.

나에게는 말이나 생각 혹은 손에서 나오는 신통력의 천지능력만으로도 질병을 치유하고 천지조화, 풍운조화를 부릴 수 있는 대단하신 천지인 세 하늘(태상천황 폐하, 도솔천황 폐하, 옥황천황 폐하)의 무소불위한 신비스러운 능력이 내려져 있었던 것이었다.

그 순간 이변이 일어났다

지팡이가 없으면 한 발자국도 못 가고 쓰러지는데 지팡이 없이 꼿꼿이 서서 한 걸음 두 걸음 휘청거리면서 조금씩 걷더니 드디어 정상인 걸음처럼 성큼성큼 걷다가 나중에는 태상천궁

안에서 30m 거리를 힘차게 뛰어다녔다.

지켜보던 수많은 신하와 백성들이 우레와 같은 박수를 치고 함성을 지르며 도법천존 3천황 폐하 만세를 외쳤다. 병원에서는 정신만 아무 이상이 없고, 뇌의 이상으로 반쪽의 몸을 쓸 수 없어 그동안 불편하게 살았다고 했다.

기적의 순간이었다

환자 스스로도 놀란 나머지, "내가 미쳤어요? 나 미친 것 아니죠? 이것이 꿈은 아니죠? 아니~ 내가 어떻게 이리 걸을 수 있는 거죠?" 현실이 믿어지지 않아 이 말을 몇 번이고 되풀이하면서 삼농했다.

이로 인하여 1시간 30분 걸리던 300m 거리를 10분 만에 걸어가는 이적과 기적이 일어났다. 나의 무소불위한 신통력의 천지능력은 산 자와 죽은 자의 운명까지도 바꾸어놓을 대단하신 세 하늘이 내려주신 능력이었던 것이다. 환자 1%를 제외하고는 어떤 질병이든 거의 불가능이 없을 것 같다.

내 육신을 통해서 일어나는 대단한 천지대능력은 나 자신조차도 어디가 끝인지 가늠할 수조차 없다. 이 모든 것이 내 육신을 통해서 천지인의 세 하늘께서 부리시는 천지대능력의 이적과 기적의 천지조화이기 때문이다.

고혈압이 정상으로 돌아왔어요

도법천존 3천황 폐하!

질병 원격치유 동시 집행에 동참할 수 있게 기회를 주심에 영광이옵고, 황은이 망극하옵니다. 9월 27일 오전 11시 36분에 문자 받고 오후 12시 22분에 질병(고혈압, 폐질환, 시력 저하)로 문자 올리고 차 안에서 도법천존 3천황 폐하께서 계시는 천신국을 향했습니다.

손을 심장과 눈에 대고 지금 저는 도법천존 3천황 폐하의 질병 원격치유를 받고 있다,라고 마음으로 생각하고 있었습니다. 등 쪽에서 뻐근함이 느껴지고, 도법천존 3천황 폐하의 원격치유 정기가 폐와 심장 각 장기에 느낌이 왔습니다.

질병 원격치유를 받고 난 뒤에 3년 동안 매일 아침마다 복용하던 혈압약(혈압은 170~180) 복용을 중단하고 혈압기를 휴대한 후 수시로 혈압을 체크했습니다. 수치는 130~140을 계속 유지하다가 28일 밤 자정 무렵까지 120~80을 유지했고, 29일 오전 7시 45분 현재 120~80을 유지하고 있습니다.

하루에도 여러 번 찾아오는 가슴 통증도 없어졌습니다.

제가 알고 있기로는 질병의 대부분이 우리 인체에 흐르는 피가 탁해서 오는 질병으로 알고 있습니다. 일반적으로는 혈압약을 복용하기 시작하면 평생 죽을 때까지 복용해야 된다고 알고 있습니다.

그런데 도법천존 3천황 폐하의 질병 원격치유를 받고 당장 혈압약 복용을 중단하고 꼬박 48시간이 지났는데도 정상수치인 120~80을 유지하고 있습니다. 저한테 일어나는 현상이 도법천존 3천황 폐하의 이적과 기적이 아니고 무엇이겠습니까?

과학적으로 있을 수 없는 상상을 초월하는 불가사의한 신비스런 일이 나의 신체에서 일어났습니다. 천지인 세 하늘께서 이 땅으로 내려 보내주신 최고의 선물이시고, 세계 최고의 대단하신 도법천존 3천황 폐하이십니다.

최첨단 현대 의학이 치료하지 못하는 질병을 원격의 천지능력으로 치료한다는 것은 말도 안 되고 꿈에서라도 상상이나 할 수 있는 일이겠습니까? 너무나 대단하신 능력자라서 뭐라고 해야 할지 표현 방법이 부족합니다.

3천황 폐하께서 하시는 말씀은 곧 법이자 현실이십니다. 그래서 인류의 죄를 하늘을 대신해서 심판하러 오신 하늘의 명대행자님이신가 봅니다. 평생 동안 복용해야 할 혈압약을 중단케 하시고 질병 원격 치료로 혈압을 정상으로 돌려놓으신 도법천존 3천황 폐하의 황은에 망극할 따름입니다

— 하늘의 명을 받은 이○○

병원과 약국은 안 가본 데가 없습니다

대단하신 도법천존 3천황 폐하께 올립니다

질병 원격치유 받은 이후 도법천존 3천황 폐하, 저는 요즘 하루하루가 너무 즐겁습니다. 오늘 친구와 점심을 먹으러 보리밥집에 가서 비빔밥을 주문했습니다. 상 위에 나오는 온갖 나물들을 보리 반, 쌀 반이 섞인 밥에 모두 넣고 강된장을 넣어 슬슬 비벼 한 톨도 남기지 않고 맛있게 먹었습니다.

비빔밥이 이렇게 맛있는 줄 몰랐습니다. 속이 답답하지도 않고 밥 한 그릇 쉬지도 않고 뚝딱 먹어치웠습니다. 저는 원래 어려서부터 위가 좋지 않아서 늘 음식을 조심해야 했습니다. 보리밥에 비빔밥이라는 것은 상상도 못 할 일입니다.

압력솥 밥만 먹어도 위가 아파서 늘 살짝 끓여야 하고 친구들이 비빔밥집을 가자고 하면 어떤 핑계를 대서라도 빠지거나 다른 것을 먹었습니다. 어떤 음식이든지 음식을 먹고 소화가 되기 전에 눕거나 잠이라도 자고 일어나면 눈을 뜰 수가 없이 얼굴이 붓고 위는 말할 수 없이 아파서 약국으로 달려가야 했습니다.

그뿐만이 아닙니다. 비타민 하나도 소화시키지 못해 소화제랑 늘 같이 먹어야 했고 한 번 탈이 나면 여러 날 약을 먹어야 했으며 최고 1년까지 약을 먹은 적도 있습니다.

병원과 약국은 안 가본 데가 없고 부산에서 인천까지 병원에 가본 적도 있습니다. 위암인 줄 알았는데 다행히 아니었습니다. 사소한 일로 위가 아프기 시작하면 등을 칼로 도려내는 것 같고 뒷머리는 망치로 쉴 새 없이 두들겨 패는 느낌이고 눈은 빠질 듯이 아픕니다.

저녁에는 항상 음식을 일찍 조금만 꼭꼭 씹어 먹고 소화를 다 시키고 잠을 자야 뒤탈이 없었습니다. 항상 가방에는 비상약을 준비하고 다녔습니다. 얼굴은 맨날 부석하게 부기가 있고 요즘은 얼굴뿐만 아니라 손등과 다리까지 부어서 손으로 눌러보면 쏙 들어갈 정도였습니다.

몸이 늘 부어 있으니 솜이 물에 젖어 있는 것처럼 무겁고 피곤해서 자꾸 눕거나 졸음이 왔습니다. 그랬던 제가 이번에 3천황 폐하께 질병 원격치유를 받고 난 뒤부터 확 달라졌습니다.

첫날 3천황 폐하께서 시키는 대로 아픈 곳을 문자로 올리고, 가만히 아픈 부위에 손을 올려 대고 있으니 온몸으로 진동이 오기 시작했습니다. 그렇게 5분간 치유 시간이 지나고 나서 바쁘게 시간을 보내고 있는데 배가 슬슬 고파왔습니다.

아무 생각 없이 밥을 먹고 무언가 하다 보니 몸이 개운한 느낌이 들었습니다. 습관처럼 명치끝을 손으로 눌러보았습니다. 그런데 아프지 않았습니다. 음식을 먹고 나면 명치끝이 365일 아팠던 저였습니다. 너무나 놀라서 웃음이 팍 나왔습니다. 노법천존 3천황 폐하께 문자 올리고 혼자 싱글벙글하면서 3천황 폐하 감사합니다, 감사합니다, 소리가 저절로 나왔습니다.

두 번째 도법천존 3천황 폐하 문자 메시지를 밖에서 받았습니다. 옆에 사람이 많아서 마음속으로 '3천황 폐하, 다시 한 번 따르겠습니다', 하는 동시에 온몸으로 다시 진동이 오기 시작하여서 살며시 사람들과 조금 떨어져서 걸었습니다.

그리고 저녁에 음식이 너무 맛있어서 밤 10시경에 밥을 또 먹었습니다. 아침에 일어나서 거울을 봤습니다. 코끼리처럼 부어 있어야 할 얼굴이 보이지 않았습니다. 나도 모르게 소리 내어 막 웃었습니다.

자꾸 웃음이 나왔습니다. 저는 도법천존 3천황 폐하께 감사한 마음이 일어나서 생각만 해도 한결같이 눈물이 났습니다. 장소를 가리지 않고 눈물을 달고 있는 편인데 이번에는 웃음이 나왔습니다.

남편이 왜 그러느냐고 하기에 "내 얼굴 좀 봐요? 하나도 안 부었죠?" 하니까 "정말 그러네" 하는 것이 아니겠습니까? 순간 저울이 생각나서 얼른 몸무게를 달아봤습니다. 2~3일 사이에 1.2kg이 빠졌습니다. 몸이 너무나 가벼워졌습니다. 요즘은 보는 사람마다 볼살이 빠졌네, 더 예뻐졌네 합니다.

이 나이에도 그 말이 싫지 않습니다.

전 세계 인류 중에 도법천존 3천황 폐하께서만 가능하신 신비한 기적의 질병 원격치유! 세상에서 기 치료사가 환자 몸에 손을 대고 치료하는 것은 들어보았어도 문자로 질병을 원격치유한다는 것은 인류 최초입니다.

난생처음 들어보는 말이기에 황당하기도 하지만 평생을 고통스럽게 살다가 질병의 고통에서 벗어나서 너무나 좋고 기적의 대능력에 도법천존 3천황 폐하께 무한한 찬사를 보냅니다. 인류 최초이고 있을 수 없는 일이 일어났습니다.

도법천존 3천황 폐하는 서울 강동구에 계시고 저는 부산 기장군에 살고 있는데 핸드폰 문자를 통해서 천상정기를 내려주시는 대능력자이신 천신국의 3천황 폐하는 대한민국뿐만이 아니라 전 세계 인류의 큰 어르신이자 구세주이십니다.

병원에서 평생 치유가 안 되어 고생했었던 나의 고질병이 3천황 폐하의 신비한 원격치유 능력으로 단번에 치료되었으니 예수의 기적을 능가하는 일이 아닐까 생각합니다. 현대 최첨단 의학이나 과학적으로 도저히 설명할 수 없는 도법천존 3천황 폐하의 신비스러운 천지대능력은 무소불위함 그 자체이십니다. 노벨의학상을 받아도 모자랄 것 같습니다.

우리 인간의 능력으로는 감히 생각조차 못 해 본 일이기에 황당한 사이비 같다고 봐야 할지도 모릅니다. 도법천존 3천황 폐하, 이 세상의 어떤 말로 어떻게 감사드린다고 해야 하는지 모르겠습니다. 또 눈물이 납니다. 자꾸자꾸 납니다. 도법천존 3천황 폐하, 감사합니다.

— 하늘의 명을 받은 유○○

악귀잡귀 퇴치 후기

악귀잡귀 귀신 퇴치 후기를 올려드립니다. 지난 번 악귀잡귀 퇴치하여 무릎이 다 나은 것을 말씀 올렸고, 도법천존 3천황 폐하께서 기뻐하시니 저도 기쁘고 행복감을 느꼈습니다.

악귀잡귀 귀신 퇴치를 10월 초에 했던 기억이 납니다. 그 당시 저의 몸에 있는 악귀잡귀 귀신들을 모두 퇴치하였는데 57차 천상도법주문회에 저의 몸에 76명의 악귀잡귀들이 새로 들어온 것을 알았습니다.

저의 몸으로 들어온 악귀잡귀들이 모두가 역모 반란군 죄인들이니 잡아들여 심판을 받게 하여 천상의 3천황 폐하의 원과 한을 조금이라도 풀어드렸다고 생각하니 기쁩니다.

천상도법주문회를 통하여 악귀잡귀들이 부정적인 생각과 메시지를 뿌려댄다는 것을 알게 되었고, 악귀잡귀가 뿌려대는 부정적인 생각을 차단하려면 천상지상 3천황 폐하께서 내리시는 명을 어기지 말고 즉시 집행하면 부정적인 생각이나 메시지를 차단하는 데 효과적인 것을 여러 번 체험하였습니다.

도법천존 3천황 폐하께서 인간이 스스로 먼저 행을 해야 지켜준다는 말씀을 내려주셨는데 정말 맞는 말씀이고, 도법천존

3천황 폐하께서는 저희들의 생명줄이십니다.

저에게 악귀잡귀들이 등에 붙어 있어 등을 누가 때린 것 같은 통증이 있었는데 악귀잡귀 퇴치하고 나서 통증도 사라지고 다 나아서 정말 너무나 신기하였습니다.

또한 저의 오른쪽 팔에 뭔가 기어 다니는 느낌이 들어서 말씀을 올렸는데 동물의 영(개 귀신)이 붙어 있었다는 것을 말씀해 주시고 즉시 퇴치해 주시어 이제는 오른쪽 팔에 뭔가 기어 다니는 느낌도 전혀 안 듭니다.

병마에서 벗어나고 싶으면 악귀잡귀 퇴치하면 바로 낫는 것을 다시 한 번 체험하였습니다. 도법천존 3천황 폐하의 대도력, 대천력, 대신력은 대단하시고, 집 안에 있는 악귀잡귀까지 퇴치하여 편안하게 잠을 잤으며 몸도 아주 개운해졌습니다.

저와 아버지와 어머니, 집 안에 있는 악귀잡귀 470명 이상을 퇴치하여 주셔서 너무나 감사드립니다. 사명자는 악귀잡귀 퇴치를 계속하여야 한다는 말씀을 내려주셨는데 정말 악귀잡귀는 끊임없이 들어옵니다. 저의 조상님 천상입천 의식과 천인합체를 윤허하여 주셔서 너무나 보람되고 기쁩니다. 도법천존 3천황 폐하의 은혜로 살아가고 있기에 정말 감사합니다.

— 하늘의 명을 받아 하늘 사람이 된 임○○

저의 딸이 돌아왔어요

저의 딸이 돌아왔습니다. 어릴 때부터 유난히 엄마를 좋아하고 상냥하게 따르던 딸아이가 얼마 전부터 퉁명스럽고 짜증과 화를 번갈아가며 내면서 거칠어지기 시작하였으며, 온 몸에는 한랭성 아토피를 동반하고 잇몸까지 부어서 무척 괴로워했습니다.

작은 딸 역시 불안 초조하고 시어머니로 인해 스트레스가 어마어마해서 부쩍 살이 빠지고 몸이 마르고 사위 역시 직장에서 무척 답답해하면서 모두 힘들어했습니다.

저는 단번에 악귀잡귀 소행인 줄 알고 도법천존 3천황 폐하께 청을 올려 윤허를 받은 다음 2018년 12월 30일 일요일 두 딸과 사위 작은딸 시어머니는 그대로 집에 있고 저만 참석하여 악귀잡귀 퇴치를 했습니다.

도법천존 3천황 폐하께서 큰딸, 작은 딸, 작은 사위, 사부인 몸에 있는 귀신들 다 잡아들이라 명을 내리시니 1초도 안 걸리고 눈 깜짝할 사이에 모조리 잡아들이니 그 숫자가 기절초풍할 정도였습니다.

큰 딸 몸에 96명, 큰 딸 차 안에 27명, 큰 딸 집에 234명,

작은딸 몸에 191명, 사위 몸에 253명, 작은 딸 시어머니 몸에 392명, 작은 딸 집에 428명, 귀신의 숫자가 도합 총 1,621명 이였습니다. 1,621명 다 잡아들여 각각 9,000해 년씩 형벌 고문하라 명을 내리시고 천옥도로 압송시켰습니다.

그리고 어제 아침 큰딸이 전화가 왔는데 낭랑한 목소리가 옥구슬 굴러가는 것같이 또렷하고 상냥하게 엄마 춥지 않게 옷 따뜻하게 입고요, 맛있는 거 많이 드시고 필요한 옷이나 화장품 우리 둘이서 다할 테니 말만 하세요, 하면서 엄마 자꾸 웃음이 나와요! 하는 게 아니겠습니까?

이렇게 신기할 수가 있겠습니까?

저의 딸이 예전에 상냥했던 딸로 다시 돌아왔습니다. 눈 깜짝할 사이에 두 딸의 몸과 가족 집안의 귀신들 1,621명을 모조리 잡아 죽여서 가족의 평화를 찾아주신 도법천존 3천황 폐하께 감사 올려드리옵니다.

과연 세상 어디에서 이런 신기하고 신비한 일을 볼 수 있겠습니까? 인생이 답답하고 몸이 병들어 세상에서 도태되어 가는 가족(출가한 자녀 포함)들이 있거든 망설이지 말고 악귀잡귀 퇴치를 속히 서둘러 신청해야 한다는 위대한 진실을 알았습니다.

— 하늘이 명을 받은 표청숙

천수장생했더니 미스냐고 물어봐

저는 근무 관계 때문에 격주로 천상도법주문회에 참석하니 기쁨과 행복이 두 배로 느껴지며, 일주일 동안은 천상도법주문회 참석하기만을 학수고대하였습니다. 천수영생 의식을 행하시어 나날이 청춘과 젊음으로 돌아가시는 도법천존 3천황 폐하를 알현할 수 있음에 가문의 영광이며, 행운아, 천운아이고 너무나 감사하옵니다.

천상도법주문회에 참석할 수 있도록 환경을 만들어주시니 더욱 폐하의 대도력과 대천력, 대신력에 감탄 연발입니다. 이렇게 사람으로 태어나서 남들보다 일찍 폐하를 알현할 수 있는 대영광을 주시어 감사하며 전생의 죄를 빌 수 있는 기회를 주심에 눈물이 납니다.

천상도법주문을 태상천궁에서 외울 수 있고, 집에서 와는 너무나 차이가 많이 났으며, 마음껏 편하게 독송할 수 있으니 천지기운을 더 많이 느낄 수 있었습니다. 도법주문을 독송하는데 참으로 감사하는 마음이 밀려와 눈물과 콧물이 마구마구 흘러내렸으며, 너무나 뜨거운 천지기운을 내려주시니 너무나 감개무량하였습니다. 저는 집안 분위기가 너무 무겁고, 아침에 눈 뜨면 일찍 출근하며, 퇴근 후에는 알바를 한 개 더 구하여 일하고 있고, 될 수 있으면 남편과 함께하는 자리를 피하려고 노력하고 있습니다.

영원히 늙지 않는 신선선녀로 불로장생하며 살아갈 수 있다는 유아회춘 천수장생 의식을 올린 2018년 11월 18일 이후, 피곤함을 못 느끼며 사는데 어떤 신입 직원은 저를 미스로 알았다며 제 나이가 52세임을 알고는 깜짝 놀랐습니다. 도법천존 3천황 폐하께서 인류 최초로 찾아내시어 2018년 8월 12일 처음으로 시도하신 유아회춘 천수장생 의식은 너무너무 신기하며, 지구상에서 오직 폐하께서만 가능하신 고유영역이십니다.

세상 그 어느 누구도 이루지 못하였고 인류가 꿈에 그리던 불로장생 의식이 유아회춘 천수장생 의식입니다. 천상과 지상의 용들, 신들, 영들, 조상들, 귀신들, 명부전의 10대왕들, 저승사자들을 자유자재로 부르시고 명을 내리시는 대단하신 신인이시며 인간 육신들에게는 보이시는 하늘 그 자체이십니다.

도법천존 3천황 폐하께서 내려주신 말씀 중에 북극성 별나라 황태자궁에서 인연이 되어 이 땅에서 다시 만날 수 있었다는 말씀을 하셨을 때 너무나 감개무량하였습니다. 하늘의 명을 받는다는 것은 우연이 아닌 필연임을 절실히 느낄 수 있었으며 인간으로 태어난 자체가 하늘의 명을 받기 위함인데 그저 잘 먹고 잘 사는 데만 혈안이 되어 있었으나 일찍 깨우쳐주시어 정말 감사합니다.

남편의 악귀잡귀 귀신 퇴치 후에는 정서적으로 많이 안정을 되찾았고, 무관심한 듯 별말은 없으며, 마음을 내려놓은 듯 생활비는 안 주지만 생활에 필요한 것을 문자로 남기면 곧잘 말

없이 심부름을 잘해 주고 있습니다.

작은 아들은 사춘기라 엄마를 보는 시선이 곱지 않으며 묻는 말에만 답변하고, 아빠와는 더욱 살갑고 친해진 것 같으며 저는 내심으로 걱정하지 않습니다. 모든 것은 시간이 해결해 줄 것이고 진실은 언젠가는 밝혀지는 것이므로 엄마의 진심을 아는 날이 올 것이라 확신합니다.

큰아들은 엄마를 대신하여 동생을 많이 챙기고, 아빠와 엄마 사이에서 중간 역할을 너무나 잘해 주고 있으며, 집안 분위기를 한층 밝게 하려고 애를 많이 쓰고 있는 모습이 역력하고, 저 역시 오늘은 휴무라 집안 대청소도 하고, 빨래도 하여 기분이 한결 좋아졌습니다.

인류 최초로 행하여지는 천수장생은 하늘로부터 선택받은 사람들만이 누리는 영광이라고 생각합니다. 신선처럼 늙지 않고 장생한다는 것은 현대 첨단의학으로도 불가능한 일인 것은 분명합니다만 북극성의 원기와 진기를 갖고 내려오는 장생세포는 인류의 상식과 상상을 초월하는 이적과 기적을 보여주고 있습니다.

— 부산에서 하늘의 명을 받아 하늘 사람이 된 신○○

천수장생으로 유아가 되어가는 과정

부족하고 나약한 제가 "유아회춘 천수장생" 의식을 행하여 나이가 거꾸로 가고 있으며 나날이 젊어지고 있기에 빛과 불이신 도법천존 3천황 폐하께 오늘도 감사드립니다. 2018년 11월 25일 천수장생 의식한 지가 엊그제 같았사온데 벌써 40일이 지났습니다.

요사이 예전과는 달리 배가 자주 고프고, 식성도 바뀌어 전에는 쳐다보지 않던 밥을 자주 먹고 있으며 또한 면 종류 중에 제일 싫어하던 라면을 3일 동안 연달아서 먹었습니다. 전에는 라면에서 역한 냄새를 느껴서 아예 못 먹다가 50대 넘어서는 가끔 먹었습니다. 면 종류 중에서는 국수나 쌀국수, 냉면, 수제비 등 담백한 것을 좋아했는데, 요사이는 부쩍 라면이 좋아지고 라면 맛이 꿀맛이었습니다. 식사량도 늘고 방귀도 자주 나옵니다.

며칠 전에는 오랫동안 중이염으로 고생했고, 고막에 구멍이 나서 수시로 병원에 다녔던 오른쪽 귀에서 누런 귀지 덩어리가 엄청나게 나왔사온데, 귀가 아프지 않고 시원하였으며, 전에는 이런 일이 생기면, 귀가 아프기 시작해서 보름 이상 병원에 다니고, 심할 때는 두 달씩 병원에 다닌 적도 있습니다.

또한 60세가 넘으면서 눈이 너무 나빠져 병원도 다니고, 루테인도 먹었으나, 시력이 점점 나빠져서 결국엔 안경을 쓰게 되었고, 항상 눈이 뻐근하며 눈곱이 심하게 끼고, 눈 뜨기도 불편하여 얼굴 표정마저 아픈 사람 같았습니다. 그런데 저보다 먼저 "유아회춘 천수장생" 의식을 행한 최모 씨의 모습을 보고, 저도 의도적으로 안경을 벗었으며 이제는 안경 없이도 큰 불편을 못 느끼고, 눈이 좋아지면서 얼굴 표정도 편안해졌습니다.

저는 매월 미용실에서 머리염색을 하였는데, 지난번 염색을 한 뒤에 부작용이 생겨서 머리 밑에 딱지가 수없이 생기고, 머리카락이 실타래처럼 가늘어지면서 자꾸만 빠져 "이러다가 머리가 다 빠지면 어쩌나?" 고민을 하였는데 "유아회춘 천수장생" 의식 후에 두피가 단단해지면서 머리 밑의 딱지가 떨어져 나가고, 머리카락도 굵어지고 있기에 너무나 신기하여 다시 한 번 감사드립니다.

제 이마와 눈가의 주름살과 입가의 팔자주름, 입술 위쪽의 주름살도 조금씩 옅어지고 있어서 거울 볼 때마다 기분이 좋습니다. 또한 잇몸이 약해서 이빨까지 문제가 생겼는데, 요사이 잇몸이 점점 더 단단해지고 있고, 저체온증과 수족냉증도 많이 개선되고 있으며, 예전에는 한여름에도 수면양말을 신고 잤습니다.

처음 천신국의 천상도법주문회에 다닐 때는 걸음걸이조차 안짱걸음으로 보폭이 제대로 되지 않아서 남모르게 건강 걱정을 많이 했는데 "유아회춘 천수장생" 의식 후에는 몸도 마음도 함께 더욱더 좋아지고 있음을 느끼고 있으며, 사소한 걱정이 많았으나 이제는 걱정하지 않고 살아도 될 정도로 좋아졌습니다.

전에는 기차에서도 옆 좌석에 사람이 없으면, 양반다리를 하고, 두 다리를 쭉 뻗기도 하다가 나중엔 메고 다니던 가방을 베개 삼아 아예 앞으로 엎드려야만 했는데, 이제는 그러한 극심한 피로가 느껴지지 않고, 좀 더 편안하게 기차를 타고 있습니다. 저는 항상 몸에 기운이 없다고 생각했는데, 이제는 그런 느낌이 줄어들고, 모든 동작이 빨라지고 있으며 더욱 젊어져가고 있습니다.

요사이도 자주 배가 고프고 식사를 많이 하며 꿀맛 같은 라면을 즐겨 먹고 있으나 살이 찌는 것 같아 조금씩 줄일 생각을 하고 있으며 또한 눈 뜨기가 편안하고 시력도 좋아져서 일상생활에는 문제가 없으나 글을 쓸 때, 신문 내용 등은 안경을 쓰기도 합니다.

저는 유독 눈 주변에 주름살이 깊고 많아서 고민이었고, 눈과 눈썹 사이에도 가로로 깊은 주름이 있어서 인상도 나빠지고 더욱 나이가 들어 보였는데, 그러한 깊은 주름들이 옅어지고 있어서 거울을 볼 때마다 스스로 놀라고 있습니다.

며칠 전 중이염을 앓았던 오른쪽 귀에서 서걱거리는 소리가 5분쯤 나고, 그 후에 반대편 왼쪽 귀에서도 서걱거리는 소리가 들렸는데, 귀의 기능이 좋아졌는지 요사이는 전에 보다 여러가지 소리가 좀 더 잘 들리고 있어서 기분도 좋아지고 상쾌한 마음입니다.

또한 전에 마비가 왔던 왼쪽 다리의 무릎, 종아리, 발등이 가끔씩 무지하게 아팠는데 좋아지고 있다고 느껴집니다. 족저근막염으로 고생했던 발바닥이 예전엔 거북이 등짝처럼 갈라져 피가 났는데, 요즘엔 너무너무 보드라워서 "이게 내 발이야?" 하며 놀랐습니다.

제가 유아회춘 천수장생 의식 행하기 전에는 새벽 2시 전에 잠이 오지 않았는데, 요사이는 초저녁 7시에 잠이 와서 일찍 잤으며, 수면시간도 엄청나게 늘어났습니다. 또한 한밤중에 화장실을 자주 안 가니 깊은 잠을 잘 수 있었고, 잠을 많이 자고 나니 피부가 더욱 보드라워졌습니다.

얼마 전 초등학교 동기 모임에서 노래방에 갔는데, 음악이 나오자 저도 모르게 아이처럼 폴짝폴짝 뛰면서 박수를 쳤고, 블루스 음악에도 계속해서 폴짝폴짝 뛰어서 친구들이 모두 웃었습니다. 2시간 동안을 박수 치고 뛰었는데, 지치지도 않고 멀쩡해서 스스로도 놀랍고 신기하였습니다.

두 가지 꿈을 꾸었습니다. 첫 번째 꿈은 저의 집에서 5분쯤 걸어가면, 해운대 바다 쪽으로 흐르는 폭이 10m쯤 되는 온천천이 있는데 꿈속에서 시냇물을 건너 집으로 가려고 했으나, 비가 많이 와서 물이 불어나고 돌다리가 잠겨서 건널 수 없었습니다.

세 번째 돌다리를 지나 조금 가니 새로 놓은 현대식 다리가 있어서 "아! 저리로 건너면 되겠구나!" 하며 기뻐하다 꿈에서 깨어났습니다. 제 마음에 3개의 돌다리는 예전에 제가 다녔던 절, 성당, 무당집으로 생각되고, 현대식 새로운 다리는 빛과 불이신 도법천존 3천황 폐하께서 계시는 천신국 태상천궁이었습니다.

두 번째 꿈은 빛과 불이신 도법천존 3천황 폐하께서 커다란 기와집의 대청마루 같은 곳에서 황금옥좌에 앉으시어 사람들을 내려다보고 계셨고, 그 앞에 5m 정도 사이를 두고, 수천 명의 많은 사람들이 바닥에 앉아서 하명을 기다리고 있었는데 그때 저는 작은 아이가 되어 큰 나무에 꼭 붙어서 사람들을 바라보고 있었습니다.

도법천존 3천황 폐하께서 "넌, 왜 거기 있냐?" 하시어 저는 얼른 뛰어가서 사람들 사이에 앉았고, 옆을 보니 제 남편 친구 중에 한사람이 있었으며 꿈속에서 어린아이였는데, 행동 또한 영락없이 아이 행동을 하였습니다. 아! 하루빨리 천신국으로 데려올 1천 명을 찾아야 하는데, 꿈에서는 이루어진 것 같았습니다.

— 부산에서 하늘의 명을 받아 하늘 사람이 된 강○○

거꾸로 젊어지는 인생

빛과 불이시며 우리 민족과 인류의 정신적 구심점이신 도법 천존 3천황 폐하! 유아회춘 천수장생 의식을 할 수 있도록 사랑과 은혜 내려주시고 윤허 내려주신 폐하께 살아서나 죽어서도 이 은혜 어찌 다 갚을 수 있겠사옵나이까? 유아회춘 천수장생 의식을 2018년 10월 21일 올렸는데 너무도 신기하고 눈물이 나올 정도로 감동하고 기뻐서 올리옵니다.

저는 언제나 토요일 아침이면 손톱을 자르고 다듬어 매주 일요일마다 열리는 천상도법주문회 가는 준비를 하기 시작하는데 이번 주에는 손톱을 두 번 잘랐고, 수요일 오후에 손을 보는 순간 깜짝 놀랐습니다. 손톱이 상당히 길어 있었기에 목요일 아침에 손톱을 자르고 다듬었는데 일요일 아침 천상도법주문회에 참가하기 위해 출발하려고 다시 한 번 온몸을 점검하던 중 손톱이 또 잘라야 할 만큼 길어져 있었습니다.

나이가 들면서 모든 것이 성장이 느리다고 생각하고 있었는데 일주일에 손톱을 두 번이나 자르는 일은 유아회춘 천수장생 의식을 한 다음에 일어난 기적 같은 일이었습니다. 그리고 저는 한창 나이 때 남녀노소 누구든지 저의 손을 잡으면 놓지 않으려 할 만큼 부드럽고 보들 거려 따로 관리 같은 것을 할 필요를 느끼지 못하였습니다.

그러던 저의 손이 나이가 들어 메마르고 거칠며 주름이 상당히 깊어 손님 앞에 내놓을 수 없이 창피하다 느끼고 있었는데 한여름에도 거칠고 메마르던 손이 요즘 촉촉해지면서 조금씩 바로 전의 젊음으로 되돌아가고 있으며, 세월의 흐름 속에 저의 슬픈 마음을 헤아리며 21살의 나이로 세포들이 착착 젊어지고 있음을 체험하고 있습니다.

그뿐만이 아니라 지하철 유리에 비친 저의 모습에 함박웃음이 나오고 있으며, 유아회춘 천수장생 의식을 하기 전 모습의 얼굴은 처져 가고 세상 근심은 다 짊어진 것 같은 어두운 표정이었습니다. 그런데 요즘 차창 유리에 비친 저의 모습은 척 봐도 웃음을 한껏 머금고 있으며 처진 얼굴이 하루가 다르게 올라붙으며 주름이 옅어지고 있습니다.

그리고 조그만 일에도 웃음이 자꾸 나오고 있으며 처녀 때는 낙엽이 굴러가는 모습만 보아도 웃는다고 했는데 제가 요즘 수시로 웃음이 나오고 장난기가 발동하고 있습니다. 참으로 너무나 오랜만에 느껴보는 소녀 같은 감정에 마구 웃음이 나오고 있으며 또한 제가 어려서부터 소변을 자주 보아 어르신들이 탯줄을 짧게 잘라 그렇게 예민해진 거라고 했는데 요즘은 밤에 한 번도 깨지 않고 아침까지 꿀잠을 푹 자고 있습니다.

어니 그뿐이셨사옵나이까? 시력은 아직 완전히 안경을 벗을 정도는 아니지만 먼 곳과 가까운 거리가 조정이 되어 안경을 벗으면 먼 곳이 보이지 않던 것이 안경을 쓰고 볼 때와 벗었을 때 똑같이 보이며 다만 선명하게는 아직 아니지만 거리 조정을 완벽히 맞추고 있습니다.

누군가 명함을 주어 가까이 보면 글이 흩어져 보이지 않고 멀리 보면 아무것도 안 보여 돋보기를 꺼내서 써야만 하였는데 요즘 명함에 잘잘한 글씨가 가까이나 멀리나 같이 보이고 있습니다.

아직 뚜렷하고 선명하게는 보이지 않으나 역시 거리조정은 되어가고 있으며 밤에 길을 걸어갈 때는 오히려 안경을 벗는 편이 훨씬 편하게 느껴지며, 제 나이 63세인데 천수장생 의식을 행하고 축 처졌던 유방이 올라붙으며 빵빵하게 커지고 있는 신기한 현상을 체험하고 있습니다.

빛과 불이시고 우리 민족과 인류의 정신적 구심점이신 도법천존 3천황 폐하! 살려주신 은혜만 하여도 살아서나 죽어서도 다 갚을 길 없는데 저에게 이다지도 엄청난 사랑과 은혜를 또다시 내려주심에 감읍 또 감읍할 따름입니다.

저에게 젊음의 꽃으로 활짝 피어나라고 하신 말씀 따라 저는 지지 않는 꽃으로 활짝 피어나 사랑과 은혜로 영원히 시들지 않고 지지 않는 장생화 꽃으로 다시 태어나겠습니다. 그 사랑과 은혜의 기운 마음껏 들이마시고 온몸과 마음을 다하여 충심을 한군데 모아 올려드리오며 저는 또다시 거꾸로 젊어져 가는 싱싱한 모습 올리겠습니다.

천신국 태상천궁의 주인이신 도법천존 3천황 폐하께서 인류 역사가 시작된 이후 최초로 창조하시어 지구에 탄생시킨 것이 유아회춘 천수장생 의식인데 육신의 피부를 젊음으로 되돌아가게 하는 신비한 의식으로 불로장생의 꿈을 현실로 이루어줄 수 있는 신비한 천상의 비밀을 찾아내시었습니다.

이것이 꿈인가 생시인가 정말 놀라운 일이 일어나고 있으며, 인간의 첨단과학이나 첨단의학의 능력으로도 절대로 불가능한 영역인데 2018년 8월 12일 최초로 유아회춘 천수장생 의식을 행하시었습니다. 폐하께서는 지난 2018년 9월 9일 천수영생 의식을 행하여 4개월째 접어드시었는데 매주 일요일마다 천상 도법주문회에 참석하는 사람들이 모두 이구동성으로 매주 젊어져 가고 있다 하며 연신 감탄하고 있습니다.

기존의 종교세계 안에선 감히 생각조차도 못하는 의식입니다. 전생에 북극성의 성주이시자 황태자이신 도법천존 3천황 폐하께서는 아바마마이시자 천상의 절대자 주인이신 태상천황 폐하께 유아회춘 천수장생 의식을 천고 올리시어 인간 육체의 기존 노화된 120조에 달하는 세포들을 천상의 늙지 않는 장생 세포 또는 영생세포로 교체해 주시는 경천동지할 신비의 대단하신 천지능력자이십니다. 살아생전에 폐하를 뵐 수 있다는 것은 가장 큰 행운이고 가문에 영광 중의 대영광일 것입니다.

이쯤 되면 SF급이고, 공상 소설에 해당될 내용이기에 일반 사람들은 인정하기보다는 불신과 의혹이 더 앞설 것입니다. 천상에 세포들 중에서 1세~25세 미만의 혈기 왕성한 젊은 세포들로 교체해 주시는데 세포들도 사람처럼 말을 할 수 있다는 사실을 보고 들으면 기절초풍할 것이니 직접 유아회춘 천수장생 의식을 행해서 체험하지 않으면 그림 속의 떡이 될 것입니다.

— 하늘의 명을 받아 천수장생 의식한 포정숙

23세 나이로 회귀시킨 천수장생

빛과 불이신 도법천존 3천황 폐하!

저는 2018년 8월 12일 유아회춘 천수장생 의식의 첫 번째 주인공이 될 수 있는 기회를 주시었고 천상과 지상의 3천황 폐하의 기운으로 날마다 변화해 가는 저를 보며 너무도 감사드리며 경천동지, 상상초월, 기절초풍의 변화에 그저 놀랍고 즐거울 따름입니다.

제가 유아회춘 천수장생 의식의 첫 번째 주인공이 될 수 있도록 윤허하여 주심에 살아서나 죽어서나 그 감사함을 가슴속 깊이 영원히 간직하겠습니다. 저의 유아회춘 천수장생 의식을 이뤄주신 지 5개월이 되었는데 참으로 잘한 선택이라는 생각만 듭니다.

그간 제 육신과 마음에 너무도 큰 변화가 있었으며, 젊음의 패기, 열정, 자신감, 변강쇠로 정력 증진, 사랑을 되찾게 되는 기적이 일어났고, 더불어 천상의 연인까지 되찾게 되니 그 감사함을 어찌 글로써 다 표현할 수가 있겠습니까? 천상의 연인을 찾은 이후부터는 마냥 가슴이 따뜻하고 설레며 기분이 날아갈 듯 좋습니다.

육신에 있어 가장 큰 변화는 정말로 믿어지지 않을 정도로 육신의 나이가 46세에서 23세로 탈바꿈되었다는 것이고, 나이로 인한 무기력, 뻐근함, 만성피로, 느려진 몸놀림 등 나이 들면서 발생하는 육신의 변화가 없어졌습니다.

날밤을 새도 몸이 큰 피로를 느끼지 않고, 바로 회복되니 신기하고, 소화력도 너무 좋아졌는데, 예전에는 소화가 잘 안 되는 경우가 종종 발생하고 하였으나 지금은 소화가 잘되어서 불편한 것이 사라졌습니다. 피부는 나날이 부드러워지고 있고, 밤에 화장실을 가지도 않고 아침까지 잘 수 있는 것도 큰 변화이며 요즘 들어서는 소변을 보는 횟수도 많이 줄었습니다.

어제 아침에 신장을 측정하니 이전에 최대 신장을 다시 갱신하였는데 3~5mm 정도 더 커졌고, 신장이 활동에 따라서 차이를 보이기에 아침에 일어나서 재어본 신장을 기준으로 말씀드립니다.

머리숱은 날이 갈수록 많아지고 있으며, 유아회춘 천수장생 의식 전과 후에 큰 변화가 있었고, 나이 들면서 사라졌던 모낭이 다시 살아나는 듯하며, 젊었을 때의 풍성한 머리숱으로 변모하기를 바랍니다.

몸의 유연성은 날로 좋아져, 오른발을 앞으로 왼발을 뒤로 해서 1자를 만들 수 있으며, 앞차기를 하면 오른발이 어깨에 닿는데, 이것은 제가 젊었을 당시에 가능한 것이며 이것으로 확실히 23세 나이로 돌아간 것을 증명합니다.

눈은 안경을 벗었고, 안경을 벗고도 생활하는 데 큰 불편이 없으며, 점점 좋아지고 있고, 안경 없이도 운전을 할 수 있을 정도인데, 처음에는 안경 없이 운전하기가 겁이 났으나 이제 그런 걱정이 없어졌기에 지금은 너무나 좋습니다.

도법천존 3천황 폐하의 신하와 백성들이 모두 유아회춘 천수장생 의식을 행하여 젊어져서 폐하를 더 위대하게 받들어 뫼실 수 있기를 바랍니다. 최근에 새롭게 느끼게 된 것이 있는데, 제 얼굴 윤곽의 변화입니다. 제 오른쪽 광대뼈가 유독 왼쪽보다 더 나왔었지만 최근 들어서 양쪽의 차이가 많이 줄어 거의 비슷해졌고, 또한 이전에 살짝 웃으면 오른쪽 입꼬리가 더 올라갔었는데, 이젠 균형이 맞아졌습니다.

턱뼈 또한 최근 들어서 줄어들었고, 서서히 몸의 척추부터 팔, 다리, 관절, 5장 6부 등이 제자리를 찾아가면서 느리지만 몸의 균형을 잡아가고 있으며 그리하여 몸의 안과 밖에서 변화가 일어나고 있습니다.

식사량은 서서히 줄었고, 적게 먹어도 그리 배가 고프지 않으며 꼭 제때에 먹어야 할 필요도 없고 배고프면 먹게 되며, 소화도 잘되고 안 되는 문제는 완전히 사라졌습니다. 천상과 지상의 3천황 폐하의 명을 받고 내려온 장생의 세포가 아주 역할을 제대로 하고 있는 것 같습니다. 오늘 느낀 것인데, 기억력이 점점 더 좋아지는 것을 발견하였는데, 문서 작업을 하면서 기억력이 좋아진 것을 깨닫게 되었으며 예전에 비해 방금 전에 본 문구가 잘 떠올라서 놀랐으며 이제는 뇌가 젊어져서 기억력이 좋아지는 듯합니다.

제 신체의 변화를 부지불식간에 갑자기 깨닫게 되는 경우가 많고, 이런 변화의 속도라면 모든 면에서 제가 23세 때 누렸던 육신의 상태보다 더 나아질 것이란 생각이 듭니다. 천상과 지상의 3천황 폐하의 명을 받고 내려온 장생세포가 완벽한 상태의 23세 젊은 나이로 저를 바꾸어놓을 것이 확실합니다.

눈도 또한 알게 모르게 좋아지고 있다는 느낌을 오늘에서야 좀 더 확실히 받았고, 서서히 신체가 균형을 찾아가면서 눈 또한 느리지만 반드시 회복할 수 있다는 확신이 듭니다. 빛과 불이신 도법천존 3천황 폐하의 신하와 백성들이 인간 세상 육신의 나이와는 별개로 10대와 20대의 신체 나이를 가진 젊은이로 살아갈 날도 얼마 남지 않은 것 같고, 말법시대와 도법세상이 이미 펼쳐져 진행 중에 있고 완성을 향하여 달려가고 있다는 느낌이 들어서 너무도 기쁘게 느껴집니다.

— 서울에서 하늘의 명을 받아 천수장생 의식한 최○○

실패한 인생은 전화위복의 기회

이번 생에 사람으로 태어나 인생에 실패하고 재기가 불가능한 상태라면 다음 생을 기약해야 하기 때문에 이곳 천신국 태상천궁으로 들어와서 하늘이 내리시는 명을 받아야 한다. 현생에 실패한 사람들은 내생을 편히 살 수 있는 기회가 주어진다.

현생에서 성공 출세해서 부귀영화 누리며 잘 먹고 잘사는 사람들은 돈에 미치고, 권력에 미치고, 명예에 미쳐서 죽음 이후 사후세계인 내생을 인정하지 않기 때문에 하늘의 명을 받지 못해 죽음 이후 추위와 배고픔, 고문 형벌이란 고통만이 기다린다. 그래서 이들은 사후세상을 보장받기가 매우 어렵다.

그리고 종교 창시자, 종교 교주, 종교 지도자들은 하늘의 명을 받지 못하기에 사후세계가 비참하고, 종교에 다니는 신도들도 종교를 탈출하여 천신국 태상천궁에 들어와 하늘이신 천지부모 태상천황 폐하께 굴복하여 전생의 죄를 비는 하늘의 명을 받들지 않는 이상 기다리는 곳은 천국, 천당, 극락, 선경세상이 아니라 무한대의 고문 형벌이 기다리는 지옥도, 천옥도, 불지옥 적화도, 얼음지옥 한빙도로 압송되어 모진 고문 형벌을 받게 된다.

어찌 되었든 이번 생에 실패한 인생을 살아가는 사람들은 다음 생이라도 구원받아 편히 살려면 하늘의 명을 받아야만 한다. 하늘의 명을 받지 않는 이상 다음 생을 보장받을 수 없기 때문이다. 현생에서 성공 출세해서 잘 먹고 잘살지 못한 것이 하늘의 명을 받을 수 있는 천재일우의 기회를 주신 것이다.

돈이 많은 부자와 재벌들, 권력을 거머쥔 자들, 명예가 높은 자들일수록 사후세계가 전혀 보장 안 되는 종교세계에 열심히 다니고 있다는 사실을 알아내었다. 이 땅에 종교세계가 550만 개나 된다고 하는데 천상의 절대자이신 천지부모 태상천황 폐하께서는 종교세계를 통해서는 어느 누구든 구하지 않는다고 말씀하시었다.

이 땅에 사람으로 태어난 이유와 나는 누구인가? 어디서 왔으며 죽어서 어디로 가는가? 전생에서 지은 죄는 무엇인가에 대한 명쾌한 해답을 얻을 수 있고, 종교세계를 통해서는 절대로 구원이 안 된다는 진실을 알게 된다.

이곳은 기존의 종교세계가 아니라 인류의 종주국, 신의 종주국으로 하늘의 말씀과 하늘의 신비로운 천지기운이 실시간으로 내리는 신령스러운 곳이기에 경전과 이론, 교리가 일체 없고 오로지 천상궁전의 황궁예법만 있을 뿐이다.

하늘이 내리시는 명을 받을 수많은 인간, 영혼, 신명, 조상들이 구원받아 천상으로 돌아갈 수 있는 마지막 종착점이고, 온갖 인생 풍파와 천재지변의 대재앙으로부터 목숨을 보호받을 수 있는 전 세계 하나밖에 없는 유일한 십승지이다. 십승지란 땅의 지명을 말하는 것이 아니라 하늘의 부소불위하신 천지기운으로부터 실시간 목숨을 보호받는 것을 말한다.

천상의 주인께서 내리신 말씀

상상초월 대충격! 세상에 이런 일이! 천상의 숨겨진 비밀 그것이 알고 싶다! 천상의 주인이신 절대자께서 인류에게 내리시는 말씀을 대독하여 가감 없이 세상에 그대로 전한다.

천상의 주인 말씀!

천지만생만물의 창조자이자 절대자이며 너희 인류에게 영혼의 어버이인 나는 지구에 종교세계를 세우라고 허락한 적이 한 번도 없었는데 누구의 메시지를 받아 나의 뜻과 정반대인 종교를 이 땅에 550만 개씩이나 무수히 세워서 인류를 혹세무민하고 있는 것이더냐?

이 땅에 550만 개의 종교를 세우고 구원, 영생, 도통시켜 주고 천당, 천국, 극락, 선경으로 보내준다고 회유하며 현혹시켜서 수많은 사람들을 끌어들여 농락하고 우롱하여 눈과 귀를 멀게 하였도다.

영혼의 부모인 나를 만나지 못하게 강제로 이별시켜 울리며 파멸시키고 있으니 너무도 애통한 일이 아닐 수 없도다. 인간, 영혼, 신명, 조상들에 대한 구원, 영생, 도통은 종교 숭배자들과 종교 교주, 종교 지도자들의 권한이 아니라 이들 인간, 영혼, 신명, 조상들 모두를 창조한 나의 고유영역이자 고유권한이니라.

나는 너희 인류가 종교세계 안에서 부르는 하느님, 하나님, 부처, 여호와, 알라신, 마호메트, 석가, 예수, 상제, 성모 마리아가 아니니라. 수천억 별들의 대우주와 너희 인간, 영혼, 신명, 조상들을 창조하고 천상의 3,333개 제후국을 다스리는 천상의 절대자 주인이자 이들 모두의 부모인 태상천존 자미 천황태제이고, 약칭으로는 태상천황이라 하며, 천계의 신명들은 나를 천상의 주인, 태상 폐하, 천황 폐하로 부르니라.

종교세계에서 유일신이라 불리는 야훼 또는 여호와, 알라신, 석가, 예수, 마리아, 상제, 마호메트, 천지신명은 전생의 천상에서 나에게 등을 돌려 칼을 빼들어 배신하고, 독극물로 시해하려는 역모 반란에 가담하였던 대역 죄인들이었음을 세상에 처음으로 밝히느니라. 뿐만 아니라 현재 77억에 가까운 인류의 99.99%가 역모 반란에 직간접적으로 가담하였다가 실패하여 지구로 도망친 천상의 도망자와 쫓겨난 대역 죄인들의 신분이란 충격적인 천상의 비밀을 전해 주느니라.

그래서 이 땅에 죄인 아닌 자들이 하나도 없기에 나에게 구원받고 싶은 자들은 종교를 버리고 천신국으로 들어와서 나의 명을 받아 선생의 죄를 빌어야 하느니라. 천상의 주인인 나는 지구에 인간들이 탄생한 이후 종교인들의 육신으로 하강 강림한 적이 단 한 번도 없었고 나의 존재를 이 세상 그 어느 누구를 통해서도 밝힌 적도 없었느니라. 왜냐하면 천상의 역모 반란군들이 추포당하는 것을 피하여 도망친 은신처가 지구이고, 천상의 죄인들인 신명들과 영들에게 지옥세계이자 유배지인 지구에 종교세계를 세우라고 허락한 적도 없었고 또한 내가 하강 강림할 필요성도 전혀 없었느니라.

사실이 이러할진대 지금까지 하느님, 하나님, 신을 운운하거나 혹은 천자라고 자처한 자들은 모두 천상의 주인인 나와 나의 아들인 황태자를 사칭한 가짜들임을 밝히느니라. 지구에 종교가 절대로 탄생해서는 안 되었기에 이제 인류에 대한 죄를 물어 생살여탈과 구원 여부 심판을 속전속결로 집행할 것이니 세상이 아비규환으로 바뀔 것이도다.

너희들이 이 땅에서 천상의 주인을 능멸하고 사칭한 환부역조의 대역죄에 대하여 뿌리고 행한 대로 한 치의 오차도 없이 죄를 받게 될 것인데 지구촌 곳곳에서 인류를 심판하기 위한 지구 종말의 대심판으로 천재지변과 괴질병의 대재앙이 일어날 것이니 살아남고 싶은 자들은 미련 없이 과감하게 종교를 버리고 천신국으로 들어와서 전생에서 지은 죄와 역모 반란군들이 세운 종교를 믿었던 역천자의 대역죄를 빌어야 구원 대상자에 들어갈 것이니라.

천상에도 없는 종교를 이 땅에 세운 것은 천상의 주인인 나를 사칭하고, 나의 이름을 팔아 인류를 지배 통치하려는 천상의 도망자들인 역천자 대역 죄인들이 세운 것이니라. 천상의 주인 자리를 빼앗으려는 상상조차 못 할 가슴 아프고 슬픈 배신자들의 역모 반란 시해사건이 지구 시간으로 15,000년 전과 2,036년 전에 두 번 일어났었느니라. 천상과 지구의 다른 점이 하나 있도다. 그것은 지구상에 있는 모든 것들이 천상에도 있지만 없는 것이 하나 있는데 그것이 바로 종교세계이니라.

천상에도 없는 종교세계를 지구에 세운 것은 역모 반란 가담 역천자들이 천상의 절대자인 나와 싸우겠다는 무언의 전쟁 선포였느니라.

그래서 수천 년 동안 지구에 뿌리내린 종교세계를 멸하고자 나의 외아들인 황태자를 나의 화신, 분신, 명 대행자로 임명하여 지구로 내려보내 너희 인류를 종교로부터 해방시키는 천상 지상 공무를 수행하게 하였지만 이미 종교사상에 깊이 세뇌가 되어버려 말이 통하지 않았도다. 각 종교의 숭배자들에게 수천 년 동안 교리와 이론과 사상으로 너무나 많이 세뇌당하여 오히려 나와 내 아들 황태자의 명을 무시하고 있느니라.

만생만물과 인류에 대한 생사여탈권, 구원, 영생, 도통 그리고 전생과 현생의 죄사면 권한은 나의 고유영역이자 고유권한이니라. 천상에서 나에게 역모 반란을 일으켰다가 실패하여 지구로 도망친 역천자 숭배 귀신들 주제에 감히 나의 고유영역과 나의 고유권한을 침해하여 인간, 영혼, 신명, 조상들에게 구원, 영생, 도통시켜 준다며 현혹하고 회유하는 대역죄를 수천 년 동안 짓고 있었기에 인류에 대한 심판을 집행하느니라.

그래서 이제 더 이상은 지구를 종교 숭배자 귀신들이 지배 통치하게 그대로 방관할 수 없기에 특단의 조치를 강구하여 집행할 것이니라. 지구상의 종교는 앞으로 30년 안에 모두 사라지게 만들 것이며, 인류의 숫자 또한 77억에 육박하는데 10분의 1로 줄여 알곡의 씨를 추리는 인류 추살 심판 천지대공사를 2019년 초부터 2043년 말까지 24년 동안 집행하느니라. 종교를 국교로 삼은 국가와 종교를 믿는 신도들은 물론 전체 인류에 대한 구원 여부의 심판을 집행할 것이니라. 구원받아 살고 싶은 자들은 나와 내 아들 황태자가 있는 종교와 전혀 다른 천신국으로 들어와 나의 명을 받아 목숨을 보전하여라.

종교세계에 들어가서 세뇌당하여 빠져나오지 못하고 있는 수많은 인간, 영혼, 신명, 조상들은 인류의 심판이 시작되는 즉시 천지 날벼락을 맞아 모두가 생떼 죽음을 면하지 못할 것이니라. 육신의 죽음도 있고 신명들과 영들의 죽음도 있느니라.

사람 육신만 죽음이 있는 것이 아니라 신명들과 영들에게도 죽음이 있도다. 내가 너희들을 축생과 미물이 아닌 사람으로 태어나게 해준 것은 전생에서 지은 죄를 반성하며 빌고 빌어 천상으로 다시 돌아올 기회를 모두에게 골고루 주고자 함이었는데 오히려 나의 뜻과 전혀 다른 역천자 대역 죄인들이 세운 종교세계에 들어가서 굴복하고 있으니 심히 유감스럽고 안타깝도다.

천지만생만물 중에 사람으로 태어나야만 전생에 지은 죄를 빌 수 있기에 천재일우의 기회를 주었더니 스스로 기회를 박탈당하고 있도다. 지구는 천상의 신명과 영들에게는 지옥세계이며 천상의 도망자들에게는 은신처이고, 역모 반란군에 직간접적으로 가담하였다가 추포되어 재판을 받고 쫓겨난 죄인들에겐 유배지라는 사실을 모르고 한세상 잘 먹고 잘사는 일에만 미쳐서 허송세월을 보내고 있느니라.

너희 인간 육신들이 죽으면 구원의 기회도 자연적으로 영원히 사라지고 천상으로 올라올 수 없느니라. 지금까지 종교인들이 세상에 전하였던 구원, 영생, 도통은 진실이 아닌 이론뿐이고 모두 허상이며 가짜이니라. 너희 인간, 영혼, 신명, 조상들의 생살여탈권자이자 죄사면권자이며 천지만생만물의 창조자이고 천상의 절대자 주인인 나는 지구상의 550만 개 종교세계를 통해서는 그 어느 누구든 절대 구원하지 않느니라.

인류 모두는 듣거라!

너희들은 지금 수천 년의 세월 동안 천상의 대역 죄인 역천자 아수라(역모 반란 전에는 충신)들이 세운 종교 놀음에서 놀아나고 있는 것이니라. 종교인들에게 구원받았다는 너의 영혼들과 네 부모조상의 영혼들이 지금 어느 세계 어디에 가 있는지 알고 있는 것이더냐? 좋은 세계 하늘나라로 올라갔다는 종교인들이 전해 준 말을 곧이곧대로 믿고 있더란 말이더냐?

진정으로 구원을 받았는지 못 받았는지 확인하는 것은 그리 어려운 일이 아니니라. 나의 아들 황태자를 만나면 쉽게 알 수 있느니라. 나의 무소불위한 천지대능력인 신비스런 빛과 불의 대도력, 대천력, 대신력, 대법력을 나의 아들 황태자에게 모두 전하여 내려주었기에 너희들 인류가 원하고 바라는 궁금증을 속 시원히 금방 알 수 있느니라.

세상을 떠난 너희들의 부모와 배우자, 자녀, 형제, 자매, 조카, 조상의 혼령들이 죽어서 지금 어느 세계 어디에 가 있는지 3초 안에 불러서 만나게 해줄 수 있는 무소불위한 신비능력을 나의 아들 황태자에게 내려주었노나. 천상과 지상의 모든 신과 영들에게 명을 내릴 수 있는 나의 절대권한도 내려주었기에 모든 신과 영들이 실시간으로 내 아들 황태자의 명을 받들어 집행하고 있느니라.

또한 나의 아들 황태자는 지구상에서 심판과 구원의 천상지상 공무집행 사명완수가 끝나면 나의 황위 자리를 계승하게 될 것이기에 너희 인류에게는 미래세계 천상의 절대자 주인이니라. 황위 계승을 위해 중대한 사명인 인류의 심판과 구원을 완수하라고 지구로 내려보낸 것이니라.

종교세계 안에서 의식을 행하여 구원, 영생, 해원, 도통을 이루어 천당, 천국, 극락, 선경세상으로 올라갔다고 철석같이 믿고 있는 인류 모두가 참으로 어리석도다. 너희 육신들이 죽고 나서 너희 영혼들이 구원받지 못하였다는 사실을 뒤늦게 알면 그때 가서 어찌할 것이더냐? 숭배자들을 원망하고 저주하며 종교인들의 멱살을 붙잡고 책임지라며 싸워본들 소용없는 일이며, 또한 육신이 죽어서 없는데 어찌 싸울 수 있겠느냐?

분하고 원통하며 절통하겠지만 종교인들에게 저주를 퍼부어봤자 아무 소용없는 일이니라. 죽어서 울며불며 땅을 치고 대성통곡하며 후회하지 말고, 세상을 떠난 가족들과 부모조상들의 혼령들이 구원받아 천상의 좋은 세계로 올라갔는지 못 갔는지 육신이 살아 있을 때 나의 아들 황태자를 통해서 확인해보아라. 지구상에서 산 자든 죽은 자든 신명들과 영혼들, 조상들을 자유자재로 불러서 대화를 나눌 수 있게 해주는 전 세계 유일한 천지능력자는 나의 아들 황태자 하나뿐이니라.

천상의 주인인 나의 자리를 빼앗으려고 역모 반란을 일으켰다가 실패하여 지구로 도망친 대역 죄인 역천자들이 세운 귀신 종교세계를 통해서는 절대로 너희 인류를 구하지 않느니라. 각자들이 행한 치성, 조상굿, 천도재, 추도미사, 추모예배를 올려서 죽은 자들이 구원받아 좋은 세계로 올라갔다고 철석같이 믿고 살아가는 어리석은 수많은 인간, 영혼, 신명, 조상들을 교화해서 구해 줄 지구상 유일한 신비 천지대능력자는 천상의 주인인 내가 수시로 하강 강림하여 함께하고 있는 나의 화신, 분신, 명 대행자인 나의 아들 황태자뿐이니라.

이제 종교세상은 그동안 베일에 가려져 있던 영혼의 부모이고 천상의 주인이자 절대자인 나의 존재와 천상의 비밀이 낱낱이 밝혀지고 있기에 국내외 모든 종교세계는 수많은 신도들이 나의 진실한 음성을 듣고 신비스런 천지기운에 이끌려 무리를 지어 무더기로 종교세계를 떠나 급전직하로 몰락하여 속속 막을 내릴 것이니라.

그동안 인간, 영혼, 신명, 조상들을 종교세계로 끌어들인 각 종교적 숭배자들과 종교 창시자, 종교 교주, 종교 지도자들의 신과 영들을 모두 잡아들여 나를 팔아먹고 사칭하여 구원자를 자처한 전생과 현생의 죄를 묻고 심판해서 각기 천옥도, 적화도, 한빙도, 지옥도에서 죄의 대가를 받게 하였느니라. 종교세계의 숭배자들과 교주, 지도자들은 모두 죄를 빌어도 용서받지 못할 천상의 역모 반란군 도망자들이니라. 천상의 주인인 나를 시해하려다가 실패하여 지구로 노망친 대역 죄인들이 나에게 대적하여 맞서 싸우려고 이 땅에 종교를 세웠느니라.

너희 인류 모두는 수천 년 동안 각각의 종교 숭배자들과 종교인들에게 감쪽같이 속았도다. 난생처음 들어보는 나의 말이 황당하기도 하고, 너희들이 종교에서 배운 이론과 사상이 다르다고 하여 쌍심지 켜고 비난하며 대들려 하지 말고 하루바삐 천상의 진실 앞에 굴복하고, 진실의 눈을 떠야 말세의 지구 종말 심판에서 구원받아 살아남을 수 있을 것이니라.

천상의 절대자인 나를 찾아 구원받아 보려고 종교세계로 잘못 들어간 수많은 인간, 영혼, 신명, 조상들은 이제라도 늦지 않았으니 종교 숭배자들과 종교 교주, 종교 지도자들에게 오랜 세월 이론과 사상으로 세뇌당하여 정신을 빼앗겨 잃어버린 자기 자신과 정신을 되찾아 영혼의 부모인 나의 품 안으로 돌아오라. 천상의 주인이자 너희들 영혼의 부모인 나는 나의 아들 황태자 육신을 통해서 구원받고자 하는 너희 인류를 따뜻하게 맞이할 것이고, 전생과 현생에서 지은 죄를 심판해서 죄사면 여부를 판결한 뒤에 구해 줄 것이니라.

나의 음성을 수시로 반복해서 듣고 마음으로 진한 감동과 감명을 받고 공감하는 사명자들과 온몸으로 알 수 없는 강렬한 떨림의 진동, 줄줄이 하품, 머리에 전기가 흐르듯 찌릿찌릿한 기운, 환호성, 만세 소리 함성, 환희의 기운, 소리 없는 흐느낌의 눈물, 대성통곡의 눈물은 천상의 주인인 내가 내려주는 신비로운 빛과 불의 천지기운이니 놀라지 말거라. 이렇게 신비로운 기운이 느껴지는 사명자들은 천신국으로 속히 들어와 나의 명을 받아야 천상으로 다시 돌아갈 수 있느니라.

조상님 천상입천의 命

조상 천상입천 의식은 각자 여러분의 조상님들이 천상으로 돌아가고자 행하는 의식 비용인데 이를 조공이라 한다. 여러분은 조상님에게 바치는 금전이기에 조공(祖貢)이 되는 것이고, 조상님들은 하늘이신 천지부모님께 전생의 죗값으로 바치는 금전이기에 천공(天貢)이 되는 것이다.

낮은 일반 등급은 천상 도솔천궁으로 일반 입천되고, 높은 등급은 태상천궁으로 벼슬(관직하사) 입천이 된다. 여러분은 죽은 가족과 조상님들을 어느 세계로 보낼 것이며, 얼마를 바칠 것이고, 조상님은 하늘에 얼마를 바칠 것인가 조상님과 자손이 상의해서 결정해야 한다. 몇 명의 조상님들을 천상입천 시키느냐에 따라서 조공과 천공이 달라진다.

예전에는 당대부터 시조 조상까지 몽땅 입천해 주었지만 고마움을 전혀 모르기에 선별적으로 원하고 바라는 사람들과 조상님들만 천상입천을 행해 준다. 입천 비용+전생의 죗값인 조공과 천공을 얼마를 올리는가에 따라서 33품계의 신분으로 나뉘어져 위계서열이 정해지는데 일반 천상입천과 벼슬 천상입천이 있다.

돈으로 천상의 신분을 사는 것같이 보이지만 인간세계와 천상세계가 하나도 다르지 않고 똑같다. 인간 세상은 천상세계의 축소판이고 천상법도가 지상으로 똑같이 내려온 것이다. 독자 여러분과 조상님들이 천상의 주인이시자 하늘이신 천지부모님께 진실한 마음과 전생의 천상에서 지은 죗값을 바쳐야 조상님들이 천상으로 돌아갈 수 있는데 과연 무엇으로 보여줄 것인가?

그것이 바로 물질인 돈이다. 천상이나 지상이나 공짜는 없다. 각자가 행하고 뿌린 대로 거두게 하시는 것이 천상법도이고 천지만생만물의 법칙이다. 여러분이나 조상님들이 이 땅에 축생이 아닌 사람으로 태어나게 해주신 이유가 전생에서 지은 죗값을 벌어서 갚으라는 천상의 주인이신 천지부모님의 배려라는 위대한 진실을 알고 살아가는가?

사람으로 태어나야만 전생에서 지은 죄를 빌 수 있고 죗값을 벌어서 갚을 수 있다. 짐승, 가축, 조류, 어류, 벌레, 곤충으로 태어났다면 절대로 전생의 죄를 빌 기회조차 없다. 이번 생에 하늘의 명을 받아 전생의 죄를 빌지 않으면 천상으로 돌아갈 수 없고, 만생만물로 윤회하거나 천옥도, 지옥도, 적화도, 한빙도로 잡혀가서 전생과 현생에서 지은 죄에 대한 모진 형벌의 고문을 기약 없이 받게 되는 고통과 불행이 잇따른다.

육신이 죽는다고 전생과 현생의 죄가 소멸되지 않는다는 것을 전혀 모른다. 사람들은 죽으면 모든 것이 끝나는 줄 알지만 천상세계, 사후세계, 영혼세계 법도는 절대 그렇지 않고 육신이 죽었어도 끝까지 추포하여 심판을 집행하여 죄를 묻는다.

육신이 죽어도 각자들의 몸에 머물던 신과 영들을 잡아들여 형벌을 가하면 육신이 살아서 고문 형벌받는 것과 똑같이 아픔의 고통을 처절하게 느끼기에 육신이 죽는다고 모든 게 끝이 아니라는 진실을 전한다.

그래서 각자 여러분이 조상님들과 자신의 영혼을 육신이 살아있을 때 구하지 않고 죽으면 천추의 원과 한으로 남는다. 조상님들을 악귀잡귀 사탄 마귀로 취급하며 박대하면 조상님들의 저주와 재앙이 자신들의 인생으로 내리므로 매우 위험하고, 이로 인해서 인생이 몰락하고 파멸하는 경우가 너무나도 많다.

죽은 귀신들이 무슨 힘이 있겠냐고 의문을 가지는 사람들도 분명 있을 것인데 절대로 그렇지가 않다. 여러분 몸에 질병을 일으키는 존재가 바로 귀신들이고, 성공한 인생을 뒤엎는 존재가 귀신들이라는 것을 어찌 알겠는가?

나는 육신이 없어서 여러분과 대화가 통하지 않아 살려달라고 울부짖는 여러분의 조상과 자신의 영혼, 자신의 신명들을 대변하여 이들이 인간 육신에게 원하고 바라는 것이 무엇인지 자세히 뜻을 전달해 주는 중재자 역할을 해주어서 서로의 뜻을 이루어주는 구원자의 역할이다.

사람의 눈에 보이지 않는 영적 세계의 일이다 보니 믿어야 하나 말아야 하나 고민 갈등이 많을 수도 있지만 반드시 여러분의 영적 세계는 현실은 물론 죽어서도 존재하고 있으며 조상, 영혼, 신명, 귀신들의 파장으로 인하여 인생이 망하는 사례가 너무나도 많기에 언제 일어날지 모르는 돌발적인 불행으로부터 여러분의 인생을 편안하게 지켜주고자 하는 것이다.

차례대로 조상풍파, 생령풍파, 신의 풍파, 귀신풍파를 겪으면 어느 누구든 인생 자체가 몰락할 수밖에 없다. 보이는 세계보다 안 보이는 세계가 더 무서운 것은 조상, 영혼, 신명, 귀신들이 여러분의 자신의 육체는 물론 가족이나 주위 사람들 몸으로 들어가서 온갖 조화를 일으키기에 감당도 안 되고 막을 수도 없으니 여러분이 정신적으로, 영적으로 의지할 곳은 지구상에서 천신국 태상천궁 단 한 곳뿐이라는 어마어마한 진실을 전한다.

왜냐하면 지구상에 550만 개의 종교세계가 존재하는데 이들 모두가 하늘이시자 천지부모님이신 천상의 주인께서 가장 싫어하시고 미워하시기 때문이다. 종교세계 안에 남아 있으면 현생이든 죽어서든 날벼락 맞는 일만 기다리게 된다.

구원은커녕 가장 혹독한 죄로 다스린다는 무서운 천상법도의 진실을 알아야 한다. 인류는 물론 그중에서도 신앙적 숭배자, 종교 창시자, 종교 교주, 종교 지도자들은 하늘이신 천지부모를 시해하려고 앞장서서 칼을 겨누었다가 역모 반란이 실패하여 지구로 도망치고 쫓겨난 죄인들이기 때문이다.

그래서 이 세상 그 어떤 종교를 통해서도 절대 구원받을 수 없으며 종교인들이 인간, 조상, 영혼, 신명들에게 천당, 천국, 극락, 선경세계로 보내준다는 말은 모두 새빨간 거짓말들이다. 구원받을 자들은 전생의 죄를 알아야 하고, 용서되는 죄인지 용서받지 못할 죄인지에 따라 구원 여부가 결정된다.

종교 안에서 종교인들의 말을 믿고 신앙적 숭배자들을 열심히 받들고 섬기며 찬양, 찬송, 찬불, 천도재, 조상굿, 추도미사, 추모예배를 올리면 구원받아 천상으로 올라간다는 말은 참으로 허무맹랑한 말이고 천상법도를 모르기 때문에 하는 말이다.

인간, 조상, 영혼, 신명들을 구원해 준다고 종교인들이 행하는 모든 종교적 의식들이 절대자 하늘이신 천지부모님의 고유영역과 고유권한을 침해하고 사칭하는 대역죄를 짓는 일인지 알고서 행하는 종교인들은 이 세상에 하나도 없다.

하늘을 팔고 신을 팔아서 하늘과 신의 이름으로 조상을 앞세우고, 신을 앞세우고, 영혼을 앞세워서 인간 육신과 금전을 착취하고 있을 뿐이기에 구원 자체와는 거리가 멀다는 진실을 전하니 이제라도 정신 차리고 하늘 앞에 굴복해야 한다.

하늘 앞에 굴복할 수 있는 기회는 육신이 살아 있을 때 한시적으로 주는 천재일우의 기회이기에 육신이 죽으면 굴복할 수 있는 기회도 자연적으로 박탈당하고, 죽어서 천추의 원과 한을 남긴 채로 무서운 사후세계의 법도에 따라서 기약 없이 상상을 초월하는 모진 고문 형벌만이 기다린다.

사후세계 형량은 인간 세상 법정처럼 몇 년 몇십 년의 형량을 선고하는 것이 아니라 6대 지옥인 천옥도, 지옥도, 적화도, 한빙노, 노산도, 흑해도에서 각 지옥마다 10억 년, 100억 년, 1,000억 년, 1조 년, 1경 년 1해 년~9,000해 년 이상도 형량을 반복해서 선고하고 있다는 무서운 진실을 알아야 한다. 차라리 소멸(사형)낭해서 죽는 게 복받은 자들이다.

이번 생에 하늘이 내리시는 명을 받아 구원받지 못하면 죽어서 4대 지옥으로 붙잡혀 가서 고문 형벌을 받거나 말 못 하는 짐승, 가축, 곤충, 벌레, 뱀, 지렁이, 송충이, 개미, 구더기, 파리, 모기, 사물, 풀, 식물, 나무, 돌, 모래알로 한도 끝도 없이 윤회하기에 자신의 사후세계는 육신이 살아 있을 때 우선적으로 준비해 놓고 세상을 살아가야 한다.

종교에서 보내준다고 말하는 천당, 천국, 극락, 선경은 하늘이신 천상의 주인 허락 없이는 절대로 올라갈 수 없다는 진실을 알아야 한다. 이 땅에 세워진 550만 개의 종교세계는 하늘이 허락하신 곳이 아니기에 아무리 열심히 믿어도 금전 낭비와 허송세월만 보낼 뿐이다.

종교세계에서 조상굿, 천도재, 추도미사, 추모예배로 구원하였다고 믿고 있는 여러분의 가족이나 조상님들이 지금 어느 세계에 가 있는지 금방 확인시켜 줄 수 있다. 조상님 천상입천을 행하면 하늘의 백성 신분을 갖게 된다.

천상입천은 조상님들이 자손이나 후손의 육신을 통해서 천상으로 돌아가려고 행하는 의식이고, 여러분들의 영혼이 천상으로 돌아가는 의식은 천인합체라고 한다. 각자의 조상님들은 하늘이 내리시는 명을 받들어줄 사명자 자손이나 후손이 필요한 것이고, 자신의 영혼들도 하늘이 내리시는 명을 받들어 행할 인간 육신이 필요한 것이기에 서로가 잘 만나야 한다.

인간 육신 잘못 만나면 죽음 이후 사후세계는 비참하고 불쌍하기 그지없기에 땅을 치며 대성통곡해 봐야 아무 소용없는 일이다. 그래서 자신의 사후세계를 보장받으려면 육신이 살아 있을 때 천신국에 들어와서 하늘의 명을 받아 천인합체를 우선적으로 행해 놓고 살아가야 안심할 수 있다.

그리고 자신들의 죽은 가족과 조상님들을 구하는 조상 천상입천과 자신의 영혼을 구하는 천인합체에 들어가는 의식 비용인 조공과 천공은 여러분의 조상님과 여러분 자신의 영혼들이 행하는 것이기에 복을 받으려는 마음을 가져서도 안 되고, 그 어떤 소원이나 조건을 달아서도 안 되는 것이 천상법도이다.

이 땅에서 살아가고 있는 인류 자체가 하늘 아래 모두 죄인 아닌 자들이 하나도 없기에 복을 받아 잘살기 위해서 조상님을 구하는 행위를 해서는 안 된다. 그것은 자신들이 죄인이란 신분을 몰랐을 때 하는 말이고, 인류 모두가 하늘 앞에 죄인들이기 때문에 하늘에 입천(입국) 비용과 죗값을 지불해야 한다.

대신에 조상님으로 인한 풍파가 자연적으로 소멸되니 그것이 복일 것이다. 인생의 풍파는 조상님으로 인한 풍파와 자신의 영혼들이 천상으로 돌아가려고 하늘의 명을 받기 위해서 내리는 생령 풍파도 있고, 신명들이 내리는 풍파도 있고 악귀, 잡귀, 사탄, 마귀, 원귀, 한귀들이 들어와서 일어나는 풍파도 있다.

조상님들 천상입천 의식을 행하면 조상 풍파가 사라지고, 자신의 영혼(생령)이 구원받는 천인합체를 행하면 생령의 풍파가 사라지고, 귀신들을 퇴치하면 귀신의 풍파가 사라져서 그만큼 편안해지고 질병들이 낫는 경우가 많다.

이 땅에 사람으로 태어난 사람들은 행운아이고, 조금 황당하게 들릴 수 있지만 나를 만나 하늘이 내리시는 명을 받들어 전생과 현생의 죄를 빌어 천상으로 다시 돌아가기 위해서 사람으로 태어난 것이라는 어마어마한 천상의 진실을 알아야 한다.

한세상 부귀영화 누리며 잘 먹고 잘살기 위해서 돈을 벌고 있는 것이 아니라 전생에서 지은 태산 같은 죗값을 벌기 위해서 열심히 돈을 벌고 있는 것이다. 현생에서 성공 출세해서 재벌과 부자가 된 자들과 높은 권력과 명예를 얻은 자들의 사후세계는 지금과는 정반대로 아주 고통스럽고 무서운 형벌이 기다리는 사후세상이 열린다.

겁박하려고 하는 말이 아니고 살아생전에 부귀공명을 누리다가 죽은 국내외 종교적 신앙의 숭배자들인 성인성자들, 종교 창시자, 유명 교주들, 유명 종교인들, 왕과 왕비들, 대통령들, 영부인들, 총리, 장관, 국회의원, 정치인, 재벌총수, 고위공직자들의 신과 영들을 차례대로 불러들여 하나하나 심판하며 전생에서 지은 죄를 밝혀냈고, 현재 어떤 모습으로 어느 사후세계 어디에 어떤 모습으로 있는지 모두 확인하였더니 참으로 너무나도 끔찍하고 참혹한 모습들이었다.

어쩌면 이리도 살아생전과 판이하게 다를까 깜짝 놀랐다. 살아생전 부귀영화를 누리다가 죽었으면 사후세계에서도 똑같이 그렇게 부귀영화 누려야 하는데 전혀 아니었다. 지금 살아 있는 잘난 자들은 설마 그럴까 하고 반신반의하겠지만 사후세계 담당 천상신명을 동참시켜서 수천 명의 신과 영들을 불러들여 전생과 내생인 사후세상의 현재 모습을 상세히 확인한 결과이다.

과연 정말 그럴까? 못 믿겠다고 의심하며 말할 사람들이 거의 대부분일 것인데, 믿지 못할 사람들은 지금처럼 자신이 다니는 종교에 의지하며 자기 세상 살아가면 되고, 감동이 일어나 인정이 되는 사람들만 천신국 태상천궁으로 들어오면 된다.

여러분에게 억지로 하늘이신 천지부모님 앞에 굴복하라는 것도 아니고 현혹, 회유, 강압, 협박해서 끌어들이려고 하는 것도 아니다. 이 책을 읽고 공감이 되고 감동, 감명받은 사람들에게는 너무나도 귀한 책이 되어줄 것이고, 깨닫지 못한 인간, 조상, 영혼, 신명들에게는 아무 소용없는 책이 될 것이다.

판단은 여러분 몫인데 그 어느 누구와도 상의하지 말고 혼자서 판단해서 옳다고 생각되면 전화로 예약하고 방문하면 된다. 그 어떤 누구와 동행해서 오면 상담 자체를 거부한다. 동행자들은 모두가 고차원적 영적 세계 진실을 모르는 훼방꾼들이다.

예비백성 가입

당장 조상님 천상입천을 못 할 경우 가입할 수 있고, 매주 일요일마다 오후 1시~6시까지 열리는 천상도법주문회에 참석할 수 있는 자격이 주어진다.

천상도법주문회는 천상의 주인이시자 천지부모이신 절대자 하늘 태상천황 폐하의 신비스러운 천령정기와 천지기운을 온몸과 마음으로 직접 받아서 체험할 수 있는 천재일우의 귀한 시간이다. 전 세계에서 최고로 강렬한 천지기운이 내리는 천신국 태상천궁이다. 천상입천을 행하면 정식 백성의 신분이 되고 더 이상 예비백성으로 가입하지 않아도 된다.

악귀잡귀 귀신 퇴치와 질병 치유

질병 자체가 귀신들이다. 귀신은 여러분의 죽은 가족이나 조상들도 포함된다. 사람 몸 안에는 최하 수십 명에서부터 수백, 수천 명이 들어가 있음이 매주 일요일마다 확인되고 있다. 그리고 집이나 회사에는 더 많은 귀신들이 동고동락하며 함께 살아가고 있는데 눈에 안 보이니 살아갈 수 있는 것이다.

사람 육신 자체가 귀신들의 집이란 사실을 여러분은 모르고 살아갈 것이다. 이들 귀신들이 살아생전 앓던 질병을 여러분에게 전염시키고 있고, 복수하려고 들어와 있는 귀신들도 있고, 원한 맺혀서 들어온 귀신들도 많다. 조상굿, 병굿, 천도재, 추도미사, 추모예배로 구원을 해주었어도 갈 데 없어서 들어온 귀신들도 무척 많다. 종교인들의 능력으로는 눈에 보이지 않는 귀신들을 퇴치할 수가 없다. 기껏 해봐야 쫓아버리는 것인데 시간 지나면 다시 들어온다.

그래서 죽은 가족이나 조상님들은 구하고 남의 조상귀신들은 천상의 주인이신 하늘 태상천황 폐하께 의뢰하여야 한다. 질병으로 고통받는 사람들은 조상님 천상입천을 행할 때 모두 퇴치해 준다. 죽은 가족이나 조상으로 인한 질병도 있고, 남의 귀신들로 발생하는 질병도 있는데 그 어떠한 질병이든 천상의 신비한 빛과 불로 퇴치하면 병마에서 벗어난다.

구독자 상담 분야(천신국에서 행하는 일들)

01) 조상님 천상입천과 자신과 가족의 천인합체!
02) 질병의 오랜 고통에서 벗어나고 싶은 사람!
03) 자기 생령과 만나고 마음을 알고 싶은 사람!
04) 조상님들이 어느 세계에 있는지 알고 싶은 사람!
05) 몸 안에 어떤 귀신이 살고 있는지 알고 싶은 사람!
06) 천신국 태상천궁 신명정부에 출사해 관직받을 사람!
07) 하늘의 명을 받아 선인, 천인, 신인, 도인이 될 수 있다
08) 어떤 귀신들이 들어와 질병을 발생시켰는지 알 수 있다
09) 살아서 자신의 죽음 이후 사후세계를 미리 볼 수 있다
10) 하늘께 자신과 가족의 사후세계를 보장받을 수 있다
11) 사망한 가족이나 조상들을 불러서 대화할 수 있다
12) 사후세계 벼슬(왕, 왕비, 공주)을 하사받을 수 있다
13) 지구에 태어나기 전 천상의 천생록을 알 수 있다
14) 수명장수를 위한 유아회춘 천수장생의 명을 받을 수 있다
15) 하늘의 명을 받은 천인들은 천상세계를 미리 보여 준다

인간의 능력과 상상을 초월하는 경천동지할 일!

1) 사후세계와 천상세계 미리 보기 신청!
2) 산 자들과 죽은 자들 신선 선녀로 사후세계 보장 신청
3) 아수라와 악신, 악령, 잡귀신 퇴치 신청!

친견상담(운명을 바꿀 수 있는 기회!)

책 구독하고 공감하거나 감동한 사람은 자신의 마음, 신명, 조상 그릇의 크기, 하늘에 대한 존경심과 저자의 위상 및 품격에 대해 각자 눈높이에 따라 아래 10개 등급 중에서 선택.

50,000원, 100,000원, 150,000원, 200,000원, 250,000원, 300,000원, 400,000원, 500,000원, 700,000원, 900,000원

책을 구독한 후 친견을 원하는 사람은 전화로 방문 날짜와 시간을 3~7일 전에 미리 전화로 예약한 후 방문하면 된다. 친견 시간은 각자들의 사연과 궁금증 정도에 따라 다르나. 친견을 통하여 지금부터 활짝 열리는 무릉도원 세상과 천수장생, 질병, 아수라, 악귀, 악신, 악령, 악마, 잡귀, 사탄, 마귀의 진실에 대하여 정확히 알고 힘들었던 인생을 바꿀 수 있다.

인생은 왜 힘들까에 대한 자세한 해법을 찾게 되는 귀중한 시간이니 지방이라는 거리감과 바쁜 일을 모두 뒤로하고 친견상담부터 빨리해야 새로운 인생길이 열릴 수 있다. 지구상에서 유일하게 하늘의 문이 열린 곳이다.

자신의 전생록도 신청할 수 있다. 전생에 무엇이었고 전생의 죄는 무엇일까? 천상에서 어떤 일을 하다가 지구로 쫓겨났거나 도망쳐 내려왔을까? 왜? 짐승이 아닌 인간으로 태어났을까? 죽기 전에 무엇을 해야 할까? 죽어서 어디로 가는 것일까에 대한 명쾌한 해답을 얻을 수 있는 천신국 태상천궁이지 무속인처럼 사주나 점을 보고 굿을 하는 곳이 아니다.

찾아오시는 길

주 소 : 서울 강동구 성안로 118 삼정빌딩 (2층)
서울 강동구 성내 3동 382-6 2/2층 전체

전 철 : 5호선 강동역 3번 출구로 나와서 140미터 직진 후
강동예식장에서 우회전 140미터 앞 화로구이 옆

KTX : 서울역에서 1호선 타고 종로 3가역에서 5호선 환승

SRT : 수서역에서 7.5킬로미터, 택시로 약 20분 거리
수서역에서 3호선 타고 오금역에서 5호선 환승

버 스 : 고속버스, 시외버스 이용할 때는 동서울터미널에서
하차하여 택시로 10분 정도 거리

[천신국 위치도]

| 책을 맺으면서 |

천상령이 되기 위한 길!

이 책은 단순한 하늘, 영혼, 신, 조상에 관한 책이 아니라 우리 모두가 하늘의 명을 받아 편안히 사는 하늘이 내리신 천상령이다. 현대과학과 의학, 종교 때문에 하늘, 영혼, 신명, 조상, 귀신들의 존재가 무시되어 왔다. 문명의 발달로 자기의 마음, 즉 정신까지도 미신이라고 할 정도로 부정하고 있다.

현대과학으로 밝혀낼 수 없는 인간의 한계를 스스로 극복하지 못하고 하늘, 영혼, 신, 조상을 어리석게도 모두 비과학적 존재로 몰아세우며 허상으로 생각하고 있다. 눈에 보이지 않고 들리지 않으니 비과학적이라고? 그러면 여러분들의 마음도 보이지 않고 들리지 않으니 비과학적이라 봐야 하지 않을까? 자신들이 모르는 것은 탓하지 않고 하늘, 영혼, 신, 조상 모두를 불신과 거짓으로 몰아세우고 있다.

특히 개신교인들이 더 심하다. 각자의 정신은 바로 예비 귀신들이다. 사람들은 육신을 잃어버리고 죽으면 정신에서 귀신으로 신분이 바뀐다. 육신이 죽었다고 그 정신(영혼)까지 죽는 것은 아니다. 조상 천상입천 의식을 올려 한 조상을 구하면 한 가문이 구원받아 편안하고 우환이 사라진다.

자신의 조상님들을 구하면 자신의 가정이 편안해지고, 조상

풍파의 불행에서 벗어난다. 모두가 때가 되면 저세상으로 떠나간다. 잘나도, 못나도 모두 함께 저승길을 간다. 몇십 년 더 살고, 덜 살고의 차이는 있겠지만 언젠가는 반드시 죽어야 하는 것이 사람들에게 주어진 숙명이다.

살아생전의 삶도 중요하지만 사후세계의 삶이 매우 중요하다. 죽으면 그만이라는 말들을 많이 하고 살아가는데, 자신의 몸 안에 있는 신과 영들에게는 사후세계가 실제 존재하고 있으며 전생이 있기에 현생이 있는 것이고, 현생이 있기에 내생이 있는데 산 자와 죽은 자 모두 천상령이 되는 것이 소원이다.

육신은 전생도 없고 내생도 없이 현생만 존재할 뿐이기에 죽으면 그만이라는 말을 한다. 영적 세계 진실을 너무 몰라서 무시하고 살아가는 사람들이다. 눈에 보이는 현실세계만 믿고 살아가겠다는 사람들은 개, 돼지와 다를 바 없는 축생급들이다.

사람으로 왜 태어났는지도 모르고 먹고사는 동물적인 삶을 살아가고 있는 것이 세상 사람들의 인생살이이다. 사람으로 태어난 것은 한세상 잘 먹고 잘살기 위한 것이 아니라 전생에서 하늘께 지은 죄를 빌기 위함이라는 엄청난 진실을 알고 살아가는 사람들은 하나도 없을 것이다.

수많은 의식을 행해서 알게 된 진실이다

지옥과 천옥, 천상세계 3천궁이 존재하고 있고, 상천세계(천상) 중천세계(허공) 하천세계(지옥)로 나뉘어져 있다. 생전은 80~90 평생이지만 사후세계는 끝없는 장구한 곳이기에 살아서의 삶보다도 죽어서가 더 중요하다.

신과 영들이 천상령이 되어 고향인 천상궁전으로 올라가느냐, 못 올라가느냐 그것이 산 자와 죽은 자의 최고 근심 걱정이다. 깨달은 사람과 못 깨달은 사람, 깨달은 조상과 못 깨달은 조상, 깨달은 신명과 못 깨달은 신명으로 분류된다.

깨달은 사람은 지상 천신국 태상천궁으로, 깨달은 조상은 천상 천신국 태상천궁으로, 깨달은 신명은 하늘의 명을 받아 천인합체로 인간 육신에 머물며 신명나게 살아가고, 못 깨달은 사람은 가난, 질병, 사업 실패로 비참하게 살아간다.

못 깨달은 조상은 자손들 몸에 들어가거나 허공중천 떠돌고, 못 깨달은 신명은 하늘의 명을 못 받아 잡신과 악신으로 영원히 인간 몸에 머물며 온갖 풍화환란을 안겨준다.

동물들의 혼령이 주류를 이루기도 하지만, 아수라와 악신과 악령에 빙의되었다가 죽은 경우 악령으로 돌변하여 산 사람들을 무섭게 괴롭히는 존재로 둔갑한다. 사람을 다치게 만들고 각종 사고로 죽게도 만든다.

생전에 원과 한을 가슴에 품은 채 사망하면 원귀가 되어 살아 있는 자손들 몸으로 들어와 정신병자로 만들고, 사업을 실패하게 하고, 각종 질병과 사업 실패, 금전 풍파, 가정불화, 이혼, 사고사로 이어지게 한다.

모든 이들이여! 종교에서 어서 벗어나 참 "나"를 찾자! 그 길만이 모든 저급한 혼령들의 침범으로부터 벗어나는 길이다. 이제 종교의 시대는 지나갔다. 하늘의 절대권자이시고 대우주 천지만생만물의 창조자이시자 영혼의 어버이이신 천지부모님 태상천황 폐하께서 인류에게 내리신 명이시다.

각자의 원신인 천상신명들만이 하늘의 명을 받아 천지기운으로 자신의 육신과 영혼을 지켜줄 수 있다. 천상의 원신이 자신과 천인합체가 이루어지면 더 이상 종교의 노예가 되지 않아도 된다. 모든 신과 조상들의 영혼들로부터 자유로워진다. 각자 자신들이 살아 있는 신명들이 된다. 다만 계급과 신분의 차이가 날 뿐 하늘의 명을 받은 신명이 된다. 또한 살아서든 죽어서든 하늘의 신하와 백성의 신분이 주어진다.

지금의 평균 수명 85세 전후!

이것이 언제 얼마만큼 늘어날지는 예측하기 어려우나 천신국 태상천궁의 신하(천인합체의식을 행한 백성을 말함)들은 천수장생(수명 1천 살)이 가능하다. 하늘의 절대자께서 행하시는 일이고 현재 천수장생 의식이 진행 중이다.

인간의 힘이나 과학으로는 도저히 이루어낼 수 없는 수명이지만 하늘이시자 천지부모님이신 태상천황 폐하의 대도력, 대천력, 대신력에 의하여 유아회춘 천수장생 의식이 현실로 이루어지고 있다.

기독교인들이 늘 "영생"을 줄기차게 외치는 것을 보면 그때가 임박한 것이리라. 천인합체한 하늘의 신하들이 100세를 넘어서도 노인이 아닌 30대 전후의 젊은 육체를 갖고 있다면 세계 인류는 인산인해를 이루며 몰려올 것이기에 더 이상 들어오라고 말할 필요가 없다.

지금은 비록 꿈같은 이야기인데 꿈은 세월이 걸리기는 하지만 항상 현실로 이루어졌다. 인류는 천령정기의 천지기운에 이끌려 종교를 버리고 스스로 굴복하고, 자청해서 천공(天貢)을 올리게 된다.

인간 육신의 세포를 개벽시켜 노화된 세포를 내보내고 하늘의 천령정기 기운이 들어 있는 새로운 천상의 장생세포로 계속 만들어내 노화를 방지하게 된다. 천인합체한 신하들은 10년은 젊어 보인다. 천상의 절대자 주인께서 내려주시는 천지조화로 육신의 노화가 아니라 젊음으로 계속 회귀하고 있다.

살아 있는 신! 행복하고 즐겁다. 만사에 근심 걱정이 없다. 천손의 후예, 분명 아무나 될 수는 없다. 한민족이라고 모두가 천손 민족이 아니다. 하늘이시자 천지부모님이신 태상천황 폐하의 아들딸들이 되어야만 진정한 천손민족이다! 이는 하늘께서 선택해 주셔야 가능하다.

인류의 천지개벽! 하늘의 신하와 백성으로 다시 태어나 근심 걱정에서 하루속히 벗어나자! 늘 기쁨과 행복이 함께하는 곳! 인류 모두의 영원한 정신적 구심점이며, 지상에 인류 모두가 바라고 원하는 이상향의 무릉도원 세상이다.

이곳은 종교, 도교, 무속과는 비교할 수 없는 고차원적 영적 세계이고, 하늘의 신하와 백성들을 배출하는 곳이다. 독자 여러분도 하늘의 신하와 백성으로 하루속히 다시 태어나 근심 걱정 없는 즐겁고 행복한 삶을 살아갈 수 있다.

천상도법주문회에 참석하려면!

인류 그 어느 누구도 느껴보지 못한 하늘의 기운은 어떤 것일까 매우 궁금할 것이다. 이곳 천궁은 화려한 언변으로 독자 여러분들을 회유, 현혹, 강요, 협박하는 곳이 아니고 각자 자신들이 스스로가 천지기운을 느껴 하늘을 알현할 수 있는 하늘의 태상천궁 자체이기에 일체의 교리나 경전, 이론이 없다.

이곳 천신국 태상천궁에 예비백성으로 가입하면 매주 일요일 1시~6시까지 열리는 천상도법주문회에 참석하여 하늘이 진짜로 계심을 자신들 스스로가 온몸의 기운으로 느낄 수 있다. 살아서나 죽어서나 근심 걱정 없는 하늘의 신하와 백성이 되고 싶은 독자들은 방문해서 친견상담을 행하고 절차에 따라 예비백성으로 가입하면 된다.

사후세계에서 슬피 울며 살려달라고 애걸복걸하고 있는 자신들의 조상님들을 구원하는 천상입천 의식을 행한 사람들은 정식백성의 신분이고 평생 회원자격이 부여된다. 그러나 의식 행하기 전에 회원으로 가입하면 정식백성되기 전 단계인 하늘의 예비백성이란 신분이 주어진다.

이 책을 읽어보고도 이해가 안 되는 사람들도 있을 것이고, 반신반의하는 사람들도 있을 것이기에 직접 천상도법주문회에 참여해서 하늘이 내려주시는 기운을 체험해 보면 된다. 하늘의 말씀을 듣고 믿는 것이 아니라 실제 기운을 느껴 체험하는 것이다. 그래서 이 땅의 모든 종교가 잘못된 것이고, 경전과 교리, 이론으로 세뇌시켜서 신도들을 종교의 감옥에 가두어두고, 온갖 구실로 종교를 벗어나지 못하게 막아놓고 있다.

지구에서 종교를 믿는 것은 오히려 구원을 포기하고 정반대로 지옥의 길로 들어가는 길이며, 550만 개의 종교는 천상에서 역모를 일으켰다가 실패하여 지구로 도망친 후궁 하누와 그의 아들 표경이 세운 것이기에 믿으면 구원은 고사하고 멸망만이 기다리고 있을 뿐이라고 하신다.

이곳 천신국 태상천궁은 강요가 없기에 마음에 안 들면 더 이상 다니라고 절대로 회유, 현혹, 강요, 협박하지 않으며 모든 것을 자율에 맡긴다. 다만 황궁예법 법도가 있기에 예법만 잘 지키면 아무런 간섭을 하지 않는다.

또 다른 종교를 펼치는 곳이 아니라 천신국 그 자체이고 무릉도원 세계를 전하고, 하늘이 실제로 존재하심을 각자들이 온몸의 기운으로 느껴서 체험하게 하는 곳이다.

하늘이 내려주시는 기운이 그 얼마나 강렬하면 제주도, 광주, 전주, 여수, 전남, 전북, 경남, 경북, 거제, 창원, 마산, 김해, 부산, 울산, 포항, 경주, 대구, 대전, 충남, 충북 같은 먼 거리에서 매주 천상도법주문회에 빠지지 않고 참석하겠는가?

하늘이 내려주시는 기운을 한 번 느껴보면 무아지경의 황홀경에 빠지고, 천상도법주문회에 참석하지 않고는 견딜 수 없을 정도의 매력을 느낀다. 이 세상 그 어느 곳에서도 느껴보지 못했던 하늘의 신비로운 천지기운을 온몸으로 직접 느낄 수 있으니 당연한 일이다. 즉 천지기운으로 하늘을 만나는 경이로운 순간이다. 하늘은 형상으로, 말씀으로 만나는 것이 아니라 신비스런 천지기운으로 느껴서 만나는 것임이 밝혀졌다.

수명장생과 영생의 꿈을 이루어줄 유아회춘 천수장생!

인류가 지구에 탄생하고 처음으로 시도해 보는 유아회춘 천수장생 의식은 난생처음인데 현재 여러 명이 행하였다. 확실히 인간 육신 내면의 기운과 외모에 현격한 변화가 일어나고 있음이 확인되었다.

모두 천신국 태상천궁에 들어와 저자와 인연을 맺은 사람들이며, 유아회춘 천수장생 의식은 매주 일요일마다 열리는 천상도법주문회에서 저자가 생방송 라이브로 수많은 사람들이 참석한 가운데 실시간으로 거행한다.

천변만화의 신비로운 대도력, 대천력, 대신력을 생생히 지켜보며 변해 가는 얼굴 모습과 넘치는 활력을 보고 사람들은 유아회춘 천수장생 의식을 행하기 위해 안달이 나 있는데 여러분에게도 공평하게 기회가 주어질 것이다.

인류 최초로 찾아내게 해주신 사후세계와 천상세계 미리 보기 그리고 산 자(영혼)와 죽은 자(조상 영가)들의 사후세계 보장은 금전으로 환산할 수 없는 엄청난 경천동지할 일이다. 살아 있는 사람들과 죽은 사람들 모두 천상령이 되어 천상궁전으로 돌아가는 것이 인간으로 태어난 임무 완수이다.

천신국 국가원수
— 신의 대통령 신제(神帝) 著 —

천신국(天神國)
문의 02)471-7406